本书受到国家自然科学基金项目"农村异质性劳动力内生资本与市民化互动机制研究——以西南民族地区为例"（71663012）、贵州省高校人文社科基地：贵州大学马克思主义经济学发展与应用研究中心的资助

农业转移人口市民化进程研究

基于异质性劳动力内生资本影响

马红梅 著

中国社会科学出版社

图书在版编目（CIP）数据

农业转移人口市民化进程研究：基于异质性劳动力内生资本影响/马红梅著.—北京：中国社会科学出版社，2022.4
ISBN 978 - 7 - 5227 - 0071 - 7

Ⅰ.①农… Ⅱ.①马… Ⅲ.①农村劳动力—劳动力转移—研究—中国 ②农业人口—城市化—研究—中国 Ⅳ.①F323.6 ②C924.24

中国版本图书馆 CIP 数据核字（2022）第 061455 号

出 版 人	赵剑英	
责任编辑	刘晓红	
责任校对	周晓东	
责任印制	戴 宽	

出 版	中国社会科学出版社	
社 址	北京鼓楼西大街甲 158 号	
邮 编	100720	
网 址	http://www.csspw.cn	
发 行 部	010 - 84083685	
门 市 部	010 - 84029450	
经 销	新华书店及其他书店	
印 刷	北京君升印刷有限公司	
装 订	廊坊市广阳区广增装订厂	
版 次	2022 年 4 月第 1 版	
印 次	2022 年 4 月第 1 次印刷	
开 本	710×1000 1/16	
印 张	17.25	
插 页	2	
字 数	275 千字	
定 价	99.00 元	

凡购买中国社会科学出版社图书，如有质量问题请与本社营销中心联系调换
电话：010 - 84083683

前　　言

　　新时代中国的经济发展已转为高质量发展阶段，城镇化发展也转为后期质量提升阶段。在此新的历史方位，推进农业转移人口市民化，是新型城镇化以人为核心的重要体现，也是有效激发投资消费潜力、扩大内需的强大引擎。当前，我国在新型城镇化战略的指引下，《国家新型城镇化规划（2014—2020）年》确立的目标任务已顺利完成，户籍制度改革、居住证制度等各项政策举措均已落地生效，城镇基本公共服务、"三挂钩一维护"配套政策体系等重点领域改革取得重大突破，规划实施取得显著成效。新型城镇化坚持走绿色、集约、高效、低碳、创新、智能的高质量发展道路，以统筹兼顾为原则，推动城市现代化、集群化、生态化以及农村城镇化，不仅是推动乡村振兴的重要途径，也是实现共同富裕的根本保证。

　　在新型城镇化中大力推进农业转移人口市民化，对农业转移人口而言，既能提高收入水平又能享受更高品质的公共服务；对城市消费而言，农村居民往城市转移就业会推动城镇消费群体不断扩大、消费结构不断升级、消费潜力不断释放；对城市发展而言，可以带来城市基础设施、公共服务设施以及住宅建设等巨大投资需求，为经济发展提供持续动力。此外，新冠肺炎疫情仍在全球肆虐，世界经济复苏艰难曲折，国内经济恢复仍然不稳固、不均衡。提升农业转移人口市民化质量，进一步发挥内需这一经济发展基本动力作用，既是应对外部风险挑战、稳定我国经济基本盘的客观需要，也是满足人民日益增长的美好生活需要的必然要求，更是加快构建新发展格局的重要举措。

　　新发展阶段我国的新型城镇化战略推进也面临着挑战。其中，农业转移人口"半城市化"现象仍是我国新型城镇化发展的突出问题，农业转移人口是否能融入城市并实现高质量的市民化，不仅取决于土地制度、户籍制度等一系列政治制度（外生因素），还取决于包括人力资本、社会资本以及心理资本在内的内生资本（内生因素）。在当前农业转移人口市民化制度屏障逐步消除的背景下，农业转移人口的市民化意愿不断增强，农业转移人口是否真正成为市民，更多地取决于其自身是否具有市民化能力，取决于内生资本对农业转移人口市民化能力的影响。

开发农业转移人口的内生资本，可以促进农业转移人口市民化，更能从内生动力推动新型城镇化。当前我国农业转移人口市民化能力总体上依然较低，虽然农业转移人口个体素质和知识技能有所提高，但仍不足以应对城市生活压力和成本的挑战、不能很好地适应城市生活方式和思想观念，难以从真正意义上融入城市，成为真正的市民。只有充分开发农业转移人口内生资本，提高转移人口自身综合能力，才能有效解决农民工城市融入问题，才能稳定有序推动农业转移人口市民化。

基于上述对新型城镇化、农业转移人口市民化以及内生资本的认识，本书结构和各章安排如下：除前言和附录外，本书分为四个部分。第一部分主要阐述与分析了农民工市民化相关的概念和理论，包括两章：第一章基于内生资本视角，阐述了农业转移人口市民化的发展进程、现状和主要影响因素，并详细阐述了研究内生资本对农业转移人口市民化影响的目的与意义；第二章基于劳动力迁移理论，研究农业转移人口市民化的理论机理与影响因素，着重基于内生资本视角，分别厘清人力资本、社会资本、心理资本与农业转移人口市民化的关系。

第二部分，主要讨论了国内外城镇化发展历程与经验，包括三章。首先是本书的第三章，梳理国外发达国家与发展中国家城镇化的演变进程，得出经验启示；第四章和第五章总结了我国城镇化发展的历史进程、发展现状与现实困境，并将整体研究焦点转移到西南民族地区。

第三部分是本书的主体内容，详细论述了内生资本对农业转移人口市民化的影响，总共由三章组成。通过厘清农业转移人口市民化内生资本的概念、内涵、分类及作用机制，具体从人力资本、社会资本、心理资本等内生资本视角切入，展开其影响西南民族地区农业转移人口市民化的实证分析。

第四部分为"农业转移人口市民化"的政策推进，分别从国家层面（制度改革）、社会层面（劳动保障）和个体层面（内生资本开发），提出推动农业转移人口市民化的政策建议与具体措施。

当前探究我国农业转移人口市民化的现存问题与影响因素，对于促进人口流动、带动乡村振兴、实现城乡共富具有重要意义。如果读者能在阅读本书之后，对于中国市民化发展的重要性、紧迫性形成一定认识，并能对农业转移人口的城市融入多一些启发与了解，对于笔者来说无疑将是最大的勉励。

本书的完成，不仅得到贵州大学诸多课题研究老师的支持和理解，还得到笔者前后几届劳动经济学研究生陈典、郝美竹、田松、马闯、杨月、高倩、罗春欣、孙艺文、代亭亭、罗陶、王鹏程、尚嘉豪、简伟强等的参与和大力支持，他们参加了多次进村入户、在车站工地对农民工的实地调研以及资料整理、初稿撰写及校对工作，因此本书的成果也是大家集体智慧的结晶与体现。

本书受到国家自然科学基金项目"农村异质性劳动力内生资本与市民化互动机制研究——以西南民族地区为例"（71663012）、贵州省高校人文社科基地：贵州大学马克思主义经济学发展与应用研究中心的资助。特表感谢！

目　录

第一章

绪 论

第一节 研究起点

长期以来，农业转移人口一直被视为弱势人群或边缘群体，农业转移人口城乡迁移"半城市化"问题明显，农村人口向城市人口转化过程既不完整也不彻底，难以融入城市社会。农业转移人口是否能融入城市，并实现高质量的市民化，主要取决于两个层面：一是外生因素，主要是政策制度对农业转移人口市民化的影响，包括城乡二元结构体制、城市管理制度、土地制度、户籍制度、就业制度、教育制度以及社会保障制度等；二是内生资本，即农业转移人口自身的因素对其城市融合及市民化的影响，自身因素包括人力资本、社会资本和心理资本等方面，人力资本关注的是"你知道什么"，如一个人带给企业的技能、能力、知识和经验；社会资本关心的是"你认识谁"，包含个体通过自身的社会网络获得的资产和资源，这些可能是实际的也可能是潜在的；心理资本则强调"你是谁""你未来想成为怎样的人"，这指的是一种积极的心理状态，是个体在成长和发展过程中所表现出来的。

在当前农业转移人口市民化制度壁垒不断被削弱的背景下，农业转移人口能否真正成为市民，更多的是取决于其自身是否具有市民化能力，取决于其内生资本对市民化的影响。事实上，有关农村劳动力市民化及其内生资本形成机理，还有一系列重要的问题亟待解答，哪些因素阻碍了农业转移人口难以融入城市社会，成为漂泊于城乡的"边缘人"，陷入非城非乡的无奈境地？哪些内生资本能使农业转移人口更好地市民化？在进入城镇之后农业转移人口的内生资本情况如何？对其市民化的影响机制是怎样的？如何能够提高其市民化素质（市民角色意识、职业适应能力及健康生活方式）？对于以上问题，需要联系劳动经济学、发展经济学、农业与农村经济学、城市与区域经济学以及社会学、心理学的相关理论，才能深入、系统地研究并提出具有可操作性的政策及建议。在理论上将农业转移人口市民化与农业转移人口内生资本紧密结合，以农业转移人口群体的异质性为切入点，识别农业转移人口自身人力资本、社会资本与心理资本构建的影响因素、形成机制和途径，定量评估农业转移人口内生资本是否满足我国产业转型升级和市民化的需要，并根据研究结果提出我国在推进新型城镇化过程中的农村劳动力人力资本、社会资本与心理资本的提升战略，达到为其奠定市民化基础的目的。同时，考察市民化对农业转移人口内生资本构建的反向影响：农业转移人口获得市民化权利后，其人力资本、社会资本与心理资本会产生怎样的变化。

第二节　研究背景

中国城镇化建设自改革开放后迅速发展，短短40多年我国的城镇化率从1978年的17.9%快速上升到2019年的60.6%，城镇化的发展目标也从量逐渐转变为质。作为促进我国新时期经济发展和实现现代化的重要战略部署，新型城镇化以有利于产业、人口的城市倾向和提高城镇集聚效益为核心，以统筹城乡发展为手段，以实现城乡一体化为目标，顺应了国内外发展大势，满足了新时期经济社会发展需要，在扩大内需、全面建设小康社会及助推中国从经济大国迈向经济强国等方面具有重大的理论和现实意义。不可持续性一直是传统城镇化中难以解决的问题，在城镇化发展早期，一味地关注农业剩余劳动力向城市转移，而忽略了城市空间承载力不足以及资源快速消耗，造成了许多城市拥挤和环境污染问题。农业剩余劳动力的转移速度快于城市公共服务体系发展的速度，也引起了如城市公共服务非均等化和缺失等问题。推进新型城镇化发展是解决这些问题的关键，既是我国社会主义现代化建设的重要动力，也是我国实现基本现代化的必经之路。农业转移人口市民化作为农业剩余劳动力转移的必然结果，是推进新型城镇化的核心，也是现代化发展的必然趋势。但受城乡二元制度的影响，我国农业剩余劳动力转移路径与西方发达国家是截然不同的：西方发达国家为一次性转移，而我国属于"二阶段"转移（先从农民转变为农民工，再从农民工转化到市民）。当前，在我国第一阶段的转变已经没有了制度障碍，由农民转到农民工的职业转换是自由的，但是从农民工到市民的身份转换就复杂了许多，涉及国家制度和社会保障的方方面面。

党的十八大报告中指出，坚持走中国特色新型工业化、信息化、城镇化和农业现代化道路，推动信息化和工业化深度融合、工业化和城镇化良性互动、城镇化和农业现代化相互协调，促进工业化、信息化、城镇化和农业现代化的同步发展。同时要加快户籍制度改革，有序推进农业转移人口市民化，努力实现城镇常住人口的基本公共服务全覆盖。党的十九大报告指出，"五年来，我国城镇化率年均提高 1.2 个百分点，八千多万农业转移人口成为城镇居民""以城市群为主体构建大中小城市和小城镇协调发展的城镇格局，加快农业转移人口市民化"，这为新时代条件下构建协调发展城镇格局与促进农业转移人口市民化指明了道路。农业转移人口是我国经济发展中产生出来的一个特殊群体，已经脱离农业生产并长期在城市从事非农业活动的农村户籍人口便属于农业转移人口。随着城市经济的发展，农业转移人口已遍布全国各地区和各行业，为推进我国新型城镇化进程做出了重大贡献。

新型城镇化建设的"黑犀牛问题"就是人口迁移问题，农村人口迁移成为决定我国新型城镇化建设成败的重点问题，进而也深刻地影响到我国宏观经济的长远发展。目前，"半城市化"是我国农业转移人口城乡迁移的明显问题，即农村人口向城市人口转化过程的非完整性和不彻底性，大部分农业转移人口未能实现真正永久的市民化，一方面用为数不多的收入回乡建房，哪怕长期空置或利用率很低，也要求得到心理安慰，感觉有所保障；另一方面又因长期在外务工，会在居住地购置商品房，造成极大的资源浪费，也给农业转移人口带来沉重的经济与心理负担。市民化意愿和市民化能力是农业转移人口市民化必要的两个基本条件，前者是农业转移人口的主观意愿，后者是市民化必要的客观条件。市民化能力指的是农业转移人口跨越市民化门槛的能力，也就是他们所能承受市民化成本的能力，所反映的是农业转移人口的收入水平。也就是说，农业转移人口能否成功市民化，就是看其能否获得在城市环境下安身立命的收入，能否承担市民化过程发生的所有成本。市民化能力的不足使农业转移人口无法转变为市民，不得不保留自身农民身份，保留农村土地，以保证在城市遭遇变故或年老以后可以回到农村。

近些年来，在新生代农业转移人口群体中"半城市化"的现象有所缓和，但是其较强的市民化意愿与较弱的市民化能力仍形成强烈对比。不能市民化，新生代农业转移人口依旧只能保有农民工的身份游走在城乡之间，陷入进退两难的困境。在"半城市化"的状态下，农业转移人口的职业与身份不相统一，一方面，是农村劳动力离土离乡进入城镇工作，成为产业工人；另一方面，城乡二元制度把外出务工的农村劳动力锁定为农民身份，享有与从事农业生产的农民一样的权利和义务，比如拥有宅基地的权利和向农村集体应尽的各种义务。但在城市中，农业转移人口仅有劳动的权利，并且他们普遍的岗位是由次级劳动力市场提供的非正规就业，无法享有在城市正规就业、子女教育、住房保障、社会保障等公共服务方面的权利，也无法参与城市政治选举和社区管理。

虽然新生代农业转移人口个体素质和知识技能有所提高，但仍不足以应对城市生活压力和成本的挑战；虽然他们的思想意识有所转变，但仍没有摆脱传统观念与个人能力不足的约束；虽然生活方式逐渐适应，但心理上缺乏归属感，也并未被城市所接受，难以从真正意义上融入城市，成为真正的市民，存在理想与现实的反差。他们仅仅是在较浅的经济层面进入了城市社会，但在政治层面和文化层面都还处于城市社会系统外部，也就是说，城市系统仅在经济上接纳了农业转移人口，但在政治和文化方面是排斥的。新生代农业转移人口的"半市民化"问题又与当前存在的贫困问题、"三农"问题、留守儿童问题、消费需求不足问题等密切相关，严重制约着我国经济的长期稳定发展。因此实现农业转移人口全面而有序的市民化是新型城镇化的关键，是我国经济社会和谐稳定发展的重要任务。

第三节 研究目的

国外城镇化是伴随工业化同时进行的，农业转移人口市民化伴随经济社会发展自动完成，我国特殊社会结构与历史发展进程使农业转移人口市民化问题成为社会转型发展中的特殊现象，因此农业转移人口市民化是极具中国特色的研究课题。农业转移人口市民化涉及城市社会的融入、居住环境、文化娱乐方式以及生活习惯的改变等多个方面，市民化能力受到多方面因素的影响，主要包括农业转移人口自身、农业转移人口所处区域环境、城市接纳以及国家的政策导向等。但是区域环境、城市接纳以及国家的政策导向等条件都属于农业转移人口群体自身以外的因素，农业转移人口很难将其改变。在当前农业转移人口市民化制度屏障日益被削弱的背景下，农业转移人口的市民化意愿不断增强，农业转移人口是否真正成为市民，更多地取决于其自身是否具有市民化能力，取决于其内生资本对市民化能力的影响，提高其市民化能力的本质要求就是提高农业转移人口内生资本。

推进农业转移人口市民化的根本在于农业转移人口自身市民化能力的提高，提高农业转移人口市民化能力，既有利于帮助政府节约市民化成本，更有利于巩固市民化推进已取得的成果，实现可持续、高质量的农业转移人口市民化。因此，农业转移人口不仅仅是与农业生产分离，进入城市重新寻找工作，更重要的是要摆脱边缘化，提升个体内生资本，转变思想意识和生活方式，提高个体的市民化能力，包括经济融入能力、心理融入能力和未来发展的能力，逐渐融入城市并被城市接纳，这对农业转移人口市民化水平与质量的提升具有重要意义。目前，农业转移人口市民化能力总体上依然较低。近年来，虽然农业转移人口个体素质和知识技能有所提高，但仍不足以应对城市生活压力和成本的挑战、不能很好地适应城市生活方式和思想观念，难以从真正意义上融入城市，成为真正的市民。

因此，本书拟从异质性劳动力角度为我国农业转移人口市民化问题寻找解决途径，强调农业转移人口内生资本构建和市民化之间的双向联系：农业转移人口内生资本如何影响市民化进程？市民化后又会如何影响农业转移人口的人力资本、社会资本与心理资本的构建？对内生资本发挥的作用及影响机理进行实证检验，目的在于寻找农业转移人口在城市长期稳定就业和融合的可行之路，为我国在新型城镇化建设过程中制定有差别的市民化政策提供科学的决策依据。

第四节 研究意义

从人力资本、社会资本与心理资本共同作用的角度研究异质性农业转移人口市民化的决定因素和边界条件，突破了现有研究以群体特征分析作为逻辑起点的范式，在人力资本、社会资本基础之上，引入心理资本，从三维角度立体构建农业转移人口内生资本分析体系，在一定程度上完善和补充了异质性劳动力及其内生资本广度和深度的理论和方法，同时也丰富了农业转移人口市民化的研究。从而探索以新型城镇化为导向，科学设计异质性政策，为制度改革提供弹性空间的创新路径。同时，从人力资本、社会资本与心理资本三者协同作用的角度对民族贫困农村劳动力的转移行为进行实证研究，突破现有研究以经济人或单一视角作为逻辑起点的研究范式，引入社会人假设，可以更准确地探析农业转移人口市民化的逻辑演进路径和内在机理，对补充二元结构条件下的就业理论，特别是对民族地区农业转移人口市民化研究具有重要的意义。从实践中看，我国社会经济发展具有明显的地域差异，地域、历史和文化传统的不同，不可避免地会给各个地区的农村劳动力非农就业行为、迁徙与市民化过程打上独特的烙印。特别是西南少数民族有着浓厚的民族习俗与独特的行为方式，农村劳动力的人力资本、社会资本区域特征显著，由此决定的市民化行为复杂多样。以贵州、云南、四川、广西为代表的西南民族地区，均是我国劳动力的重要输出地区，在新型城镇化推进与农业转移人口市民化过程中，西南民族地区有特殊成因、特殊困难和特殊表现。第一，以代表性民族贫困地区作为研究对象将有利于推动我国农业转移人口市民化问题的相关研究与农村贫困这一重大现实问题的紧密结合，有利于为开展将人力资本、社会资本与心理资本综合融入市民化理论研究奠定坚实的微观基础，从而提升理论研究成果的实际运用价值。第二，深入了解西南民族地区农业转移人口市民化内在机理的差异性，剖析市民化过程中存在的问题与障碍，并从内生视角给出促进农业转移人口市民化进程的保障措施，这有助于完善农业转移人口的市民化进程，促进市民化素质的形成，使农业转移人口真正融入城市。第三，为研究经济转型升级背景下国家以人为核心的新型城镇化和市民化问题提供启示。因而具有较强的研究意义。

第五节 研究框架

一 研究思路

本书综合采用经济学、社会学、心理学等多学科理论，以异质性假设为理论起点，分析不同内生资本对农业转移人口市民化需求的不同意愿与可行行为的影响。本书的具体研究思路如下。

（1）农村劳动力内生资本构建与市民化互动影响的分析框架。通过回顾市民化相关研究理论，厘清外生机制与内生资本对农业转移人口市民化的影响，重点研究农村劳动力内生资本构建的理论和方法，在现实结构与政策评估基础上，从异质性假设出发，以人力资本、社会资本与心理资本三者的协同或分别作用为视角，构建农村劳动力自身机制因素与市民化互动影响的分析框架。

（2）新型城镇化导向下农业转移人口异质性对市民化意愿与能力的影响。通过分析"可行能力"理论，选择适用的变量测量并描述农业转移人口的市民化能力，使用意愿调查了解农业转移人口的市民化意愿，在此基础上研究人力资本与社会资本方面的异质性对农业转移人口市民化意愿与能力的影响。并通过二元 Logistic 回归模型方法，对人力资本、社会资本分别与职业流动性、地域流动性、居住方式、社会融入进行交叉分析，研究市民化意愿与市民化能力中内生机制的影响，搭建农业转移人口市民化可行能力的分析框架，为农业转移人口异质性市民化政策需求提供理论支撑。

（3）人力资本、社会资本、心理资本协同作用下对农业转移人口市民化的影响。运用微观劳动者的数据，实证检验异质性劳动力市民化能力。首先，建立市民化的指标体系，包括市民化的意愿（未来是否准备在城市长期居住）、市民化的能力（农业转移人口收入占城市劳动者收入的比重、在城市居留的时间长短）、市民化的方式（招生考学、投靠亲属、聘用、征用土地、落户小城镇、投资购房）、市民化的实际状况（户籍、社会保险、住房、教育、土地的获取情况）以及市民化的主观评价（社会融入、政治参与、身份认同）。其次，运用计量模型在控制制度变量的基础上，估计农业转移人口内生资本（三种资本）与各市民化指标的联系，并对机理进行检验。

（4）分析农业转移人口市民化后对内生资本的影响，进而揭示素质市民化的形成机制。分析市民化后对农业转移人口人力资本、社会资本与心理资本的影响，厘清素质市民化与其内生资本之间的内在关系。市民素质是城市发展的重要"软实力"，是新型城镇化的核心和灵魂。素质市民化包括市民角色意识、职业适应能力与健康的生活方式，分别从三种资本视角，考察市民化—内生资本变化—素质市民化的实现机制。

（5）为探讨有利于西南民族地区推进人口市民化路径选择和素质市民化的政策制定提供依据和政策建议。基于实证分析结果，提出我国在推进城镇化过程中人力资本、社会资本与心理资本提升战略和政策措施。针对西南民族地区的社会、经济等特点，提出在不同区域层面促进农村劳动力内生资本构建、保障市民化质量和水平的政策措施与操作方案，为促进新型城镇化提供可靠及时的决策支撑。

二 研究方法

（一）文献分析法

文献研究法是根据研究目的或课题，通过文献调查获取信息，从而全面、正确地认识和掌握研究问题的方法。通过阅读大量前人文献，有助于了解转移人口市民化现状，帮助确定研究课题，并形成对农业转移人口的一般印象，有助于观察和访问，还能得到现实资料的比较资料。

（二）实地调研法

本书采用实地调查，以获取农业转移人口市民化的相关资料。对于流出地调查，主要是考察农业转移人口市民化意愿与能力中内生资本的影响。经过对已有文献、农业转移人口基本情况较为完善的学习、整理与分析后，科学、合理设计问卷及访谈问题，采用调查人员与受访对象一对一问答与访谈的形式，以确保问卷调查的真实性和有效性，对贵州、广西、云南农业转移人口进行了实地调查。调查结束后，收集整理问卷，对调查收集到的数据进行分析、综合、比较和总结。

（三）实证分析与规范分析相结合的方法

在经济学中，实证分析和规范分析是常用的分析方法，也适用于本书的研究。本书在坚实的理论分析基础上，以原始数据资料为依据，运用多元回归模型、分位数模型、结构方程模型等对农业转移人口市民化意愿和能力进行实证分析。运用规范分析法构建支撑研究思路的一般分析框架。

第二章

农业转移人口市民化
相关文献梳理

第一节 农业转移人口市民化概念内涵

一 国外劳动力迁移理论综述

（一）国外关于劳动力迁移宏观层面研究

国外城镇化是伴随工业化发生的，两者协同进行，转移人口市民化伴随经济社会发展自动完成。西方国家由传统农业社会转向现代工业社会的发展过程中，首先出现了大规模的农村劳动力转移。因此，对于此现象的研究，西方国家起步比我国早。所以，国外关于劳动力转移和市民化的理论对于理解我国农业转移人口市民化的动因和规律具有一定的启示意义。

Lewis 是提出完整二元经济发展模型的第一人，他在论文《劳动无限供给条件下的经济发展》中认为，发展中国家由两个不同的经济部门组成。一是传统部门，主要采用手工生产技术；二是现代部门，主要采用大型机械设备和资本密集型生产技术。这两种不同的经济体系构成了"二元经济结构"，此基础为发达国家人口迁移奠定基础，以市场经济体制构建，由传统农业部门和现代工业部门共同组成。Lewis 提出，发展中国家由于存在大量的农业剩余劳动力，导致农业生产的边际生产率近乎为 0，这时只要工业与农业的工资存在较大的差距，农业剩余劳动力就会向城市转移，直到全部转移为止。这表明城乡收入差距就是引起农业剩余劳动力转向城市的主要原因。作为发展中国家农村剩余劳动力研究的代表，Lewis 的理论更贴近于我国的实际发展，对我国农业转移人口市民化的研究具有重要的借鉴意义。①

Fei 和 Ranis 在《经济发展的一种理论》一文中对刘易斯模型进行改进，提出费景汉—拉尼斯模型。费景汉—拉尼斯模型在刘易斯模型的基础上，将发展中国家二元经济结构的城乡人口迁移分为三个阶段。第一个阶段是农业生产中边际生产率为 0 的这部分劳动力向城市转移，因为这部分劳动力对于农业生产来说是多余的，所以转移到城市后并不会对农业生产造成影响。第二个阶段是农业生产中边际生产率大于 0 但是工资低于平均收入的劳动力转移，使农业总产出下降，平均农业剩余降低，农业中的伪装失业消除。第三个阶段是农业生产收入高于平均收入的劳动力转移，这部分劳动力已变成了竞争市场的产品。该模型认为，由于农业生产力增长是农业劳动力流入工业部门的前提，因此农业剩余劳动力的转移速度由农业技术进步率、工业部门资本存量增长率和人口增长率决定。②

Jorgenson 在《过剩农业劳动力和两重经济发展》中也建立了一个二元经济模型。与上文两种模型不同的是，Jorgenson 认为，现代工业部门与传统农业部门的工资水平是由技术进步率和资本积累率所决定。该模型认为，农村剩余劳动力转移的前提是农业剩余，并且只有当农业剩余大于零时，才有可能形成农村剩余劳动力的转移。基于农业剩余存在的前提下，Jorgensen 提出，农业剩余的规模决定了工业部门的发展和劳动力迁移的规模。他假设当农业总产值与人口增长成正比时，农业技术的发展会使农业剩余增加，导致更多的农业剩余劳动力转移到现代工业部门中。Jorgensen 模型的一个缺陷是假设农业剩余时粮食需求的收入弹性为零，这与实际情况明显不符。此外，该理论还应用了马尔萨斯人口理论，不符合发展中国家的实际情况。该模型虽然可以解释在没有制度约束的情况下城市化进程中的城乡劳动力流动，但不能解释特定

① W. Arthur Lewis, "Economic Development with Unlimited Supplied of Labor", *The Manchester School*, Vol. 22, 1954.

② C. H. Fei and Ranis, "Theory of Economic Development", *American Economic Review*, Vol. 9, 1961.

户籍和福利制度下农村大量剩余劳动力的"动而不动"现象。尽管其中存在一些缺陷，但这些理论还是能为解决我国农业转移人口问题提供有益的借鉴和启示。[①]

推拉理论的起源可以追溯到 Ravenstein 发表的《人口迁移规律》，他在论文中首先提出了"迁移规律"，为推拉理论奠定了理论框架。[②]具体包括以下几点规律：一是人口迁移距离较短，向工业化城市迁移；二是流动人口先向城镇周边地区迁移，再向城镇迁移；三是我国的流动人口是相似的，即从欠发达地区向发达地区流动；四是每一次大的迁徙都会有逆向流动来作为补偿；五是长距离流动基本上是向大城市流动；六是发达地区人口流动率远低于欠发达地区；七是女性移民的流动率高于男性移民。Ravenstein 总结了人口迁移的机制、结构和空间特征，他指出改善经济状况是导致人口迁移的主要原因。美国学者 Lee 在论文《一个移民理论》中阐述了移民在迁移的过程中所遇到的拉力、推力和阻力，以及不同群体的反应。[③]他认为，流出地和流入地实际上都是受推力和拉力作用的结果。同时他又补充了第三个因素，即中间障碍因素。他指出，这些障碍因素既有客观的，也有主观心理方面的，只有迁移动力强并能够克服迁移阻力的人才能最终完成人口迁移。

（二）国外关于劳动力迁移微观层面研究

Michacl P. Todaro 将乡城迁移决策、就业概率和预期收入变量引入模型中，建立了托达罗人口迁移模型。[④]与传统的只关注城乡实际收入差异的迁移模型不同，托达罗模型强调城乡预期收入差异对迁移决策的影响，这一模型从发展中国家农村人口流入城市与城市失业同步增长的矛盾入手。Todaro 认为，基于就业概率的基础，城乡收入的差距是农业劳动力转移的关键。在城镇失业的情况下，农村居民的迁移决策主要取决于对城乡预期收入的估计，而城乡预期收入差距则取决于城乡实际工

---

① D. W. Jorgenson, "Surplus Agricultural Labour and the Development of a Dual Economy", *Oxford Economic Papers*, Vol. 19, No. 3, 1967.

② Ernst G. Ravenstein, "The Laws of Migration", *Journal of the Statistic Society*, Vol. 48, No. 2, 1884.

③ Everett S. Lee, "A Theory of Migration", *Demography*, Vol. 3, 1966.

④ Michael P. Todaro, "Labor Migration and Urban Unemployment: Reply", *The American Economic Review*, Vol. 60, No. 1, 1970.

资差距和现代城镇部门的就业概率。Todaro 使用概率因素解释了为什么在城市劳动力尚未饱和的情况下，农村劳动力还是会做出迁移的决定，因为在比较经济利益驱动下，人口和劳动力向高收入地区或部门转移是一种理性的经济行为。只要有相对高收入的工作岗位和就业机会，收入低、就业不足的劳动力就会持续地向城市部门转移。劳动力转移成本的计算与预期是影响劳动力转移决策的重要因素之一。但托达罗模型也存在一些缺陷：首先，随着就业概率的变化，移民数量或移民率会直接发生变化。农村劳动力的迁移意愿主要取决于他们对城市就业概率的认识。移民大多是盲目的，因此"就业机会越多，失业率越高"的结论是不符合实际经验的。其次，Todaro 虽然考虑了移民在转移过程中的成本，但忽略了移民在城市的生活成本。另外，Todaro 认为，解决城市失业和农村剩余劳动力转移的出路在于发展农村经济。Todaro 关于工业与农业、城市与农村均衡发展的思想对我国统筹城乡发展、建立以工促农长效机制具有重要借鉴意义。

以 Stark 为代表的经济学家在托达罗模型关于微观经济主体决策的分析基础上，指出了家庭整体作为决策主体的重要性。[1] 他们立足于以迁移者家庭为单位分析其迁移决策，这个理论被称为新劳动力迁移经济理论。该理论强调了家庭对于迁移的重要性，移民的决策并不是由个体单独决定的，更多的是取决于与之有关联的社会群体（如家庭）的意见，周围社会环境也存在一定的影响。预期收入对于迁移决策影响已经不像之前那么重要了，集体决策不仅要关心收入的最大化，还有聚焦风险最小化和不可测风险的处理。虽然劳动力迁移的主题主要是以个人的形式出现，但劳动力迁移所蕴含的含义要比个人利益最大化更多。新劳动力转移经济学运用投资组合理论和契约安排理论来解释劳动力转移行为与家庭决策之间的关系。按照投资组合理论的观点，因为农业生产的不稳定性，导致家庭总收入受农业生产波动的影响，这会与家庭成员长期稳定性消费偏好相矛盾。为了降低农业波动性对家庭收入的影响，家庭内的劳动力必须重新配置，由一部分家庭成员从事农业生产，另一部

---

① Stark, "Rural-to-Urban Migration in Less Development Countries: A Relative Deprivation Approach", *Economic Development and Cultural Change*, Vol. 32, No. 3, 1984.

分家庭成员外出打工。即使外出务工成员的收入也不稳定，但只要波动周期与农业生产不同，就能维持家庭总收入的平稳。契约安排理论是指移民及其家庭成员都受制于一种共同选择的契约安排，在这一契约中，汇款起着重要的作用和意义："汇款本身是移民与其家庭成员之间持续的契约安排，而不是利他主义的结果。"新劳动力迁移经济学对汇款的契约安排作了如下解释：家庭成员首先对移民的迁移成本进行投资，但这种投资是基于移民向家庭提供的预期汇款收入的契约；同时，移民也与家人保持联系，但这种联系也是以家庭资产的收入为基础的。总之，通过这种"风险共担、利益共享"的契约安排，流动人口和其他家庭成员不仅可以获得自身利益，而且可以实现家庭整体利益的最大化。因此，个体家庭成员形式的劳动力迁移行为可以延续。在 Stark 模型中，家庭作为迁移决策主体的研究视角符合很多发展中国家的现实，在实践中被大量应用。其政策含义是，为改善城乡劳动力市场扭曲或失衡，政府不必强行干预城乡劳动力市场及其价格，而是应转向促进农村发展和改善农村经济条件。政府如果想减缓农村劳动力迁移，可致力于改善农业信贷、农业保险等降低农业生产风险的方面。

国外关于劳动力迁移与城市融入影响因素的研究，Easterlin 提出相对经济地位变化假说，认为相对收入差异导致劳动力流动方向不同。[1] Vilallonga 认为，人口迁移是一种复杂的社会现象，人们迁移习惯、家庭经验、工作经验、成功的社会价值和个人价值实现等因素都会影响其迁移行为。[2] Seeborg 等在对中国劳动力迁移问题进行研究之后，认为单一的新古典模型已不足以解释中国巨大的人口迁移现象，政府必须努力消除一系列的制度障碍，促进农村剩余劳动力转移。[3] Moore 认为，排斥或差异性的制度所造成的就业、工资和社会福利上的歧视阻碍移民融合[4]，包括正式制度，以及包含文化、习俗和社会惯性等元素的非正式

---

[1] Easterlin, "Migration Incentives, Migration Types: The Role of Relative Deprivation", *The Economic Journal*, Vol. 101, 1991.

[2] Mercedes Arbaiza Vilallonga, "Labor Migration during the First Phase of Basque Industrialization: The Labor Market and Family Motivations", *The History of the Family*, Vol. 3, No. 2, 1998.

[3] Michael C. Seeborg, et al., "The New Rural Urban Labor Mobility in China: Causes and Implications", *Journal of Socio-Economics*, Vol. 29, No. 1, 2000.

[4] D. Moore, *Ethnicity and Local Politics in France and Great Britain*, L'Harmattan, 2001.

制度①，且由于劳动力个体异质性，福利感知不同，转移人口对迁入地选择不同，政府的福利投入对不同移民群体成效不同。②③ Lofstrom 认为，教育资源、认知能力、社会认同和合法权利的行使是转移人口融入城市的主要障碍。④ Goldscheider 认为实际工作机会、潜在就业机会、移民意愿和家庭决策影响个人迁移决策。⑤ Thomas Osang 认为地区经济条件、地缘特征及政策环境等是人口迁移的主要影响因素。⑥

二　国内农业转移人口市民化内涵与进程综述

我国人口迁移和流动的政策历经了多次演变，随着我国改革开放后计划经济体制的解体，劳动者出于追求经济利益最大化原因进城务工逐渐成为人口流动的主流，这一行为特征与迁移其实并无本质上的区别。城乡分割的户籍制度、城市福利保障制度与人民公社制度共同强化了中国的城乡二元社会结构，此结构下城乡差距扩大的同时也加强了农村居民向城市流动的意愿。⑦ 尹德挺（2008）的研究指出，在改革开放后我国对于人口流动的控制逐渐放开，由此流动人口出现大量增加，使流入城市的基础设施无法跟进，导致政府被迫于 20 世纪 90 年代采取了一系列措施用于限制人口盲目的流动。直到城乡统筹发展与户籍制度改革的完善，我国城市流动的结构性障碍才逐步消除。⑧

与传统发达国家农业转移人口完成农民到市民化的"一步走"发

---

① R. Martin, *Institutional Approaches in Economic Geography*, Blackwell Publishers：Oxford, 2000.

② G. M. Hodgson, "What are Institutions?", *Journal of Economic Issues*, Vol. 40, No. 6, 2006.

③ Barrett, "Immigrants and Welfare Programmes：Exploring the Interactions between Immigrant Characteristics, Immigrant Welfare Dependence and Welfare Policy", *Oxford Review of Economic Policy*, Vol. 24, No. 3, 2008.

④ Lofstrom, M., "Low-Skilled Immigrant Entrepreneurship", *Review of Economics of the Household*, Vol. 9, No. 1, 2011.

⑤ Goldscheider, C., "Political Demography：How Population Changes are Shaping International Security and National Politics", *Population Studies—A Journal of Demography*, Vol. 67, No. 3, 2013.

⑥ Thomas Osang, Shlomo Weber, "Immigration Policies, Labor Complementarities, Population Size and Cultural Frictions：Theory and Evidence", *International Journal of Economic Theory*, Vol. 13, No. 1, 2017.

⑦ 黄匡时：《新中国 70 年人口变迁：回顾与展望》，《福建行政学院学报》2019 年第 4 期。

⑧ 王小章、冯婷：《从身份壁垒到市场性门槛：农民工政策 40 年》，《浙江社会科学》2018 年第 1 期。

展方式不同，虽然中国农村劳动力流动与转移具备与其他发展中国家一样的共同特征与驱动策源，但农业转移人口市民化进程具有特殊性。国内黄祖辉等（1989）较早地探讨了农业工业化、城市化和市民化的关系，自此引发了国内学者的广泛探讨。进入 21 世纪后具有代表性的研究有：朱力认为，经济层面适应是农业转移人口市民化的前提和基础，社会层面适应反映融入城市生活的广度，心理层面适应反映融入城市的深度。[①] 文军认为，农业转移人口市民化是传统农民在身份、地位、价值观、社会权利以及生产生活方式全面向市民的转化。[②] 刘传江、徐建玲（2007）认为，农业转移人口市民化包括职业身份、社会身份、自身素质和生活方式与行为方式的城市化。农业转移人口市民化概念内涵现已基本达成共识，市民化是农业转移人口从脱离农业生产进入城市成为产业工人，之后摆脱在城市生活过程中所呈现出来的边缘化状态，伴随着思想意识、生活方式和行为的转变，逐渐融入整个城市社会的过程和状态。

本书基于前人研究成果，对新时代农业转移人口市民化进行了进一步梳理。农业转移人口大致经历了三个阶段：

第一阶段，农村剩余劳动力开始空间转移时期。随着 1978 年农村土地制度改革、农业生产率的提高和工业化的推进，农村出现剩余劳动力向城市迁移的现象，他们逐渐脱离农业生产进入城市就业成为产业工人，但在严格的户籍制度控制下，农业转移人口以"候鸟式"迁移为主。

第二阶段，农村剩余劳动力空间转移进入稳定期，但身份转移困难带来严重社会问题。2000 年以来国家积极推动城乡劳动力市场一体化，消除城乡二元结构壁垒，但长期积累的问题与农业转移人口、市民的传统观念难以在短时间内得以解决与改变，各种隐性壁垒依然顽固存在，农业转移人口多从事劳动强度大、工作环境差、技术含量低、福利待遇少的工作，成为城市的边缘群体，未享受到应有公共服务和资源，经济社会地位较低、身份歧视、认同模糊与隐性排斥对转移人口造成心理剥

---

① 朱力：《农民工阶层的特征与社会地位》，《南京大学学报》2003 年第 6 期。
② 文军：《农民市民化：从农民到市民的角色转型》，《华东师范大学学报》2004 年第 3 期。

夺，难以实现真正意义上的市民化。

第三阶段，显性、隐性壁垒逐渐消失并力图突破，转移人口自身能力提高受到关注。自2014年以来，国家推进新型城镇化战略和乡村振兴战略，农业转移人口市民化制度障碍得以进一步消除。新生代农业转移人口具有更为自由和开放的思想意识、生活和行为方式，对城市文化的认同感更高，并享受城市的物质文化生活，但他们陷入了强市民化意愿与弱市民化能力的困境，转移人口市民化能力提升成为重点任务。

三个阶段是不同的时代、政策背景下农业转移人口市民化的不同阶段，每个阶段既对上一阶段特征与问题有一定继承性，又具有本阶段新的特征。

第二节 我国农业转移人口市民化影响因素

一 制度环境视角下农业转移人口市民化影响因素综述

国内侧重于对农业转移人口市民化影响制约因素的研究，大致可分为制度环境和内生资本两个视角。城乡二元结构体制、户籍制度、土地制度、就业制度和公共服务是农业转移人口市民化的重要影响因素。[1][2][3] 城乡分二元制度结构是市民化问题的根源，必须深化户籍制度改革，打破"隐性户籍墙"[4]，推进人口管理创新[5]。公共服务和社会保障差异也是农业转移人口市民化的重要制约因素，市民化不仅在于转移人口户籍的转变，还要与城镇市民享有同等的劳动就业、社会保障和政治权利[6]，应积极推进基本公共服务均等化，但巨大的成本成为了推

① 周其仁：《机会与能力——中国农村劳动力的就业和流动》，《管理世界》1997年第5期。
② 蔡昉：《户籍制度改革与城乡社会福利制度统筹》，《经济学动态》2010年第12期。
③ 刘小年：《农民工市民化与户籍改革：对广东积分入户政策的分析》，《农业经济问题》2011年第3期。
④ 刘传江、程建林：《双重"户籍墙"对农民工市民化的影响》，《经济学家》2009年第10期。
⑤ 辜胜阻等：《中国农民工市民化的二维路径选择——以户籍改革为视角》，《中国人口科学》2014年第5期。
⑥ 王桂新：《城市化基本理论与中国城市化的问题及对策》，《人口研究》2013年第6期。

进市民化的阻碍。① 陆铭等建议从制度层面实施"大推动"政策并借助社会互动、社会网络加速城市化进程，摆脱劳动力流动的低水平均衡，认为社会保障对市民化具有显著正向影响，尤其是养老保险和子女教育。②

二　内生资本视角下农业转移人口市民化影响因素综述

近年来，从微观层面分析农业转移人口市民化影响因素的研究日益增多，人力资本、社会资本和心理资本等影响因素受到关注。③④

（一）人力资本与农业转移人口市民化

随着新型城镇化的快速推进，农业转移人口已经从农村迁移到城市的城乡空间转化、从农民转化为产业工人的职业转化阶段，进入由城乡流动向城镇定居转变、实现真正意义上的城市融入、"市民化"阶段。国内外大量实证研究表明，农业转移人口人力资本是影响其市民化的关键因素。

西方发达国家最早对人力资本的相关理论进行研究，并随着经济发展不断丰富和完善。具体到农业转移人口市民化的问题，人力资本理论对农业转移人口自身素质的稳定提升具有指导性意义，通过职业教育、职业培训等方式可以提高其在受雇公司的工作地位和工资待遇水平，人力资本对农业转移人口市民化的意愿影响是以"能力"作为中间转换变量来体现。

Theodore W. Schultz 首次系统地阐述了人力资本这一概念，他认为人力资本是劳动者在进行生产和消费时所体现出的能力，主要体现为劳动者的知识、技能、经历、工作熟练程度。Schultz 指出，劳动力迁移流动其实也是人力资本投资的一种重要形式，但是劳动力迁移的流动效率又依赖其自身的价值，农业转移人口只有通过持续提升其自身价值而进行的迁移，才能够实现从农村到城市的永久性迁移，进而实现市民

①　张国胜：《基于社会成本考虑的农民工市民化：一个转轨中发展大国的视角与政策选择》，《中国软科学》2009 年第 4 期。
②　陆铭等：《摆脱城市化的低水平均衡——制度推动、社会互动与劳动力流动》，《复旦学报》（社会科学版）2013 年第 3 期。
③　李培林：《流动民工的社会网络和社会地位》，《社会学研究》1996 年第 4 期。
④　刘传江、周玲：《社会资本与农民工的城市融合》，《人口研究》2004 年第 5 期。

化。[1] 农业转移人口刚从农村到城市工作所获得的工资收入显然要高于务农收入，但如果不通过教育、技能培训等方法提升个体基本素质，而只是在不同的行业、不同的地区间频繁地流动，只会降低其人力资本的投资。Becker 在此基础上扩展了人力资本概念内涵，认为人力资本除了知识、技能才干，也包括时间、健康和寿命。Jacob Mincer 建立了劳动个体培训量与收入之间、劳动个体受教育水平和劳动个体工作经验与收入之间的关系的计量模型[2]：

$$\ln Y = a + bS + cX + cX^2$$

其中，Y、S、X 分别为劳动个体的收入、受教育年限和工作经验。明瑟尔指出劳动个体受教育水平的提升和工作经验的不断累积对于个体收入的提高和群体间收入差距的缩小有显著影响，但工作经验的不断累积对个体收入的贡献程度会在达到某一个峰值之后逐渐降低，并认为人力资本的投资不仅对经济的快速增长产生贡献，也对劳动个体的个人收益率、人力资本投资产生作用。

对人力资本的投资是指劳动者因在教育、培训、经验、健康、迁移等方面投资而积累的能使人力资本水平提高的知识和技能。教育投资主要指农业转移人口在学校里所接受的正规教育，包括智力教育、毅力教育以及语言能力的教育。培训投资指农业转移人口在工作过程中所接受的各种类型的职业培训，既包括未参加现在的工作之前接受的相关培训，也包括参加工作后接受到的相关培训，主要是与现在所从事工作相关的技能培训。健康方面的投资指以提高个体身体各项机能素质、提高预期寿命为目的的各种医疗保健和身体锻炼。

学界大多认为农业转移人口人力资本对市民化能力影响显著。Taylor认为，人力资本的提高能促进劳动力迁移进而实现收入增长，人力资本水平越高，转移人口实现就业的概率和收入水平越高。[3] 刘传江、程建林和石智雷认为农业转移人口就业呈现不稳定和非正规就业主

---

[1] T. W. Schultz, *The Economic Value of Education*, New York: Columbia University Press, 1963.

[2] Jacob Mincer, "Human Capital and the Labor Market", *Educational Researcher*, Vol. 18, No. 4, 1989.

[3] J. E. Taylor, "Undocumented Mexico-U. S. Migration and the Returns to Households in Rural Mexico", *American Journal of Agricultural Economics*, Vol. 69, No. 3, 1987.

要是因为人力资本和社会资本存量不足。①② 金崇芳、王竹林等认为人力资本是农业转移人口市民化能力形成的基础和决定性因素，提高人力资本有利于农业转移人口的就业信息获取能力、职业转化能力、城市生存生活能力、心理适应能力和城市融合发展能力的提升。③④ 梅建明、袁玉洁通过对农业转移人口三类人群四层次的特征分析及其现状描述，指出年龄、受教育程度、社会生活状况、活动参与程度以及各类社会保障机制等因素能够显著地影响农业转移人口市民化的意愿。⑤ 从成本收益的视角，陈昭玖、胡雯采用结构方程模型对影响农业转移人口市民化意愿的因素进行实证分析，指出人力资本显著影响农业转移人口的市民化意愿，呈正向相关关系。⑥

部分学者认为受教育水平是对农业转移人口市民化影响最重要的因素。邓曲恒认为，外来工与本地职工收入差异的 32.77% 可由受教育水平差异解释。⑦ 宋淑丽、齐伟娜认为，农村教育滞后所导致的劳动力素质低下是制约农村劳动力转移的主要原因。⑧ 蔡海龙指出，受教育程度是影响农业转移人口在城市的就业能力和收入水平的重要因素，并且学历越高的农业转移人口城市居留意愿更高。⑨

也有部分学者强调培训和技能是对农业转移人口市民化影响最重要的因素。罗锋、黄丽的研究结果表明，影响新生代农业转移人口工资水

① 刘传江、程建林：《我国农民工的代际差异与市民化》，《经济纵横》2007 年第 7 期。
② 石智雷：《迁移劳动力的能力发展与融入城市的多维分析》，《中国人口·资源与环境》2013 年第 1 期。
③ 金崇芳：《农民工人力资本与城市融入的实证分析——以陕西籍农民工为例》，《资源科学》2011 年第 11 期。
④ 王竹林、范维：《人力资本视角下农民工市民化能力形成机理及提升路径》，《西北农林科技大学学报》2015 年第 2 期。
⑤ 梅建明、袁玉洁：《农民工市民化意愿及其影响因素的实证分析——基于全国 31 个省、直辖市和自治区的 3375 份农民工调研数据》，《江西财经大学学报》2016 年第 1 期。
⑥ 陈昭玖、胡雯：《人力资本、地缘特征与农民工市民化意愿——基于结构方程模型的实证分析》，《农业技术经济》2016 年第 1 期。
⑦ 邓曲恒：《城镇居民与流动人口的收入差异——基于 Oaxaca-Blinder 和 Quantile 方法的分解》，《中国人口科学》2007 年第 2 期。
⑧ 宋淑丽、齐伟娜：《基于多元线性回归的农村剩余劳动力转移研究——以黑龙江省为例》，《农业技术经济》2014 年第 4 期。
⑨ 蔡海龙：《农民工市民化：意愿、诉求及建议——基于 11 省 2859 名农民工的调查分析》，《兰州学刊》2017 年第 2 期。

平的最主要因素是培训。[1] 谢桂华认为技能水平较高的农业转移人口收入能接近城镇市民。[2] 张洪霞认为性别、月均收入、受教育水平、打工时间、遇到困难求助城市市民的数量、主要交往对象以及社区参与情况对新生代农业转移人口实现市民化的影响显著。[3] 陈延秋、金晓彤（2014）运用实证分析得出培训与技能水平对农业转移人口市民化的影响显著，而学历影响微弱的结论。以微观调查数据为基础，刘达等对不同类型人力资本对农业转移人口市民化程度的影响深入刻画，强调了专业技能的培训对农业转移人口市民化的突出影响。[4]

随着人力资本概念内涵的进一步完善，部分学者开始关注人力资本中的健康，可以说健康状况是农业转移人口人力资本的重要组成部分，是他们进行迁移、从事非农职业的基础条件，直接影响其生活能力、工作能力和其他形式人力资本的实现程度。刘国恩等认为，个人健康是决定中国家庭人均收入的重要因素。[5] 张银、李燕萍认为，农业转移人口健康水平越高，越能将人力资本存量投入工作，工作绩效较高，从而获得更高的经济回报。因此，本书在选取观测变量时，不但选取了传统的教育、培训与技能，还选取近年来社会密切关注的人口健康状况。[6]

综上，本书主要选取受教育程度、参加培训次数、职业技能和健康状况反映农业转移人口的人力资本，认为人力资本的提升对其市民化能力的提升具有关键意义。一是农业转移人口受教育水平、掌握的技能、参与的培训和个体身体健康状况很大程度上决定了他们的物质资本获取能力和就业能力，较高的人力资本有利于农业转移人口工作搜寻、工作保有和工作转换能力的提高，同时人力资本很大程度上影响其经济融入能力，较高的人力资本将使农业转移人口获得更高的收入；二是具有较

---

① 罗锋、黄丽：《人力资本因素对新生代农民工非农收入水平的影响——来自珠江三角洲的经验证据》，《中国农村观察》2011 年第 1 期。

② 谢桂华：《中国流动人口的人力资本回报与社会融合》，《中国社会科学》2012 年第 4 期。

③ 张洪霞：《新生代农民工市民化的影响因素研究——基于全国 797 位农民工的实证调查》，《调研世界》2014 年第 1 期。

④ 刘达等：《人力资本异质性、代际差异与农民工市民化》，《西南大学学报》2018 年第 2 期。

⑤ 刘国恩等：《中国的健康人力资本与收入增长》，《经济学》2004 年第 4 期。

⑥ 张银、李燕萍：《农民人力资本、农民学习及其绩效实证研究》，《管理世界》2010 年第 2 期。

高人力资本的转移人口掌握了更多的生活技能，更容易在城市得到较多的机会，获得更高的经济社会地位，受到较少的歧视，获得市民的接纳与信任，实现心理融入；三是具有较高人力资本的转移人口可以预期未来在城市能得到更好的发展，在城市工作、安家、养老，实现真正意义上的市民化。

（二）社会资本与农业转移人口市民化

劳动力市场价格机制在不完全信息条件下可能失灵，社会资本作为"非市场"渠道能在一定程度上弥补市场不足[1]，因此，社会资本对农业转移人口市民化能力的影响也开始受到学者的关注。Bourdieu 首次提出了社会资本这一相对清晰的概念并将其应用于社会学领域，他认为社会资本与社会网络是紧密结合在一起的，是个人各种社会关系网络及其中所嵌入的各种资源的集合。[2] Putnam 认为，社会资本具有社会组织的特征，通过促进合作行为可以提高社会的效率。[3] Portes 指出，社会资本是个体在其社会网络和社会结构中获得资源的能力，是社会网络不断嵌入的结果。[4] 随着社会资本概念内涵的不断完善与发展，这一概念已逐步得到学者们的认同，开始运用于社会学、经济学和管理学等多个学科的研究中。

学者多从微观、中观和宏观三个层面来研究社会资本。社会资本的研究从微观层面开始，以个体为研究对象，强调自我嵌入，认为社会资本是指个体在社会网络中获取资源的能力，嵌入在社会结构中的资源、资源的可获得性以及资源的可使用性是微观社会资本的三种构成形式。中观层面的研究是微观层面研究的过渡，主要从社会网络结构的角度来探讨社会资本的形成，Coleman（1988）认为，社会资本可以看作个人拥有的资本形式的财产。这种财产主要以社会结构资源为特征，由社会结构的各种结构要素构成。同时这种财产存在于人际社会关系的结构

① Mark S. Granovetter, "The Strength of Weak Ties", *Granovetter*, Vol. 78, No. 6, 1973.

② Pierre Bourdieu, "The Social Space and the Genesis of Groups", *Social Science Information*, Vol. 24, No. 2, 1985.

③ Robert D. Putnam, "Tuning in, Tuning out: The Strange Disappearance of Social Capital in America", *Political Science & Politics*, Vol. 28, No. 4, 1995.

④ A. Portes, "Social Capital: Its Origins and Perspectives in Modern Sociology", *Annual Review of Sociology*, Vol. 24, No. 1, 1998.

中，为该社会机构的内部成员提供便利。宏观层面的社会资本主要针对社会中的组织、网络与规范，个体间可以通过这些组织、网络与规范来共享信息、合作交流以及决策判断，Burt[①] 认为社会资本是指个体所处的社会网络结构能够给个体行动者提供信息及资源的程度。

社会资本强调人的社会属性，关注个体通过社会关系获得的实际或潜在的资产和资源。个体与他人建立起来的基于信任、合作、互惠形成的社会资本可以通过信息传递、信用担保、屏蔽或筛选等作用机制，促进劳动力就业。社会网络、信任、规范与合作是影响农业转移人口市民化的重要因素，作为市民化的基础，社会网络对资源的高效率运转有非常大的促进作用，社会网络不仅能够促进农业转移人口间的互惠与合作，而且能够促进他们之间信息的分享与沟通。在我国，熟人社会关系是一种非常重要的社会资本结构，尤其是在农村社会，更具有独特性。熟人的社会关系中，熟悉就成了一种重要的资本和共享的资源。农业转移人口市民化中的信任是以社会成员间的血缘、亲缘等为基础而产生的特殊关系，其与熟人社会网络有很强的相关性，是建立在"强关系"基础上的关系信任。

国内刘传江等学者较早地开始关注社会资本对农业转移人口市民化的重要作用，刘传江（2004）认为，农业转移人口的边缘性地位与其匮乏且质量低下的社会资本有高度的相关性。悦中山等认为，市民非亲属关系能显著影响农业转移人口的文化和心理维度的融入，但对经济融入的影响并不显著。[②] 李培林等认为，社会资本对转移人口从农村流向城市这一阶段影响较大，而对城市融入的影响不明显。[③]

已有文献从不同视角与社会资本的不同类型对农业转移人口市民化的影响进行了更为深入的研究。陶菁从社会关系网络构建视角出发，研究认为，随着农业转移人口远离乡土迁移到城市工作，血缘型、亲缘型社会资本逐渐减少，逐渐被不稳定的业缘型社会资本取代，但旧社会网

---

① Ronald S. Burt, "Le Capital Social, Les Trous Structuraux et L'entrepreneur", *Revue francaise de sociologie*, Vol. 36, No. 4, 1995.

② 悦中山等：《从"先赋"到"后致"：农民工的社会网络与社会融合》，《社会》2011年第6期。

③ 李培林、田丰：《中国农民工社会融入的代际比较》，《社会》2012年第5期。

络弱化的同时新社会网络又难以构建起来，从而容易导致其处于底层和弱势地位，应通过政府、组织和个人三方面共同努力来构建其社会网络。① 郭星华和李飞、史斌从社会距离视角出发，研究认为，新生代农业转移人口身份认同呈现模糊化倾向，虽然对新身份期望性强，但受身份歧视影响，存在认同危机。②③ 李练军认为，农业转移人口社会资本局限性直接影响其城市社会适应，变量上选取交往对象、求助人数、社区参与和工会参加等变量反映新生代农业转移人口的社会资本。④ 卢海阳等指出，社会资本对农业转移人口城市融入的影响是双向的，作为初级社会资本的重要构成，亲属网络对农业转移人口在城市社会融入有一定程度的阻碍作用，但是被视为新型社会资本重要组成部分的市民网络，则对农业转移人口的城市融入有较为显著的正向作用。⑤ 马红梅、陈典将社会资本划分为集体社会资本、初始社会资本和再生性社会资本，认为集体社会资本数量对城市融入意愿的提升作用更大，初始社会资本数量没有显著影响，再生性社会资本数量对城市融入能力和城市融入意愿均有显著正向影响。⑥

综上，社会资本强调人的社会属性，关注个体通过他们的社会联系获得的实际或潜在的资产和资源。本书认为，农业转移人口的社会资本是基于信任、合作与互惠构建起的社会关系网络，是他们与亲属、同学、朋友、同事之间的交往状况，包括日常交际的范围、频率与人际交往为他们带来的帮助，分别用社会资本广度、深度和帮助程度自评三个维度来描述，帮助程度自评反映了农业转移人口在工作、生活中遇到困难时是否能获得他人的帮助，一定程度上可以体现社会资本的质量。这三个维度体现了农业转移人口构建社会网络的能动性、积极性与社会网

---

① 陶菁：《青年农民工城市适应问题研究——以社会关系网络构建为视角》，《江西社会科学》2009 年第 7 期。

② 郭星华、李飞：《漂泊与寻根：农民工社会认同的二重性》，《人口研究》2009 年第 6 期。

③ 史斌：《新生代农民工与城市居民的社会距离分析》，《南方人口》2010 年第 1 期。

④ 李练军：《新生代农民工融入中小城镇的市民化能力研究——基于人力资本、社会资本与制度因素的考察》，《农业经济问题》2015 年第 9 期。

⑤ 卢海阳等：《农民工的城市融入：现状与政策启示》，《农业经济问题》2015 年第 7 期。

⑥ 马红梅、陈典：《农业转移人口城市融入的困境与出路：基于内生资本视角》，《改革》2018 年第 12 期。

络质量。

农业转移人口社会资本的提升对其市民化能力的提升具有关键意义。农业转移人口社会资本的广度、深度和质量的提升，可以帮助其获得更好的工作以及工作得更顺利；农业转移人口平时可以沟通、交流的人越多，体会到来自亲人、朋友、同事的关心越多，农业转移人口在城市生活心理上的信任感、公平感和融入感越强；随着社会资本广度、深度和质量的提升，农业转移人口在城市有了社会网络，在这个网络中，不断成长，在遇到挫折时收获关心，他们逐渐成为城市的一员，并愿意在这里生活工作、安家落户、留城养老。

（三）心理资本与农业转移人口市民化

近年来，农业转移人口心理资本对其市民化的重要作用逐渐开始受到关注。Goldsmith 提出，心理资本是个体对自我、工作、伦理以及人生信念、态度和认知的综合，是支配工作的动机和态度，是个体在早年生活中形成的相对稳定的心理倾向或特征。[1] Youssef 和 Luthans 认为，心理资本是指能够引起员工积极组织行为的心理状态，可以通过有针对性的投入和开发获得竞争优势，心理要素必须满足四个基本条件：积极性、能够被有效测量、类状态性、对个体的行为绩效有积极的促进作用。在融入城市社会的过程中，农业转移人口从事的工作具有"劳动强度大、技术含量低、工作环境差、福利待遇少"的特征，面对城市身份建构与农村乡土念想双重困难，农业转移人口存在城市生存压力大、经济社会地位低下、隐性排斥等问题导致的认同迷失心理剥夺现象，十分不利于农业转移人口融入城市。[2] 张洪霞研究认为，心理资本较高的农业转移人口融入城市的积极性更强。[3] 陈一敏指出，心理资本对农业转移人口个体成长产生正向影响，且是农业转移人口个体社会资本促进这种正向影响的实现。[4] 张宏如等指出，心理资本直接影响农业

① A. H. Goldsmith, et al., "The Impact of Psychological and Human Capital on Wages", *Economic Inquiry*, Vol. 35, No. 4, 1997.

② Youssef, C. M., Luthans, F., "Human, Social, and Now Positive Psychological Capital Management: Investing in People for Competitive Advantage", *Organizational Dynamics*, Vol. 33, No. 2, 2004.

③ 张洪霞：《新生代农民工社会融合的内生机制创新研究——人力资本、社会资本、心理资本的协同作用》，《农业现代化研究》2013 年第 4 期。

④ 陈一敏：《新生代农民工心理资本的影响因素》，《城市问题》2013 年第 2 期。

转移人口城市融入，同时也通过人力资本与社会资本间接影响其城市融入。陈蕾等指出，个体特征、家庭因素、人力资本、社会政策及其他心理情感因素是影响市民化意愿的核心因素。① 陈延秋、金晓彤分析了心理资本对新生代农业转移人口社会融入的影响以及社会距离的中介作用。

作为一类较为综合的心理素质状态，心理资本是影响农业转移人口情绪与认知状态的直接影响因素，很多农业转移人口进城后所产生的不良心理状态相对严重。曾旭晖、秦伟认为，农业转移人口对城市的认同度与留在城市生活的倾向程度是相一致的。② 张宏如等指出心理资本对于新生代农业转移人口城市融入的作用既包括心理资本对其城市融入的直接影响，也包括通过影响农业转移人口的人力资本与社会资本，进一步影响城市融入的间接影响。③ 陈延秋、金晓彤分析了心理资本对新生代农业转移人口社会融入的影响以及社会距离的中介作用，通过结构方程模型的验证，指出心理资本水平对新生代农业转移人口的社会融入具有正向影响。④

心理资本的一种视角为心理资本人格特质论，关注心理资本的形成机理，认为心理资本与积极人格特质具有一致性。Hosen 等认为，心理资本是一种具有耐久性和相对稳定性的心理内在基础架构，包括个性品质和倾向、认知能力、自我监控和有效的情绪交流质量等。⑤ 国内许多学者基于人格特质理论，衡量劳动力个体非认知能力，程虹、李唐从人格特征的视角分析劳动力工资的影响因素，认为非认知能力中的开放性

① 陈蕾等：《农村居民城镇化意愿及影响因素的实证分析——基于皖南 X 区的调查》，《农村经济与科技》2015 年第 12 期。

② 曾旭晖、秦伟：《在城农民工留城倾向影响因素分析》，《人口与经济》2003 年第 3 期。

③ 张宏如等：《心理资本影响新生代农民工城市融入研究》，《江西社会科学》2015 年第 9 期。

④ 陈延秋、金晓彤：《心理资本对新生代农民工社会融入的影响——基于社会距离的中介作用》，《青年研究》2016 年第 1 期。

⑤ R. Hosen, Solovey-Hosen, D., Stern, L., "Education and Capital Development: Capital as Durable Personal, Social, Economic and Political Influences on the Happiness of Individuals", *Education*, Vol. 3, 2004.

人格特征对于劳动力工资具有显著的正向促进效应。[①] 乐君杰、胡博文基于"大五人格"模型，认为非认知能力对工资收入具有显著促进作用，其中情绪稳定性和宜人性对于女性劳动者影响较大，尽责性对男性劳动者影响较大。[②] 李晓曼等认为，中低技能的劳动者非认知能力中的"尽责性"在劳动力市场的回报率最为突出。[③] 王春超、张承莎进一步分析了非认知能力作用于收入的机制，即社会资本效应、职业筛选效应和教育边际效应。[④] 刘传江等认为，非认知能力主要通过社区融入效应、就业稳定效应和心理资本效应显著地提高了农业转移人口的市民化能力。[⑤]

综上，已有文献对农业转移人口市民化问题的探讨与研究集中于以下三点：一是关于农业转移人口市民化的概念内涵；二是关于市民化（城市融入）的水平、倾向、意愿和能力的测度；三是农业转移人口市民化的影响和制约因素。目前，学术界对市民化的概念和内涵已达成共识，但对农业转移人口市民化能力的测度还不统一，关于农业转移人口市民化能力的影响因素，从制度环境的角度进行了大量的研究。近年来，虽然基于内生资本视角，对农业转移人口市民化的研究有所增加，但大多是从人力资本、社会资本、心理资本等单一变量维度进行研究，而对农业转移人口城市化的联动机制研究较少。实际上，农业转移人口已经陷入了强城市融入意愿与弱城市融入能力的困境。虽然个体素质和知识技能有所提高，但仍不足以应对城市生活压力和成本的挑战；虽然思想意识有所转变，但仍没有摆脱传统观念与个人能力不足的约束；虽然生活方式逐渐适应，但心理上缺乏归属感，也并未被城市所接受，难以从真正意义上融入城市，成为真正的市民，存在着理想与现实的反差。因此，从农业转移人口内生资本视角研究市民化能力的影响因素与

---

① 程虹、李唐：《人格特征对于劳动力工资的影响效应——基于中国企业—员工匹配调查（CEES）的实证研究》，《经济研究》2017年第2期。
② 乐君杰、胡博文：《非认知能力对劳动者工资收入的影响》，《中国人口科学》2017年第4期。
③ 李晓曼等：《中低技能劳动者因何获得了更高收入？——基于新人力资本的视角》，《人口与经济》2019年第1期。
④ 王春超、张承莎：《非认知能力与工资性收入》，《世界经济》2019年第3期。
⑤ 刘传江等：《非认知能力对农民工市民化能力的影响研究》，《西北人口》2020年第2期。

影响机制具有重要意义。

第三节　农业转移人口市民化能力测度

现有研究普遍认为绝大多数农业转移人口有较高的市民化意愿，但市民化能力却严重不足，农业转移人口陷入了强城市融入意愿与弱城市融入能力的困境。市民化能力是指农业转移人口在"城市中生存和活动的能力"，是农业转移人口实现市民化的核心因素。

国内学者采用了多种指标度量市民化能力，较具有代表性的有：刘传江、程建林（2008）从外部因素、农业转移人口群体和农业转移人口个体三个方面来构建指标体系，并用农业转移人口人均工资占市民人均工资的比重作为市民化能力的衡量指标。王桂新等从居住条件、经济生活、社会关系、政治参与和心理认同五个维度考察市民化特征及程度。[1] 李练军（2015）用城市就业能力、土地退出补偿能力、城市融入能力衡量转移人口市民化能力，认为人力资本、社会资本和制度因素对市民化能力影响显著。

另外，许多学者虽未直接涉及农业转移人口市民化能力，但构建的城市融入测度指标体系对市民化能力测度具有借鉴意义。风笑天从家庭经济、生活方式、社会认同、与市民关系、生产劳动等维度考察移民融入情况。[2] 杨菊华从经济整合、行为适应、文化接纳和身份认同等方面测度转移人口城市融入情况。[3] 卢海阳（2015）从经济、社会、文化、心理和身份五个维度考察转移人口城市融入情况。关于市民化能力的度量指标选取，学术界尚无定论。本书选取部分文献市民化能力（城市融入）测度指标整理如表 2 – 1 所示。

一　农业转移人口城市融入的内涵

简单来讲，城市融入问题就是在探讨一个群体如何融入另一个群

---

[1]　王桂新等：《中国城市农民工市民化研究——以上海为例》，《人口与发展》2008 年第 1 期。

[2]　风笑天：《"落地生根"？——三峡农村移民的社会适应》，《社会学研究》2004 年第 5 期。

[3]　杨菊华：《流动人口在流入地社会融入的指标体系——基于社会融入理论的进一步研究》，《人口与经济》2010 年第 2 期。

表 2 - 1　　　　　　　　农业转移人口市民化能力测度指标

研究者	市民化能力测度
风笑天（2004）	家庭经济、生活方式、社会认同、与市民关系、生产劳动
刘传江、程建林（2008）	月均收入/城市居民月均收入
王桂新等（2008）	居住条件、经济生活、社会关系、政治参与、心理认同
董金秋（2010）	市民职业属性、社会保障、社会参与、生活方式、自我认同
杨菊华（2010）	经济整合、行为适应、文化接纳、身份认同
张斐（2011）	经济层面、社会层面、心理层面
刘同山等（2013）	年龄、受教育程度、家庭年非农收入、是否在城镇购房
李练军（2015）	城市就业能力、土地退出补偿能力、城市融入能力
卢海阳（2015）	经济、社会、文化、心理和身份
钱龙等（2016）	个人市民化能力、家庭市民化能力
宁光杰、李瑞（2016）	相对收入、居住条件和社会保障

注：笔者根据部分文献自行整理。

体。从国际经验来看，美国因其移民国家的性质较早地开展了研究，并且形成了比较成熟的理论体系。19 世纪 90 年代，以美国社会学家 Park 为代表的芝加哥学派以由欧洲迁至美国的移民为研究对象，提出了这一移民群体的社会适应问题。[①] Park 认为，移民族群的融入可以分为机遇、竞争、适应和融合四个阶段。同时，芝加哥学派提出了"直线型融合"的概念，该理论认为随着时间的流逝，移民以新的社会环境中的原住居民为参照，其生活方式、行为方式会逐渐趋同。Gans 对此"直线型融合"的理论进行了批判，并提出了"曲线型融合"概念。[②] Gans 认为，移民群体的融入过程同样存在"马太效应"，他们会因为最初的不适应而逐渐被边缘化，并保持固有的生产生活方式而无法达到真正地融入。

城市融入作为农业转移人口市民化进程与新型城镇化推进的关键要素，是一个多维度的概念，目前，国内外尚无统一的标准定义，但结合

[①] Emest W. R. Park, Burgess, *Introduction to the Science of Sociology*, University of Chicago Press, 1924.

[②] H. Gans, "Ethnic Invention and Acculturation: A Bumpy-Line Approach", *Journal of American Ethnic History*, Vol. 1, 1992.

相关研究，个体融入城市的前提是劳动者需要从农村转移到城市，在城市工作和生活的过程中，与城市所体现的文化差异相互适应和融合，最终形成一个和谐统一的群体。徐丽敏认为，城市融入具有多维度概念特性，需结合以往研究基础实现各城市融入维度的统一。同时徐丽敏还将城市融入定义为使人们平等全面地参与经济、政治、社会生活，促进整体社会包容与团结的过程。①

城市融入是多个维度协同作用的过程。农业转移人口的城市融入，不仅是在城市工作赚取经济利益，同时应当在公共权益、社会保障上取得与当地市民对等的地位，在社会认同、心理归属上不再感受到显著的排外心理。同时，城市融入必然是一个过程，农业转移人口的城市融入既是宏观环境的包容吸收，也是个体的积极靠拢，在这一过程中，个体由单纯的经济动机变为心理归属动机，外界由排外逐渐变为认同，权利保障从无到有。杨菊华（2010）认为，城市融入是一种包含身份转换和心理认同在内的以目的地为流动后果的社会适应过程。

近30年来，我国农业人口涌向城市的人口迁移现象开始出现，人口迁移规模也在逐渐扩大，流动人口及农业转移人口的城市融入问题也逐渐受到重视。张振宇等构建五维指标体系，对每个维度赋予分值，并判断各维度在流动人口城市融入过程中所起的不同作用并进行量化分析。② 结果表明，各融入维度的重要性由高到低依次为思想文化观念、生活行为适应、心理身份认同度、经济职业整合、城市社会体制。卢海阳等同样构建由经济融入、社会融入、文化融入、心理融入和身份融入组成的五维城市融入度评价指标体系，其中，经济融入的测量指标为就业与福利，社会融入的测量指标为交往和参与，文化融入的测量指标为文化活动和文化接纳，心理融入的测量指标为心理距离、歧视感和城市适应，身份认同的测量指标为农业转移人口对自己城市身份的主观认同感。③ 王春光（2017）采用模糊集理论，运用 Likert 量表将留城意愿、长期定居意愿和身份认同三个维度的各指标综合为城市融入感。马红

① 徐丽敏：《"社会融入"概念辨析》，《学术界》2014 年第 7 期。

② 张振宇等：《流动人口城市融入度及其影响因素的实证分析——基于济南市的调查》，《山东社会科学》2013 年第 1 期。

③ 卢海阳等：《农民工的城市融入：现状与政策启示》，《农业经济问题》2015 年第 7 期。

梅、陈典以西南民族地区（云南、贵州、广西）在城市务工的农业转移人口为研究对象，构建分位数回归模型，衡量其城市融入水平，实证研究表明农业转移人口陷入了强城市融入意愿与弱城市融入能力的困境。当前，我国学术界达成了一个共识：农业转移人口的城市融入具有多个维度。①

二 关于农业转移人口城市融入影响因素的研究

对国内外城市融入影响因素的文献进行梳理发现，城市融入的影响因素可以概括为两大类：个体层次因素和社会结构性因素。个体层次因素即附着于农业转移人口个体的个人特征因素，包括转移前积累及转移后转变；社会结构性因素指不受转移人口个人控制的、对转移人口个人特质发挥影响的既定的社会环境，包括迁入地社会特征和迁出地社会特征。

（一）个体层次因素

Clazer 对居住在美国的欧洲移民的社会融入展开研究发现，随着迁移时长的改变，移民对英语使用熟练程度增加，其受教育水平和工作技能水平不断提高，导致移民群体（初代或后代）实现了向上的社会流动，移民与当地居民的通婚也变得越发普遍。② 这一研究结果表明，个人的受教育水平、工作技能、迁移时间、迁入地语言的掌握和出生地等都是影响移民社会融合的重要因素。这一现象可以借助经典的社会融合理论进行解释，经过代际的经营和发展，移民的语言、文化和行为模式与迁入地的主流社会逐渐趋同，伴随趋同产生的是社会地位和经济机遇上的差距缩小甚至消失。我国人口流动主要为省际流动，流动群体多为闲置的农村劳动力，关于城市融入的研究也围绕这一群体展开。表 2－2 列举了国内部分有代表性的研究成果，对城市融入的影响因素进行了梳理。不难发现，国内关于农民工社会融入影响因素的研究大而全，涉及的个体层次因素包括个人固有特征：如年龄、性别、婚姻、受教育水平、健康水平，流动特征：如流动目的、居住时间、打工时间，资本特

---

① 马红梅、陈典：《农业转移人口城市融入的困境与出路：基于内生资本视角》，《改革》2018 年第 12 期。

② Clazer, *We are all Multiculturalists Now*, MA Cambridge：Harvard University Press, 1997.

征：如人力资本及社会资本等。

表 2 - 2 城市融入影响因素梳理

研究者	影响因素
李强（1995）	户籍制度、文化排斥
张文宏、雷开春（2008）	党员身份、教育年限、月收入、居住时间、移出地、性别、婚姻状况、阶层地位
杨菊华（2012）	教育、户籍制度及其连带的地方性保护政策
韩俊强（2013）	城市生活满意度、对所在城市的态度、自我意识的转变
张振宇等（2013）	思想文化观念融入度、生活行为适应融入度、心理身份认同融入度、经济职业整合融入度、城市社会体制融入度
张洪霞（2014）	性别、月均收入、受教育水平、打工时间、社区参与
王春光（2017）	留城意愿、长期定居意愿、身份认同
马红梅、陈典（2018）	人力资本、社会资本

注：笔者根据部分文献自行整理。

（二）社会结构性因素

国外研究方面，Park（1924）的融合理论认为，社会融合的速度受到移民群体自身特征和移民群体之外的制度性因素的共同影响。社会结构性影响因素又可分为两种：移民群体自带社会特征和迁入地社会观念。移民群体自带社会特征指原生地社会特征，包括母语类别及泛化程度、宗教信仰、社会阶层、种族地位等；迁入地社会观念反映移民群体社会融入环境，如迁入地的历史传统、社会居民对移民的态度、排外情绪等，这会影响当地主流社会在多大程度上将移民视为合法的社会行动者，反过来也会影响移民群体对迁入地的认同程度。

国内研究方面，相关研究普遍认为，以户籍制度为基础的一系列制度安排是中国农业转移人口社会融入过程面临的根本性障碍。在既有的户籍管理制度及其衍生政策的管理框架下，农业转移人口长期居住在城市，多维度多层次参与城市的经济社会建设，首先在身份上无法得到认同，教育、福利保障问题也随之伴生。长期的差别对待，导致农业转移人口被边缘化的同时，也会产生自我放逐的现象，他们将逐渐从身份到心理上与城市社会隔离，被迫选择遵循原生的生活方式被动地适应城市生活。石智雷、朱明宝（2017）基于事实调研认为，当前存在的财政转移支付法制不健全、结构不合理、制度不匹配等一系列差别制度导致农业转移人口市民化成本高，阻碍了农业转移人口向市民的转变。王春光（2011）基于乡城流动人口的社会融入状况，从城市化的角度提出了"半城镇化"的概念，认为由于系统、社会生活和行动、社会心理三个层面的相互强化，影响了农业转移人口的社会融入。

目前国内外对于城市融入度体系的研究主要体现在构建农业转移人口城市融入的指标体系，并以此对农业转移人口的融入度进行测量判断。国外关于外来人口社会融合的问题多集中在国际移民身上（Milton M. Gordon，1964），早期将国际移民的语言、行为规范、风俗习惯的变化以及移民对迁入地身份认同感受归类为文化性维度，而对于存在的国际移民广泛种族通婚、社会各阶层不同的交流行为变化归类于结构性维度。学者从历史角度上的种族文化交融角度出发[1]，以"融合"来解释融入的过程，侧重强调相互渗透与交融，利用经济融合、文化融合、政治融合与移民态度四个指标维度综合体现整体融合程度。

国内存在的农业转移人口不同于国际移民的社会融合，并不会存在种族信仰障碍与巨大的语言障碍，但我们也能借鉴国外价值观念、心理满意度、身份认同感等主观评价指标的建立，加上符合我国发展的经济指标与行为指标来建立适用于我国农业转移人口的城市融入度指标体系。国内相关研究中强调主观与客观上的融入。杨菊华（2010）认为，城市融入指标分为客观层面的显性融入与主观层面的隐性融入，已有研究考察了农业转移人口城市融入的代际差异和性别差异，学者指标建立主要集中在 3、4、5 个大指标中，悦中山（2011）等从经济状况、社会文化、心理认同三个维度构建了城市融入指标体系，即经济层面为基础融入层，社会文化为进一步要求，心理身份则反映其融入深度；赵琴（2015）、罗明忠（2013）等则构建了四个维度衡量城市融入，大致分为经济融入、社会融入、文化融入与心理融入；卢海阳等（2015）和郑逸芳（2015）则将农业转移人口生活与行为的转变结合以往研究归

---

[1] David L. Sam, John W. Berry, "Acculturation: When Individuals and Groups of Different Cultural Backgrounds Meet", *Perspectives on Psychological Science*, Vol. 5, No. 4, 2010.

纳出经济、社会、文化、心理、身份五个方面的融入，并强调身份融入是其总体融入的最高层次。

从内生资本的视角出发，目前我国对农业转移人口城市融入的影响因素的研究，主要研究在异质性农业转移人口人力资本、社会资本、心理资本的作用下产生的影响。大多得出（马红梅，2018）三种资本变量均会在不同程度上影响农业转移人口城市融入状况。

首先，张和敏（2018）指出，较高的人力资本如农业转移人口的知识、技能和健康等因素能够使其就业能力提升，进而提高农业转移人口经济融入程度来带动他们的整体城市融入。刘红岩等（2015）通过"人力资本—融城能力—城市融入"的路径研究，发现人力资本能够促进农业转移人口的城市融入，具有积极作用。而刘红、石晶梅强调，农业转移人口教育受家庭经济收入的影响，这种经济增长方式越来越取代物质资本对农村的经济影响。[①] 曾一昕（2010）指出，农业转移人口提升自身人力资本能受到社会各类群体的接纳，但并不能消除劳动力市场中所存在的歧视现象。同时申鹏、申有明得出新生代农业转移人口职业层次较低、薪资水平较低，这其实与他们的人力资本水平较低具有直接关系，但新一代农业转移人口人力资本水平相较于第一代农业转移人口更高，具有更高的可投资性和持续性的特征。[②]

其次，根据栾文敬等（2012）研究，社会资本指包括个体通过社会网络获得的实际或潜在资源来满足或取得利益的能力，相当数量的农业转移人口是通过社会关系网络传递就业信息来实现非农就业。社会资本能够通过社会网络互动机制增强城市归属感，社会资本的积累和形成，成为促进农业转移人口融入城市的关键因素之一（刘传江等，2004），特别对民族地区农村劳动力转移有着正向推进作用。[③] 依照方黎明等（2016）研究结果显示，社会资本能够维持农业转移人口在所

---

① 刘红、石晶梅：《我国农村人力资本投资存在的问题及其原因分析》，《经济师》2010年第2期。

② 申鹏、申有明：《新生代农民工人力资本投资研究——基于农民工代际差异视角》，《现代商贸工业》2012年第17期。

③ 马红梅等：《社会资本对民族地区农村劳动力转移决策的实证研究——基于贵州省民族对比分析》，《经济与管理评论》2013年第2期。

流入城市中从事非农工作的稳定性，且在促进农业转移人口及其随迁家庭成员适应城市生活并最终融入、定居于城市中发挥着关键的作用。学者（童雪敏等，2010；叶静怡等，2012；周皓，2012）将农业转移人口的社会资本分成两类，以老乡为代表的原始社会资本和与在城市互动中新产生的新生社会资本，原始社会资本对其城市融入具有一定抑制作用，新生社会资本能够较好促进其社会融入状况从而带动整体城市融入发展。①②

心理资本（陈延秋等，2016；张宏如等，2015）作为近年来开始备受关注的第三资本，指人们的一种积极心理状态，直接影响农业转移人口的行为和认知，对农业转移人口的整体融入具有显著正向影响。心理资本包含自我效能感、希望、乐观、坚韧、情绪智力诸多因素（Luthans，F.，et al.，2004），最早可以追溯到由弗雷德·卢桑斯提出的"积极心理资本"概念。国内学者（柯江林等，2009；张宏如等，2015）对心理资本进行了本土化研究，表明其具有二阶双因素结构，可分为事务型心理资本与人际型心理资本，前者包含自信勇敢、奋发进取、乐观希望、坚忍执着等，后者包含谦虚稳重、尊敬礼让、包容宽恕、感恩奉献等。③ 农业转移人口的城市融入是多重博弈的集合。首先面临的是语言文化的博弈。在跨省乃至跨国迁移的背景下，农业转移人口的语言、习俗、行为方式与迁入地往往千差万别，接纳与坚持是其需要很快辨别的问题。任远（2010）研究表明，农业转移人口自我身份认同、对城市的态度、感知的社会态度等心理感知因素都是影响社会融入的重要方面，廖全明认为自卑、焦虑、抑郁、偏执等心理问题，严重阻碍着农民工的城市融入过程。其次是经济社会资源的博弈。与农业转移人口自主迁移相伴的是其原生经济社会资源的留守，因此，流入地社会资源的数量与质量会对农业转移人口的社会认同产生重大影响。社会资源的数量较多、质量较好，必然影响其对迁入地的文化认同与社会适

---

① 叶静怡、周晔馨：《社会资本转换与农民工收入——来自北京农民工调查的证据》，《管理世界》2010 年第 10 期。

② 童雪敏等：《农民工城市融入：人力资本和社会资本视角的实证研究》，《经济经纬》2012 年第 5 期。

③ 柯江林等：《心理资本：本土量表的开发及中西比较》，《心理学报》2009 年第 9 期。

应，增强其主观融入倾向；反之，经济问题求助无门、心理问题诉说无处，必然造成融入障碍。最后是制度博弈问题。原生地固有制度对农业转移人口的生产生活约束较小，或者说获取较好生活对制度的依赖性较弱，这一点并不适用于城市生活。城市是人口与经济生产的聚合体，社会环境更加复杂，制度管理是刚性需求，能否在城市制度的框架下受到城市制度的保障，极大影响农业转移人口的生活幸福感。而现实情况是，户籍制度短期内无法突破，社会福利与保障长期远离。三重博弈共同影响着农业转移人口的融入意愿，对其心理防线造成冲击。而积极的心理资本可以增强农民工城市融入过程中的自信，通过自我激励战胜挫折，乐观面对身份歧视，相信通过自身的努力能够真正融入城市（张洪霞，2013）。

大量研究表明，心理资本可以调节个体主观感受，对个体的态度、情感与行为产生积极的影响，促进其更好地适应社会规则、融入社会群体等。当前，学术界关于农业转移人口心理资本与城市融入的研究可以分为两个方面：一是主效应模型下的直接作用关系；二是调节效应模型下，心理资本通过作用于其他因素，进而影响农业转移人口城市融入行为。刘雅婷、黄健利用 Luthans 心理资本量表对三省农民工调查发现，心理资本对农民工城市融入水平具有直接决定性作用。并且，效能感与希望子维度直接影响农民工的城市生活感受，乐观与韧性子维度直接影响农民工的挫折复原力。[1] 曾维希等将心理资本划分为神经质、宿命感、进取性、人际主动性四个维度，以城市新移民为研究对象，以城市获得感和城市剥夺感衡量城市融入，研究发现，较高的城市融入度意味着较高的城市获得感和较低的城市剥夺感；同时，神经质、宿命感这两种消极的心理资本正向预测城市剥夺感，进取性和人际主动性这两种积极的心理资本正向预测城市获得感。[2] 刘莹（2010）研究发现，较高的心理资本水平有利于农民工与城市文化的契合，帮助其更快速地融入城市。鲁银梭等以制造业农民工为研究对象，认为企业的良性制度与管理

---

① 刘雅婷、黄健：《心理资本对农民工城市融入的作用机制及教育规导路径》，《现代远程教育研究》2018 年第 3 期。

② 曾维希等：《城市新移民的心理资本对城市融入的影响研究》，《西南大学学报》2018 年第 4 期。

者的支持、承诺等会增加员工心理资本，有助于增强员工对企业的归属感，降低工作疏离感。[1] 陈延秋、金晓彤研究发现，心理资本水平对新生代农民工的社会融入具有正向影响，且心理资本对新生代农民工社会融入的影响受他们感知到的社会距离的中介作用。[2] 张宏如（2015）通过对长三角826名新生代农民工的问卷调查构建了研究模型，研究发现心理资本不仅直接影响新生代农民工的城市融入，也通过影响其人力资本与社会资本，进而间接影响他们的城市融入。

三 农业转移人口城市融入流动差异研究

近年来，虽然对农业转移人口各类流动群体的研究在不断细化和深入，但目前国内暂时没有对农业转移人口流动经历差异影响其城市融入的系统研究，现有文献中仅有基于迁徙代际差异、地区差异、迁徙流动方式差异的相关研究。

代际差异下，申鹏（2012）指出，新生代农业转移人口具有更高的可投资性和持续性，刘传江（2007）和何军（2014）强调，新生代在社会认同感、生活期望值及未来期望方面有显著的不同。程欣炜、林乐芬认为，新生代农业转移人口的城市融入程度高于第一代农业转移人口，且社会资本对新生代农业转移人口城市融入的作用更大。[3]

不同流动地区会对农业转移人口带来不同效果影响。最明显的为拉力效果下东部沿海地区改革开放所导致的我国大量劳动力流动[4]，尽管流动方式不尽相同，但转型期中国农村劳动力流动在一定程度上扩大了中国地区经济差距。有学者发现，流动人口城市融入过程存在南北差异，并呈相同地域较接近的特征。[5] 田明通过对我国东部地区实证研究发现，东部地区流动人口在城市间的横向迁移不仅呈现速度快、城市平

① 鲁银梭等：《基于PCI模型的员工心理资本结构及开发路径探讨——以制造业农民工为例》，《农业经济问题》2011年第9期。

② 陈延秋、金晓彤：《新生代农民工市民化意愿影响因素的实证研究——基于人力资本、社会资本和心理资本的考察》，《西北人口》2014年第4期。

③ 程欣炜、林乐芬：《经济资本、社会资本和文化资本代际传承对农业转移人口金融市民化影响研究》，《农业经济问题》2017年第6期。

④ 严浩坤、徐朝晖：《农村劳动力流动与地区经济差距》，《农业经济问题》2008年第6期。

⑤ 陶斯文：《嵌入与融合：民族地区城市化进程中流动人口融入与文化适应》，《特区经济》2012年第5期。

均居留时间短的特点，而且在多次迁移过程中的迁移流向、迁移空间轨迹方面也呈现出更为复杂的特点，同时东部地区城市融入状况也存在差距。① 吕炜、杨沫讨论了农业转移人口迁徙时间是否能改善其融入状况，发现农业转移人口无法通过延长迁移时间获得更高收入职业，以至于无法融入城镇地区。②

流动方式上，庞圣民、吕青指出，农业转移人口流动方式分为独自流动、父母随迁、子女随迁、配偶随迁等多种家庭流动方式。③ 随着流动转移趋势的发展变化，按不同时代的流动特点可将家庭式流动分为单人外出流动阶段、夫妻共同流动阶段、核心家庭化阶段、扩展家庭化阶段（孙秋霞，2017），这表明我国人口流动家庭化进程已完成了第二阶段，加之如今同辈其他亲属或者老乡朋友一同外出务工情况逐年上升，我国农业转移人口流动模式已属于多元阶段式的迁居方式。学者（王春超等，2017；宋锦等，2014）基于迁移模式差异的视角，发现子女随迁确实显著增加了农业转移人口的城市融入感④，配偶随迁特别是就业机会较好的配偶随迁，会使子女随迁的概率大幅上升，邓睿、冉光和指出，子女同时也影响着农业转移人口在迁入地的劳动行为偏好及就业质量。⑤ 田艳平研究结果显示家庭化流动有助于农业转移人口的城市融入⑥，孟欣、赵栖泽表示家庭化的迁移流动对经济和心理融入具有积极影响，能够降低如思念、担忧等问题的心理成本。⑦ 徐鑫锴等（2014）研究发现，父母随迁行为可显著提高流动子女在流入地的居留意愿。

从已有文献研究来看，虽然已有国外研究对城市融合测量的维度比

---

① 田明：《中国东部地区流动人口城市间横向迁移规律》，《地理研究》2013年第8期。

② 吕炜、杨沫：《迁移时间有助于农民工融入城市吗？——基于职业流动和工资同化的动态研究》，《财经问题研究》2016年第10期。

③ 庞圣民、吕青：《家庭流动与居留意愿：基于江苏省2018年流动人口动态监测调查》，《江苏社会科学》2019年第3期。

④ 宋锦、李实：《农民工子女随迁决策的影响因素分析》，《中国农村经济》2014年第10期。

⑤ 邓睿、冉光和：《子女随迁与农民工父母的就业质量——来自流动人口动态监测的经验证据》，《浙江社会科学》2018年第1期。

⑥ 田艳平：《家庭化与非家庭化农民工的城市融入比较研究》，《农业经济问题》2014年第12期。

⑦ 孟欣、赵栖泽：《农民家庭城乡配置劳动力与举家迁移分析——基于新经济迁移理论的模型》，《商业时代》2014年第12期。

较全面但未形成统一意见，国内研究则不够深入，主要还是在国外研究的基础上通过结合相关政策进行修正或补充。同时，不少学者只采用了单个或少数指标来测量农业转移人口的城市融入，并未整体分析各维度的差异性。对于农业转移人口影响因素研究大多体现在人力资本、社会资本与心理资本，基于流动经历差异视角的研究还比较缺乏，仅仅针对家庭式迁徙与子女随迁等条件进行了深入研究，或对流动区域是否为就近流动情况做出分析讨论，并未有单独针对农业转移人口流动经历对其城市融入的影响研究。大多数研究混淆了农业转移人口城市融入本身及其影响因素，在选取具体指标时随意性较大，使不同研究之间缺乏可比性。同时多数研究主要采用 OLS 回归，只能从期望值分析出对农业转移人口平均融入水平的影响，却鲜有文献关注随城市融入程度的变化，各个影响因素会发生怎样的变化。且研究数据样本大多拥有地域范围局限性，缺少全国数据进行整体比较分析。

第三章

国外城市化演变进程及经验启示

城市化是各国在发展过程中都需要经历的一个阶段。每个国家在这个过程中会依据各国的特点，从自身国情出发，选择一条最适合的城市化道路。在城市化的过程中需要做到"法治发展"，坚持"以人为本"的理念，要做到工业化发展与农业现代化发展协调推进，同时不能忽视基础设施、生态文明建设，需要多举齐下协调发展。各个国家在这样的同步推进过程中，城市化进程都取得了一定的成绩。从各国的城市化发展道路中不难发现，农业、工业及第三产业的不断发展推动着各国城镇化的进程。其中，农业发展是城市化发展的初始动力，它不仅能为城市提供粮食、工业所需原料、市场及资金，也能为城市提供劳动力资源；工业化是推进城市化进程的根本动力，它是机器大生产的过程，因此可以快速集中各类生产要素，促进城市规模的发展，增加城市数量；第三产业是城市化发展的后续动力，随着产业结构的优化，第三产业不断崛起，逐步取代工业成为推动社会发展的支柱产业，这种后续动力主要使得生产配套性服务、生活消费性服务和公共服务需求增加。各个国家在城市化进程中所能提供的经验教训都能对中国新型城镇化的发展道路提供许多可贵的启示。

第一节 国外典型国家城市化推进道路研究分析

一 英国的城市化进程

英国作为工业革命的发源地，在18—19世纪后期一直在世界范围内保持着综合实力的领先地位。同时，英国也是世界上农村人口向城镇聚集最早的国家，是世界上第一个实现工业化、城市化的西方发达国家。英国城市化起步较早，进程较为缓慢，经历了以农村为主、初步启动、迅速繁荣到相对稳定的过程。英国的城市化进程大概可以分为以下三个阶段：

（一）从启动阶段到基本实现城市化阶段（18—19世纪中叶）

随着工业革命的进行，英国的经济社会发生了巨大的转变。这样的转变也吸引着许多英国的农村人口开始流入收入更高、环境更好的城市，因此新兴的城镇随之产生并不断地扩张。1775年左右，因为纺织机和蒸汽机的发明，英国开始了工业化进程。与此同时，城市化也进入启动阶段。1801年英国城市化率达到33.8%，进入了城市化加快发展阶段；1851年达到54.0%，此时已经基本实现城市化。

在此阶段，由于英国工业化的发展以及人口的集中，一些新兴的工业城镇开始兴起，使英国城镇数量不断地增加，城市规模也在不断地扩大。这些新兴城市具有自然资源丰富、交通运输便捷、适合于发展现代工业等特点。并且，通常是半城市地区或是在传统的主导城市体系中占据重要地位的小城镇成为了这些新兴城市兴起的场所，由于工业的发展，它们吸引和聚集了大量的人口，使城市形态越来越明显，城市功能也不断得到完善，最终发展成为工业重镇或者区域经济中心城市。可以看到在这样的过程中，城市数量及人口规模都会得到相应的发展。不仅如此，城市之间的关系也会逐渐形成一定的网络体系，此时城市的发展已经初步呈现出了区域化及城市群发展的特征。但是在这个阶段，因为英格兰中部和西北部制造业的发展，使南部的人口北移。在城市化发展的进程中，英国的城市中逐步形成了生产标准化、经营专业化、宗教世俗化、权力民主化、文化通俗化、教育大众化等趋势。

（二）实现高度城市化阶段（19世纪中叶至20世纪初）

19世纪五六十年代末，随着工厂规模的不断扩大，工业化集聚趋势也越发明显。这个阶段，农村小工业已经衰落，同时因为产业集聚，农村和城市的分工已经确立，劳动力已不可能在不迁移的基础上实现职业转变。因此，在工业化趋向规模化和集中化的过程中，英国城市化进程加速推进，城市人口比重显著提高。

此阶段，英国的城市化水平快速提升，从50%左右提高到1901年的 77%，率先在西方发达国家中实现高度城市化。50 年间，英国的城市化人口增长了 1.26 倍，一批新兴的工业城市人口数量也在快速增长，如伯明翰、利物浦、曼彻斯特、利兹等城市。与此同时，英国逐步形成了六大城市群，即大伦敦市、兰开夏东南部城市群、西米德兰城市群、西约克城市群、莫西地带城市群以及泰因地带城市群。

（三）城市化继续发展与完善阶段（20 世纪以来）

在 20 世纪初，英国已经实现了高度的城市化，其城市化水平约为 80%。由此开始，英国从以城市人口数量的增长和集中为主，转变为以城市人口布局的调整优化、城市管理体系的完善、城市文明的普及和发展等内容为主的城市化主题。英国政府不断采取措施解决因工业开发、商业发展、农业发展和环境保护等带来的诸多问题，先后通过创建新城转移 200 万人口，通过清除贫民窟改造内城，实行"强制所有的开发项目不得占用绿带区用地"的绿带政策以保护环境，协调各方面关系，推进城市化从量的增加向质的提高转变。

从城市人口来看，由于受前两次世界大战等因素的影响，英国城市化水平在 20 世纪上半叶几乎没什么变化。在下半叶，英国的城市化发展开始扩散，表现为虽然整体水平在不断上升，但是人口不再一味地向大城市集中，而开始向一些中小城市流动。在这个过程中，英国也在不断地提升居民的素质教育，不断缩小城市与乡村之间的差距。除了基础设施和教育外，较为完善的社会保障体系也在城乡之间实现了无差别的覆盖。此时现代文明在英国的城乡人口中已经基本实现了全覆盖。

二 法国的城市化进程

法国城市化起步较晚，且进程缓慢，历经曲折，在西方发达国家中是比较特别的。但正是由于城市化进程较为缓慢，法国城市化与工业化之间的关系更加均衡和协调，城市体系分布也更加均衡。其城市化进程大概可以分为以下三个阶段：

（一）基本实现城市化阶段（19 世纪 30 年代—20 世纪 30 年代）

根据前人的研究，法国的城市化始于 19 世纪 30 年代。1806 年法国有农村人口 2368 万人，至 1846 年增至 2875 万人，占法国总人口的 75.6%，此时的法国仍是一个以农业和农村人口为主的国家，工业化进程缓慢。因此法国不像同期的英国那样，可以吸引大量农业人口加入城市。

在这一阶段，法国的城市化进程推进较为缓慢，人口并没有大量向城市流动。这是因为在工业化的进程中，法国农民没有能彻底割裂与土地的关系，同时又缺少在城市就业的机会。与其他西方国家相比，法国乡村更为保守、封闭，农民的流动性不强，而且长期以来形成的小农经济将法国农民束缚在土地上，他们对土地有着非常强的依赖性。直到19世纪下半叶乡城移民的数量才逐渐增多，乡村人口开始了小规模的流动，其间间歇形成了几次移民的高峰期，但是总体而言，这样的迁移数量相对法国2000多万人的农村人口来说还是很低。也因法国城市不能够大量地吸引农业人口，使法国直到1931年城市化水平才超过50%，初步实现城市化，在时间上比英国晚了80年。

（二）实现高度城市化阶段（第二次世界大战后—20世纪60年代末）

第二次世界大战之后，法国经济经历了恢复、初步发展到高速发展时期，城市化进程也明显加速，其城市化水平从1946年的53.2%快速提高到1968年的69.9%，22年间年均增速达0.71%，城市人口从2155万人增长到3479万人，增幅达61.4%。

法国在1950—1970年，城市化水平的年均增长率超过了1%，1955—1965年超过了1.2%，这一时期是法国城市化发展速度最快的阶段，此时城市人口快速增长，而农村人口则绝对减少。从城市体系来看，战后法国主要城市的人口规模均呈现大幅增长，除里尔外，其他七个主要城市的人口增幅均在50%以上。其中，波尔多、里昂和马赛的人口规模几乎翻番，但是法国的城市结构体系仍未有太大的改变，巴黎依旧远远超过其他城市。同时，在这一阶段的1960年，法国六大城市人口合计占全国城市人口的39.6%，达到峰值，体现出这一阶段城市人口有向大中城市集中的趋势。

（三）高度城市化基础上的分散型城市化阶段（20世纪70年代）

随着政治、经济、社会的发展，至20世纪70年代末，法国城市人口占总人口中的比重上升到70%以上。1975—2005年的30年间，法国的城市化水平只提高了3.8个百分点。到2005年，法国的城市化水平发展到了一定高度，达到了76.7%，在这个过程中法国的城市化进程明显放缓。

在高度城市化的基础上，法国城市人口分布呈现分散而均衡的特点。1970—2005 年，法国主要的 7 个城市人口规模虽然依旧保持上升的趋势，但增长的速度明显放缓，同时，这 7 个城市的人口占全国的比重也开始出现下降的趋势，说明此时中小城市的人口增速更快，人口开始选择向中小城市流动。自 1968 年开始，包括巴黎在内的部分城市的城市化发展开始向外延伸，使中心城区的人口密度较以往而言有所下降。从 1970 年左右开始，随着城市空间的快速扩张，城市区域人口的居住密度随之降低，法国的城市化呈现分散的特点。而在 20 世纪 70 年代中期，这种人口流动向城市边缘地区分布的特点更为明显。在这个时期，法国城市中心的人口总量开始下降，而周边区域的人口增长速度则加快，伴随这样的特点，经济发展及住宅区域也开始向周边区域发展。总之，在最近的 20 多年间，法国城市人口缓慢增长，城市化水平在实现高度城市化后趋于平稳，同时城市人口分布逐步呈现出分散化和郊区化的特征，城市之间由不平衡发展向平衡发展转变。

三 德国的城市化进程

德国工业革命始于 19 世纪 30—40 年代，与英国、法国等国家相比较晚，但是德国工业化发展迅猛，仅用半个世纪就完成了工业化。1871—1910 年，德国通过引进吸收英、法等国先进的科学技术，经济上突飞猛进，赶上了英国，超过了法国，实现了从一个落后的农业国向先进的工业国的转变。随着工业化的快速发展，德国的城市化也呈现出起步晚、发展快的特征。从城市人口变化的历史来看，德国的城市化进程可以分为以下三个阶段：

（一）城市化初期发展阶段（19 世纪 40 年代到 19 世纪 70 年代初）

19 世纪 40 年代以前，德国依然是以农业和农村为主的国家，农业在国民经济中占据主导地位。城市人口的比重较小，仅有一些主要的传统城市初具规模，这些城市主要是作为行政、军事、宗教中心而存在，往往具有比较发达的工场手工业，以及少量的文化和商业设施。这些城市也为后来德国的城市化奠定了较好的基础，成为了吸引农村人口转移的重要据点。

19 世纪 40 年代以后，工业化革命的号角吹响，德国也开始推进城市化进程，人口开始选择向城市流动，推动城市的规模、经济及社会不断向前。随着工业化的开始，德国的城市化进程也在向前推动，城市的人口迅速增加，城市规模不断扩大，城市功能也日益多样化。同一时间，德国开始出现了一批以工矿业城市为主的新兴城市，这些城市在发展的过程中，依靠当地的资源优势以及水陆交通运输的便利条件，吸引了大量的投资以及劳动力。随着这些城市规模的扩大，人口规模也在迅速上升，从而由工业化前的中小城镇或村庄快速发展成大城市，尤其在一些较大的城市里，人口增加更为突出。

（二）城市化加速发展与基本实现阶段（19 世纪 70 年代初到 1910 年）

19 世纪 70 年代，德国的工业和服务行业的产值已占国民生产总值的 68%，这一时期是德国城市化发展的鼎盛时期。1871—1910 年，德国城市人口从 1482 万人增加到 3896 万人，29 年增加了 1.62 倍，同时城市化率从 36.1% 增长到 60%。其中，1890—1900 年，城市化率由 42.5% 提高到 54.4%，10 年间增加 11.9%，每年上升近 1.2 个百分点。

在城市人口规模增长的同时，城市行政区划也在不断向外扩展，并入了周边的区域和人口，进而加速了德国的城市化进程。到 1918 年为止，超过 5 万居民的 85 个德国城市的行政区域被并入。德国就是通过并入周边地区来扩大城市化规模，在当时呈现快速扩张的趋势，并入的数量越来越多，城市规模越来越大。

其间，德国工业城市在农村地区积累了大量劳动力，促进了城市规模的扩大，同时也增加了一些从事手工业、商业和服务行业为主的城市人口。随着人口的增加，城市的发展布局增添了新的需求。为了改变过去不合理的城市布局，更好地推动城市发展，政府开始根据功能将城市划分为住宅区、商业区以及工业园区，以此更有效地推进城市的发展。

（三）实现高度城市化阶段（第二次世界大战以后）

1910—1945 年，德国在两次世界大战当中遭受到战争的严重打击，经济衰退，城市化进程停滞。20 世纪 50—60 年代，联邦德国经过战后经济迅速恢复，迅速实现经济的繁荣，同时实现了高度城市化，城市化水平从 1950 年的 64.7% 提高到 2005 年的 75.2%。这个阶段，德国的城市化布局也开始向分散性城市发展。由于人口开始向中小城市流动，带动其经济社会的发展，使此时德国城市体系的规模结构、智能类型及空间布局都发生了巨大的转变。

在 20 世纪 50 年代以前，大城市是德国城市化速度最快的地区，这是由于大城市的区位优势以及雄厚的资金吸引了大量的工商企业和劳动力在此聚集，使其规模不断膨胀。到 20 世纪中叶，德国大城市的发展势头逐渐减弱，甚至有些城市从繁荣向衰落转变。德国大城市的衰退并不是城市化停滞不前，而是城市化由集中型向分散型转变，城市文明在更为广泛的地域扩散和发展，标志着城市化进入了高级发展阶段。在大城市发展速度放缓时，中小城市开始了蓬勃发展，使德国城市化原有的城乡之间、大城市与中小城市之间及经济发达地区与落后地区之间的差距逐渐缩小。加上高速公路、城际铁路等交通运输网的全面建设，私人小轿车的普及以及电视、电话等信息传播系统的广泛使用，大多数小城市居民与大城市居民的收入和现代化的城市生活已经没有什么差别。

由于大城市人口所占比重在 20 世纪下半叶以来呈现下降的趋势，使德国各等级城市之间的比例趋于合理，城市的空间分布更为均衡，大城市在人口急速膨胀阶段产生的各种城市问题也有所缓解。总之，自 20 世纪 60 年代以来，德国的城市化已由城市向中心集聚的初级阶段进入由点向面扩散的高度城市化阶段。

四 美国的城市化进程

独立战争以前的美国是英国的殖民地，虽然手工业已有初步的发展，但主要还是以农业和畜牧业为主，直到 1789 年联邦政府建立之后工业才真正开始发展。1861—1865 年的南北战争清除了美国资本主义工业发展的障碍，出现了产业革命的高潮，工业以超过英国的速度蓬勃发展。工业化推动着美国的城市化发展，城市人口不断上升，美国城市人口的比重由 1870 年的 25% 上升到了 1920 年的 50.9%，随后取代欧洲成为世界经济发展的中心。从城市人口变化的历史来看，美国的城市化进程可以分为以下三个阶段：

（一）城市化初始阶段（1790—1830 年）

在初始阶段，美国的产业发展呈现出以农业发展为主、工业发展速度较缓的特点。由 1790 年人口普查数据可以看出，仅有 5% 的人居住在城市，城市化水平发展进程较慢。之后，随着海运的发展，大西洋沿岸第一批具有商业功能的美国城市开始出现，如纽约、波士顿、巴尔的摩、费城等。1825 年，美国运河网络随着伊利运河的竣工开始初具雏形，不仅原有控制腹地不断扩大，而且西部内陆地区也随之扩张。

（二）城市化加速阶段（1830—1930 年）

在这个阶段，美国的城市化水平得到了快速的提升。主要原因有以下三点：第一，有大量的国外人口向美国迁移，这部分人口主要以欧洲国家为主。当时的欧洲经济发展水平是要远高于美国的，这部分人口的流动带来了先进的技术、知识及设备等，为美国的城市化发展做出了巨大的贡献。第二，人口迁移推动了工业化的发展，也带动了美国其他产业的发展，推动美国城市化的进程。第三，运输网络的改善也加强了美国东西部之间的经济联系。

（三）高度城市化阶段（1930 年至今）

经济大萧条之后，美国传统的城市地区城市化发展几乎停滞不前，人口开始向郊区迁移，原因是市中心的住房环境逐渐恶化。1880 年，仅有 3.4% 的美国人生活在人口过百万的大城市，在 1930 年达到最高点 13.3%，随后出现下滑，在 1980 年仅为 7.7%。此时，美国的"郊区化"不仅缓解了中心城市人口密集、交通拥挤、住房紧张、环境污染等问题，还促使中心城区完成了由工业经济向服务型经济的转变，成为信息交流和经济决策的中心。与此同时，这些中心城区的发展还带动着周边城市的发展，共同形成了大都市圈以及城市连绵带。

在这一阶段，美国实现了高度城市化，城市化速度放缓。1960—2005 年，城市人口比重从 70% 提高到 80.8%，城市人口增长率下降到 1.5% 左右，农村人口数量小幅度波动，基本稳定。在这段时期，美国的人口并不是集中分布的，而是呈现零散分布的特点。同时，美国的城市化表现出了大都市区化和城市人口郊区化两个明显特点。

大都市区在城市化的过程中起到了至关重要的作用，它们作为城市的核心，进一步辐射周边地区以带动城市的发展。这个大的城市核心依靠各种优势得到快速发展，并产生较强的聚集效应和吸纳效应，吸引物质资源和劳动力向这个核心城市流动和聚集。同时，这个核心城市会对周边区域产生有利的辐射作用和扩散效应，在这样的作用与效应下，这片区域就会形成一个大都市圈。此外，在这一时期，美国的城市化表现出明显的郊区化特征，即城市地区居民向周边地区迁移或大城市居民向卫星城迁移的趋势。随着郊区化的进一步发展，不仅有人口向郊区的迁移，城市工商业也向着空间潜力大、生态环境好和经营成本低的郊区转移。郊区人口和住宅建筑的强劲增长导致了经济活动的外流。因为居民和企业向郊区迁移，零售商和批发商也开始在郊区大量浮现。这使许多郊区不再像从前那样仅仅是中心城市的附属，而是逐渐成为具备类似中心城市功能的区域。自20世纪80年代起，由于石油价格持续上涨，通勤费用上升，加上城市中心区环境改善等因素，导致一些郊区居民返回城市中心区。

五 日本的城市化进程

日本的城市化过程相较于其他发达国家而言较晚。从明治维新时期开始，在随后的一百多年内，日本的城市化率从1898年的11.75%提高到2008年的86.3%。特别是在第二次世界大战结束后，日本在短短三十年的时间内，一跃成为世界第二经济大国，同时其城市化进程的推进，仅用了50年的时间，就完成了欧美国家100年的城市化进程。从城市人口变化的历史来看，日本的城市化进程可以被分成以下五个阶段：

（一）第二次世界大战前的早期城镇化（明治维新到20世纪20年代）

1889年，日本的城市化水平仅5%左右，城市化进程始于20世纪20年代的明治维新时期。明治时代，日本民族主义形成了国家发展的基础，但直到20世纪40年代，日本的城市化水平依旧低于欧美工业化国家。

早期日本的工业化主要以电力工业与电气化工业为主。多数城市从消费城市向以技术为基础的生产城市进行转化，原有手工业比较发达的城镇也逐渐成为了资本主义大机器工业生产的中心，一些新兴城市也在不断兴起和扩大。第一次世界大战时，日本通过战争获得了许多的好处，以此大力促进了日本的工业化发展。甚至在这段时期，日本的工业产出首次超过了农业。经过几十年的工业化进程，日本的人口也逐渐向城市集中，城市人口从1898年的11.75%上升到1920年的18.04%，城市数量也从1888年的37个上升到1920年的85个。

（二）第二次世界大战后重建初期城镇化（1945年到20世纪60年代）

与第一次世界大战不同，第二次世界大战制约了日本城市化发展的脚步，战争导致多数城市人口向农村迁移。第二次世界大战结束后，日本的城市人口数量急剧下降，战后初期由于大量的人员返回农村，使农村人口剧增。在这段时期，日本的城市化水平倒退回十年前的情形。1940 年日本的城市化水平为 37.72%，而在随后的 7 年内则下降至 4.61%。尽管如此，其城市数量仍然处于上升趋势。

战败后的日本，民族主义退出了主导地位，取而代之的是含有竞争性利益集团的美国分散民主和权力结构的模式。由于战后的东京比日本其他城市恢复得更快，因此吸引大量其他被毁区域移民的迁入。同时，为了满足政治分权，中央政府控制减少，允许人口和经济加速集中也进一步推动了日本城市化的发展。

战后，为了重新推动日本经济发展的进程，日本政府制定了一系列措施规划，在这些规划期间，日本将大量的生产要素集中在了东京、大阪、名古屋、福冈四个城市群。除城市群外，得益于交通的便利，日本也将重心放在了四个临海地带。1960 年占国土面积 12% 的四大城市圈独占了工业总产值的 70%，从这一数字看出了工业化时代的制造业强烈倾向在大城市圈周边布局。

（三）加速城市化时期（20 世纪 60 年代末到 70 年代）

1956—1973 年日本的工业化水平飞速提升，在工业的带动下，日本的城市化水平也步入了一个加速发展的时期。其间，工业生产年均增长 13.6%，农业劳动力年均转移递增率达到 3.6%，城镇化水平年均增长约 1 个百分点，到 20 世纪 70 年代初人均 GDP 达到 6000 美元的发展水平。经济发展也带动着日本的城市化脚步，日本在这一时期城市化发展进入了加速期。如果我们看过去 40 年日本全国的城市化进程，前 20 年城市化水平提高了 16 个百分点，处于城市化发展加速阶段，最近 20 年只有 5.5 个百分点，已经进入"S"形曲线的高级饱和阶段。

这一时期，日本大城市的特点是同心式扩散和辐射，形成圈层状都市圈等大都市区独特的空间结构，各个大都市圈如美国的大都市区，也有一个重要而强大的中心城市。然而，当时的日本政府是基于平衡发展的思想，其国土政策的首要目标是"工业向国土分散"，结果是，虽然部分工业生产功能分散在地方圈，但日本几乎 80% 的 GDP 依旧集中在几个大都市地区，形成了东京、大阪、名古屋三大都市圈。在 20 世纪 70 年代，日本已形成的工业产业带与该三大都市圈由于区域位置的近似，形成了有效互动。而这一条件加速了生产要素的集聚，为日本的经济发展再次奠定了基础。

（四）高度城市化后的完善时期（20世纪80年代到21世纪初）

20世纪80年代以后，日本的人均国内生产总值继续保持较快增长，但城市化进程已经明显放缓。受1973年和1979年两次石油危机的影响，以及20世纪90年代亚洲金融危机的冲击，日本经济增长速度迅速从两位数开始下滑，城市工业对新增劳动力的吸纳能力减弱，城市化速度明显下降。与此同时，城市人口几乎达到饱和，导致城市化速度有所放缓，1996年的城市化率为78%，仅比20年前高出2个百分点，2000年日本城市化水平为78.68%，2005年为86.3%。

在人口城市化和城市交通现代化的进程中，日本的主要城市不断向外蔓延，结果是城市间的空白地带被新兴城市所填补，形成了以大城市为核心的都市圈。这一时期，城市人口的分布也发生了新的变化，以东京都人口的增加比率来看是增加率最高的地区。

在城市化的前中期，由于人口多数选择向大城市进行迁移，使日本大城市的人口密度过高。随着经济的发展带动着城市基础设施的不断完善，科技的发展使人们的交通更加便利，此时人口开始向其他城市迁移，日本的城市化进程也如其他国家一样开始呈现分散发展的特点。这一时期，由于大城市圈外住宅区的开发，大量市内人口转移到了市郊，郊区化特征逐渐明显。不仅如此，日本也呈现出都市圈化的特点。在20世纪80年代以后，各国的联系更为密切，呈现出经济全球化态势，信息革命的到来也帮助日本开始向信息社会进行转型。这使履行生产职能的工厂进一步从大都市地区向周边地区甚至国外扩散，而都市圈发挥中心商业功能的集聚作用进一步增强，这使人们再一次向都市圈进行迁移。这一时期，日本农村与城市之间的差异不如过去明显，中心城市不断发展，辐射范围也越来越大，如东京圈就发展成为太平洋沿海大都市圈。

（五）当下日本城镇化的新动向

全球化导致全球产业的重构和转移，其结果也给城镇化进程带来广泛的影响。一方面，参与全球化的地区经济快速增长，新地区不断发展，新网络不断延伸，城市化进程进一步加快；另一方面，远离全球化的国家和地区有强烈的排斥倾向，城市化进程缓慢。日本的城镇化最新动向表现为：世界城市东京持续增长、区域性城市停滞、地方性城市衰退。

世界城市东京持续增长主要是因为东京作为日本的首都，受到全球化进程的影响，其城市始终处于快速增长。这一时期，为了解决东京大都市人口过密化、办公用地不足、人居环境质量下降等城市问题，东京采取了分散多核（在大都市内部形成以一个城市中心和多个城市副中心为核心的城市地域空间结构）、临海副中心建设、修建筑渡快线、横滨新型港口城市建设等一系列新的城市发展措施。区域性城市停滞是因为曾经日本城镇化的特点之一是区域城市快速扩大，然而，这些区域性城市的增长不是由工业化带动的，而是由于全国范围内企业分公司的集中发展形成的。之后，在全球化的进程中，区域性城市的作用下降，分公司机构的数量开始下滑，当地分公司就业人员也在减少，从而导致区域性城市停滞发展。地方小城市的衰退是因为一些日本小城市由于日益增多的人们选择迁出而导致进一步的衰退。这些小城市，过去都曾是精密机械工业的生产中心，然而现在这类生产基地已经纷纷向劳动力更加便宜的中国和越南城市转移。

六 巴西的城市化进程

从面积、人口和经济发展水平来看，巴西是拉丁美洲最大的国家，并且拥有非常丰富的自然资源。其城市化进程和特征在拉美地区具有非常典型的特征，可分为以下两个阶段。

（一）城市化初期阶段（20 世纪 30 年代以前）

16 世纪 30 年代起，巴西就开始沦为葡萄牙的殖民地，一直以来都作为外来殖民者的农产品和原材料的供应地，经济上的附属性特别强。由于其殖民地的特质，在 1930 年以前巴西的工业化没有明显的发展，为数不多的城市都主要是作为商品集散地的港口城市，为殖民经济服务。所以巴西在这一时期的城市化并没有以工业化为基础，巴西的农业人口并不会选择向城市进行迁移。即在初期巴西的城市人口主要为国际移民。1808 年，葡萄牙王室定都里约热内卢，带动了巴西的经济快速起飞和城市的快速发展。受城市经济发展和城市建设的需求影响，大批技术人才进入城市，加上葡萄牙王室对其友好国家开放巴西的港口，进一步促进了巴西城市的发展。

19 世纪中叶，得益于基础设施的完善（尤其是铁路），巴西的经济开始发展，为巴西的城市化提供了良好的基础。19 世纪末欧洲大规模移民的到来促进了巴西的城市化。巴西废除奴隶制后，前奴隶可以自由迁徙到城市，与欧洲移民一起，促进了巴西的城市化进程，使城市越来越大。在 20 世纪 30 年代之前巴西的城市化是没有工业化基础发展起来的，在近 300 年的被殖民期间，巴西的城市主要承担着一些传统的职能：商业、官僚机构和初级工业活动的中心。

（二）超工业化的过度城市化阶段（20 世纪 30 年代以来）

巴西在 1930 年开始工业化进程。此时为了摆脱殖民宗主国的经济控制，壮大自身经济，巴西全面实施进口替代发展的战略，带动了中心城市的快速发展。但因为长期受到殖民地经济的影响，在 20 世纪 50 年代的前半期，巴西的经济主要由产业链前端产品带动。而后半时期，巴西开始重视工业与耐用消费品的发展，此后巴西的工业发展脚步开始大步向前。这一举措使巴西经济在 1967—1974 年年均增速达到 10.1%，同时建立起了比较完整的工业体系。工业化的发展带动了城市化的发展，人口开始向城市不断涌入，城市规模逐渐扩大，城市数量也逐渐上升。此外，在大多数地区，工业发展迅速，带动了沿海城市的长期经济增长和人口增长。

20 世纪 50 年代到 70 年代末，巴西的城市化得到了空前发展。但与此同时，飞速的城市化发展带来的是与经济发展明显脱节的问题。巴西用 30 年的时间完成了发达国家需要 50 年才能完成的城市化进程，但与此对应，发达国家的人均国民生产总值增加了 2.5 倍，可巴西仅仅增加了 60%。当前，巴西已经实现了高度城市化，城市人口过度集中于少数特大城市，并在区域上集中于东南沿海地区。由于巴西的城市化水平高于经济发展水平，因此城市中有大量失业者和在非正规部门工作的穷人，城市贫困问题非常严重，进而产生其他类型的城市问题。

七 墨西哥的城市化进程

墨西哥毗邻美国西南部，是拉美地区经济规模最大的国家，其人均国民收入位于拉美国家第二位。墨西哥的城市化进程，以 1940 年为明显分界线，划分为两个发展阶段。

（一）城市化的初期阶段（20世纪40年代之前）

墨西哥的城市化起源于迪亚斯总统执政期间经济活动的蓬勃发展。迪亚斯总统于1876年上台以后，大力发展采矿业，修建海港和铁路，并开拓国外市场，使北方及内地的一些城市供需两旺，百业俱兴。铁路的修建是墨西哥城人口膨胀的重要影响因素，随着铁路的开通，墨西哥城的人口从1877年的23万人激增到1910年的72万人。在19世纪末期，虽然墨西哥的经济增长使城市人口比重有了显著提高，但并未改变墨西哥社会农业国的性质。1900年，墨西哥的农村人口占全国人口的89.45%，而城市人口仅占10.55%。

20世纪的前40年，由于国内外经济、政治因素的制约，墨西哥人口城市化进程迟缓而曲折。虽然在头十年经济有着较大的增长，但在庄园制生产关系的制约下，农业的劳动生产率低下，农村剩余劳动力无法自由地向城市迁移，城市人口的增长主要靠城镇居民的自然增长。1910—1930年，城市人口比重由11.7%上升到17.5%，城市人口增长的原因，一方面是因为1910年的革命推动了国内人口流动，使涌进城市避难谋生者众多，带来众多破产农民，也加强了墨西哥城作为全国政治、经济、社会和文化中心的重要性；另一方面是墨西哥与美国关系的正常化，使北部边境城市逐渐繁荣起来。1930—1940年，墨西哥人口城市化速度有所减缓。这是因为当时的世界经济危机严重阻碍了墨西哥工业的发展，使墨西哥出口萎缩，百业萧条，城市的发展随之减缓。加上当时总统推行土地改革政策，极大地激发了农民安心在农业生产上的积极性，使背井离乡、流亡城市的现象显著减少。

这一时期，尽管墨西哥人口城市化遇到了众多阻碍，增速时缓时快，但总的来说，人口城市化的进展还是相当显著的，城市人口从143万人增加到393万人，涨幅近175%，同期的农村人口仅增加29%。

（二）超工业化的过度城市化阶段（20世纪40年代以来）

1940年后，墨西哥进入了高速城市化阶段。这一时期，城市人口数量迅速上升，年均增长率在1940—1950年为6.3%，1950—1960年为5.9%，1960—1970年为5.6%，1970—1980年为5.0%，1980—1990年为2.7%。城市人口数量的发展带动了城市的规模扩张，从城市规模结构看，人口逾百万的大城市，在1940年仅有1座（墨西哥城），在 1990 年增加到 4 座（墨西哥城、瓜达拉哈拉、蒙特雷、普埃布拉）。

1940—1970 年，墨西哥的移民潮流量达到最大，迁居城市的农民达 600 多万人。移民潮主要是流向墨西哥城，其次是流向农业发达地区的商业中心或地方工业中心。墨西哥的城市人口分布高度集中，这一特征在墨西哥城极为明显，墨西哥城面积仅为墨西哥总国土面积的 0.2%，却聚集了全国人口将近 20% 的居民。1970—1990 年，人口增长率较高的几个城市中，7 个位于中北部地区，5 个位于西北部地区，3 个位于西部地区，1 个位于优卡坦半岛，1 个位于墨西哥湾，1 个位于东北部。

人口增长率的差别与迁移规模有关，也与城市化的时间、城市的级别和城市在各地区的作用有关。一方面，由于城市的工业化进程速度加快，为大量劳动力提供了工作岗位，保障了其在城市的生活，因此多数人口开始向城市迁移。另一方面，城市化的发展使生产要素向城市集中，农村的发展滞后于城市的发展。因此，从事农业的劳动力获得的报酬要比从事工业的劳动力更低，因此农村剩余人口不愿留在农村，开始向城市迁移。这两方面的原因都使墨西哥的城市化速度得到了飞速提升，也超前于其工业和经济发展的水平。

八　印度的城市化进程

印度是位于南亚大陆的一个人口大国，是世界上人口仅次于中国的国家。独立前长期受到帝国主义和殖民主义的剥削和掠夺，国民经济基础薄弱，经济的主要增长动力掌握在英国垄断资本手中，其结果是，从农业和工业的角度来看，印度都是一个落后的国家，国民经济处于赤贫状态。其城市化进程可分为两个阶段：

（一）城市化的准备阶段（1947 年独立之前）

这一时期，印度城市化具有典型的殖民地特征。英国的殖民者为了在这里倾销过剩工业品和掠夺原料，以港口为中心，在主要的沿海港口形成了一些畸形发展的大城市，如孟买、加尔各答等，这些地区实际上是成为英帝国主义掠夺、奴役殖民地的政治经济中心。19 世纪后期英国开始在印度进行大量投资，尤其是大规模修筑铁路，由此带动了一系列工商业城市的发展，所以此时印度的城市工商业、服务业都相对繁荣，城市人口比重逐渐提高。但由于这些城市的发展先天不足，与国内市场和区域经济发展严重脱节，容纳不了来自农村的大量移民，因而从一开始便产生了严重失业等一系列城市问题。到 1941 年，印度的城市人口仅为 4415 万人，城市化水平仅为 13.9%，依旧处于相当低的水平。

（二）城市化的初期阶段（1947 年独立以来）

1947 年印度实现了独立，到 1950 年，城市人口在总人口中的比重仅为 17.0%，而且大城市畸形发展和城市结构不合理等问题，此时已经全部凸显出来。在之后 50 多年的发展进程中，印度经济建设取得了显著的成就，不仅建成了初具规模的独立工业体系，而且农业也有了长足发展，某些领域的科技水平甚至居于世界前列，同时城市化水平也有了显著提高。1950—1965 年，印度的城市人口占总人口的比例大致上升了 11.7%。其他国家的城市人口规模的扩大往往会推动城市化发展的脚步，但印度不同，其城市化发展仍然较为缓慢。或许有人认为，不能用发达国家的标准去衡量发展中国家，但即使是与发展中国家相比，印度的城市化进程仍然慢于这些国家。

尽管印度城市化总体水平低于世界其他地区，城市化进展也相对缓慢，但 1950—2005 年，印度的城市人口净增长达到了 2.5 亿多人。也就是说，尽管印度的城市化进展相对缓慢，但城市人口规模的绝对增长量却是巨大的，只是因为印度的人口基数大，加上农村人口增长迅速，才降低了城市人口在总人口中的比重。此外，印度的城市发展还有一个显著特征，就是城市人口高度集中，突出表现在大城市和特大城市的畸形发展，是比较典型的集中型城市化。除了大城市和特大城市迅猛发展之外，中等城市的发展则是缓慢的，甚至是停滞的，而小城市则是明显的衰退，导致的结果就是城市规模结构呈现"倒三角形"。在印度的城市化进程中，一级城市（人口 > 10 万人）发展急剧膨胀，二级城市（人口 5 万—10 万人）发展处于停滞状态，三级城市（人口 3 万—5 万人）发展呈现衰退的现象，四级（人口 1 万—2 万人）、五级（人口 0.5 万—1 万人）、六级（人口 < 0.5 万人）的城市发展呈现出急剧衰退的现象，四级到六级的城市人口在 1901 年占全国人口的 59% 左右，但在 1981 年仅为 13.7%。印度城市发展所呈现出来的倒金字塔形，是一种不合理的体系结构，既不利于控制大城市人口规模增长，也不能有效

带动中小城市和整个区域的发展。甚至有学者认为,这种大城市的迅速发展是以牺牲小城市的利益为代价的。

印度的城市化在区域上的差异非常显著,集中反映在城市发展不均衡与城市布局不平衡两个方面。印度城市分布格局也存在集中型城市化的特点,即少数大城市、特大城市较为孤立地分布于某些区域,周边缺乏足够的中小城市与其相互联系。随着人口越来越向城市集中,城乡人口的分布状况也发生了显著变化,原来散布在广阔乡村地区的人口,不断地集中于空间规模相对狭小的城市,使人口分布在地域上出现一些高度密集的点。这种格局既造成了城乡差异悬殊,不利于大城市带动整个地区形成城市体系,也不能在区域经济发展中起到较好的支撑点作用。

从印度各邦之间的城市化水平差异来看,由于城市主要受生产力水平,尤其是工业发展水平的影响,工业化程度较高的各邦,城市化水平也相对较高,这一特征在大、中型城市的分布上极为明显。各中央邦直辖区经济发展水平较为悬殊,因而其城市化水平差异更为显著,比如昌迪加尔的经济发展水平最高,其城市人口的比重高达93%,而达德拉和纳加尔哈维利仅为6.7%。总体来说,印度城市化在地域上的差异性,表现为西部高于东部、南部高于北部,但在发展速度上则有相反的特征。

尽管城市化水平不高,但印度是一个人口大国,仍有大量的农业人口向城市流入,而城市的经济发展水平、工业化程度并不能为这么多的人口提供就业岗位,因此在这个时期,印度出现了大量的失业人口。印度城市化发展的一个特征是农村人口在较短的时间内大量且迅速地涌入城市,使城市的就业、交通、住宅、供水等与迅速增加的人口数量极大的不适应,导致了大量失业人口和贫民窟的存在。同时人口过度集中在数量有限的城市,造成大城市恶性通货膨胀等问题。

九　韩国的城市化进程

过去,韩国是一个落后的农业国家,从1962年开始的第一个五年计划到20世纪90年代,韩国经济的年均增长率约为8.7%。在替代进口经济之后,韩国第一次对外向型经济发展战略进行产业调整,使高强度技术资本产业结构与高强度技术知识产业结构发展相适应,以应对世界经济环境的变化。20世纪90年代中叶,韩国人均国民生产总值已经超过了 1 万美元，使韩国从一个贫穷落后的小农国家一跃成为新兴的工业化国家，被誉为亚洲"四小龙"之一，跻身亚洲经济发达国家行列。其城镇化过程可划分为四个阶段：

（一）城镇化史前阶段（1876—1947 年）

1876 年日本实施的《江华条约》打开了朝鲜王朝大门。20 世纪 30 年代，韩国仍然是一个典型的农业国家，城市化水平低于 5%。据记载，韩国在 1944 年的城镇化率仅为 13%。在 1945 年独立以后，又被苏联和美国一分为二，由美国占领军接管了韩国。在这种情况下，依旧催生出一批被用作出口的中转站城市，而不是作为国民商品经济发展的市场。因此，韩国现阶段仍是一个典型的农业经济社会。

（二）城镇化起步阶段（1948—1960 年）

在城镇化起步阶段，韩国经济可以分为两个阶段。第一个阶段是在 1945—1950 年，这一时期韩国从一个殖民国家成为了一个经济独立的国家。第二个阶段是在 1950—1960 年，这一时期韩国经历了朝鲜战争以及战后重建。在李承晚担任大韩民国总统期间，城市化进程加快，人口开始向城市流动。韩国光复后，大量人口向城市流动，一批归国人员重返城市居住，同时大批朝鲜或农村的难民和农民也涌入了城市。而韩国的粮食来源主要依赖于美国，导致了韩国在一定程度上忽略了农业的发展，产生了大批的农业剩余劳动力。尽管政府及时采取了一些限制性措施，但韩国城市人口仍在迅速增长。

（三）城镇化加速发展时期（1961—1987 年）

这一时期，由朴正熙、全斗焕和卢泰愚担任韩国总统，这三位总统所制定的政策措施是相互联系，依次推进的。1961 年，朴正熙当权后，开始了各方面的改革，经济发展经历了从低增长到高增长过渡、出口主导型发展、不稳定及萎缩发展几个阶段，以利用外资发展的进口替代向出口导向战略转变的工业化进程开始启动。不仅如此，实施"政府主导型增长战略"，推行低工资以降低企业成本、重视轻工业的发展策略，推行"产出型"政策。国家工业体系由劳动密集型纺织工业逐步转变为以汽车、电子、钢铁、海军等支柱产业为主的生产和出口加工体系，从发展轻工业转向发展重工业。韩国在这个时期将重工业集中在了城市，并通过产业集聚效应促进城市重工业的发展。而城市的工业化推行成为了城市经济发展的动力，韩国的城市化进入了加速发展的时期。不仅产业向城市集聚，韩国在这一时期还允许人口自由流动，城市的良好发展使得人口离开农村流向城市，推动了城市的人口规模扩张。

其间，韩国的城市化水平提高了45%。这种快速发展的后果是，城市人口的强劲增长给城市化发展带来了机会，使首都周边地区人口高度集中。除此之外，大量的人口涌入导致城市用地紧张，而人口的经济社会活动一定程度上造成了交通拥堵、环境污染等问题，给城市造成了极大的压力。卢泰愚政府意识到这一问题，推行了《第二次国土综合开发修订计划》，生产要素开始向中部、东南部以及西南部发展，带动了这些区域城市的发展。

（四）城镇化平稳发展时期（1988年至今）

1987年，韩国转变成为一个民主国家。在过去，韩国的产业结构以农业为主，农业的产值占全国的70%。而现在，韩国进入了工业化国家时代，非农部门的产值占全国的90%以上。随着全球化的快速发展和新经济时代的到来，韩国从中央政府到地方政府都更加关注经济发展方式的转变以及产业和城市的转型升级。为了让一些劳动密集型产业向技术、资本密集型产业转变，韩国尤其重视教育投入，通过人力资本的提高带动城市的发展。自此，韩国走上了知识城市的道路。

第二节　国外典型国家城市化推进道路经验启示

通过上述各国的城市化发展进程，不难发现，城市化的发展与工业化的发展通常是密不可分的。世界上各个国家的城市化发展可以分为三种模式：同步城市化、过度城市化和滞后城市化。

同步城市化是指城市的发展与工业的发展是相互推动的。城市化是工业化的基础，而工业的发展能够为城市带来生产要素，从而推动城市的发展，使城市的规模及数量上升。城市规模的扩大、工业生产的增加以及城市规模经济的影响，反过来又对工业化的发展做出巨大贡献。例如，欧洲和美国等发达国家的城市化模式。

过度城市化是指工业发展的水平滞后于城市发展的水平。农村劳动力大规模向城市流动，而此时城市的建设速度跟不上城市化的步伐，城市无法为居民提供他们所需要的工作和生活条件，造成严重的"城市病"，在大城市中形成了大量的贫民窟。例如，印度、巴西、墨西哥等发展中国家的城市化模式。

滞后城市化是指城市发展水平滞后于工业发展水平，这往往是由于政府为了避免城乡差距过大而实施政策以限制国家城市化发展。在这种情形下，工业向农村扩散，挤占了农业的发展。不仅会引起农村人口"两栖化"、小城镇混乱、生态污染等问题，也不能促进工业、农业或居民生活的现代化。例如，南亚和东南亚的城市化发展模式等。

在这三种模式中，只有工业化与城市化的同步发展才是一个国家城市化的最佳发展模式。

一 选择合理的城镇化模式

在城镇化过程中，英、法、德等欧洲国家主要采取小城市发展模式；美国在初期采取大城市发展模式，在实现城市化之后转变为城市群发展模式；日本则在城镇化过程中先走大城市发展模式，之后逐渐转变为城市群发展模式。也就是说，无论是哪一种发展模式都可能实现城镇化。同时，无论是英、法、德、美国还是日本，在城镇化的过程中，各个国家首先都出现了一个或者几个百万人口的大城市来引领经济发展。这是因为大城市集聚效应明显，将有限的资源配置至大城市是促进经济发展、带动城镇化发展的必然之路。城镇化发展到了一定的程度后，要素资源会向周边城市辐射，从而形成城市群。由于现代产业分工越来越细，产业间的联系也越来越紧密，以中心城市为核心、其他规模城市为支撑的城镇体系为产业体系的发展提供了最佳载体，这也是区域产业体系能在全球激烈竞争中立于不败之地的重要原因。各城市在选择城镇化的模式时通常要考虑各种各样的因素：第一，历史条件是选择城镇化发展模式的基础条件。如巴西和印度，在殖民地时期都形成了几个大城市，不仅成为政治、经济和文化的中心，也具有良好的基础设施以及素质良好的劳动力，这就为独立之后采取大城市发展模式提供了先天条件。第二，该国的资金状况也是一个重要的制约因素。英、法、德等国因其经济发展初期资本丰裕，选择了小城市发展模式，而巴西、印度因其独立之初经济水平低下、资本短缺的事实，不得不采取非均衡发展战略，将有限的资源集中投资于少数几个区域，选择了大城市发展模式。

第三，来自农村的推力成为促进大城市发展模式的重要原因。由于大城市模式下劳动力在大城市的发展优势远远大于其他规模城市，所以在大城市集聚效应的影响下，农业转移人口大多流向了大城市，成为大城市人口规模不断壮大的重要来源，这也使大城市模式得到进一步巩固和加强。第四，经济社会制度也是影响城镇化发展模式的重要因素。在民主社会中，政府没有权力直接限制人口的流动，此时，若政府的规划调控能力不足，城镇化模式的改变也会越发困难。随着城镇化的不断发展，会逐渐出现各种问题，此时需要政府在资金、政策、规划、投资等方面的宏观调控。

二 注重城镇化模式与产业发展协调发展

英、法、德等国家的工业化是以轻纺织业的发展为开端的，而轻纺织业的劳动力密集特性使其吸引了大量的农村劳动力集聚在城市，再加上轻纺织业能较快达到规模效益，因而可以集聚在小城市之中，这也是英、法、德等国以小城市模式发展城镇化的根本原因。而美国凭借其资源优势，快速建立起以重工业为主导的产业结构，由于重工业产业的集聚效益实现较慢，一般集聚于大城市中，所以美国在一开始便采用了大城市发展模式。当产业结构逐渐向以第三产业为主转变后，各中心城市的产业结构将会首先改变，制造业不再适合大城市，但因其离不开大城市生产性服务业的支持，便向周边中小城市转移。随着现代工业分工的不断扩大及城市间的工业手段，工业之间的合作越来越紧密，加上城市分布式工业系统有助于加强城市之间的联系，使它们最终迈入了城市群的发展模式。因此，无论是大城市、小城市，还是城市群发展模式，城镇化模式的选择要与产业结构相适应，才能更好地促进城镇化的推进和发展。

三 加强基础设施建设

无论是英、法、德等欧洲国家，还是美国和日本等国，虽然城镇化发展模式各不相同，但在形成过程中都建设了完善的基础设施，若没有完善的基础设施支持，无论哪一种城镇化模式都将难以为继。城市群的形成离不开基础设施的完善，完善的基础设施可以为产业发展与人口居住提供良好的环境，也正是因为城市之间完善的基础设施才使城市之间的密切联系、精确分工成为可能，进而使城市群的发展与壮大成为可能。因此必须考虑基础设施的建设与完善，只有基础设施配套到位，城镇化模式才能顺利实施与推进。

我国基础设施的建设还未充分发展。虽然我国的交通已经较为便利，但我们在水利基础设施上仍存在不足。不仅如此，在发展过程中，一定程度上忽视了对生态环境的保护，教育医疗等民生问题也未能得到充分的保障。因此，我们需要加快基础设施的发展，建立多元化的投资机制，解决基础设施建设融资不足的问题，从而促进城市快速、协调、健康发展。我国西部的基础设施建设要落后于东部的基础设施建设。主要是因为西部的地理环境复杂，基础设施建设难度大、成本高，使产业的交易成本更高，因此西部推进城镇化进程始终慢于东部。尽管如此，国家仍然制定了一系列措施，以推动西部城市化的发展。以"新丝绸之路"为例，不仅加强了沿线城市的互动关系，促进了生产要素的流动，也增加了西部地区与周边国家的经济往来，共同推动着城市的发展。因此，加强西部地区的基础设施建设，带动其产业发展，吸引人口进入城市以扩大城市规模，加快西部地区的城市化发展水平。

四 加强人文和生态环境保护

西方国家在城镇化的道路中或多或少都经历过生态的问题。工业革命成为了英国经济高速发展的契机，但高速发展的背后是严重的生态问题，煤炭的大量使用、不充分燃烧严重危害到大气层，导致了酸雨的降落。不仅英国，美国与德国在经济发展的道路上同样面临了这一问题。首先，在经济高速发展的同时面临着资源的过度开发、不充分利用等问题。其次，未能合理处理工业废料，使其破坏生态环境加剧了环境污染。为了避免生态环境的进一步恶化，西方国家从治理和预防两方面共同入手处理这一问题。在我国经济发展创造奇迹的时候，不可避免地对我国的环境造成了破坏。同时，传统自然资源供给能力的不断减弱、环境污染和生态的不断恶化也成为制约我国社会经济进一步发展的瓶颈问题。因此，要想保持经济的可持续性发展，就必须考虑资源和能源所提供的可持续性以及环境的承受力。

仅在三十年内，我国已经完成了现代化进程，而西方发达国家用了二百年，但也不得不面对的是，许多城市受商业利益和市场规律的驱使，破坏历史文化名城整体格局和风貌、损毁文物建筑和历史街区的现象普遍存在，大量的文化遗产在城镇化中快速消失，既破坏了传统街区的布局，也铲除了原有的文化氛围和传统生活方式，而开发出来的却是千城一面的商城、写字楼。人变得日益渺小、生活气息淡化、文化传统丧失、城市吸引力下降等问题逐渐凸显。因此，要进一步加强我国历史文化遗产的保护和生态建设，保护中国优秀传统文化，保护地理环境和城市文化，改善人居环境，提高城市品位，建立美丽的家园。

五　制定有效政策法规

美国在城市化发展的过程中，郊区化现象严重，导致了土地的粗放利用、中心城市竞争力下降等一系列问题，这也使得美国不得不制定并实施"精明增长"计划，以提高土地的集约使用和促进中心城市人口增长。日本在城市化快速发展阶段，也有意识地通过立法和规划等手段促进、调控城市群的发展模式，使城市化模式与产业发展相适宜，并以此促进经济的发展。国外城市化的经验启发我们，在城镇化过程中，政府扮演了非常重要的角色，它不仅能够及时调整在城镇化的推进过程中出现的问题与偏差，甚至可以直接调控和促进城镇化的发展。

目前，中国实施了一系列政策措施以有序推进我国城市化发展。改变传统的家庭经营结构，建立以居住地登记户口为基本形式，配合以合法固定住所或稳定职业为户口准迁条件的新型户籍管理制度；建立土地流转和有偿使用制度，促进土地流转和规模经营；建立就业信息网络，及时提供就业相关信息，减少农村劳动力流动的盲目性；为低收入者等弱势群体提供住房保障，低收入者的住房问题不仅是经济政策的一个组成部分，而且是社会政策的一个组成部分；采用分层分类的社会保障方法，即根据农业劳动力转移、城市发展和安置能力等具体情况，同时考虑当地实际情况，在不同条件下采取不同的保护措施，建立多层次、多形式的社会保障政策以推动城镇化发展，让城市留住农民。

六　注重城乡一体化协调发展

城乡发展差异过大会制约经济的发展，因此一个国家在城镇化发展的过程中，不能忽视乡村的发展。实践证明，当城乡之间能够协调发展，也就是当实现城乡一体化发展时，就会促进和推动城市化的良性纵深发展；反之，则必然会阻碍和延缓城市化的发展。

发达国家在城市化发展中所采取的城乡一体化的发展战略和发展模

式为我们提供了可供借鉴的经验。在美国推进城市化的过程中，建立了一个多层次的城乡协调发展体系，其主体构成为"国际性大都市→全国性中心城市→区域性中心城市→小城市和中心镇等"。根据大城市的辐射效应和带动作用，聚焦中小城市和中心城镇的发展以及大规模城市群的形成，从而打破区域间障碍和隔离，模糊农村和城市之间的原始边界，使城市和郊区之间、城市和村庄之间的差距消失。在全国 50 个州，3043 个县（郡），35153 个镇（村），基本实现了城乡一体化发展的格局。

与美国采用的发展模式不同，日本一方面通过制定相关产业的扶持政策和鼓励政策，鼓励和引导城市产业向农村地区扩散，在特定的农村地区发展新的产业集群，加速了城乡经济一体化发展和新城建设，实现农村村民的就近就地转移和就地城市化；另一方面，对同一地理空间的城市和农村地区，通过中央和地方的统一规划管理，以适应及时的实际需要。同时，城市规划不再局限于城市，而是延伸到周围的农村地区。

第四章

中国城镇化现状及现实困境

第一节 全国城镇化现状

一 土地城镇化快于人口城镇化

从建成区面积来看，1985 年中国的建成区面积为 9386 平方公里，到 2018 年，中国的建成区面积达到 58455.66 平方公里，相比于 1985 年，建成区面积扩大了 6.23 倍。扩张非常之快，年均增长 6.0%。

从图 4-1 可以看出，2000—2018 年，中国建成区面积的增长率呈现出一定的波动，这与中国的经济发展形式和国际国内经济发展环境是密不可分的。例如，在 2008 年发生的国际金融危机，此时中国建成区面积的增长率最小。在"十二五"时期，国家提出了"以人为本"的城镇化。不仅如此，国家开始避免城镇用地的盲目扩张，2012 年城镇建成区面积相比于 2010 年和 2011 年，增长率有所下降，近几年基本稳定在 4% 左右。

从城镇人口的角度看，1978 年中国的城镇人口为 17245 万人，到 2012 年，中国的城镇人口达到 71182 万人，年均增长 4.26%，2012 年的城镇人口是 1978 年的 4.13 倍。2012 年，中国的城镇化率达到了世界的平均水平，城镇化率为 52.57%。2018 年中国的城镇人口达到了 83137 万人，人口城镇化率达到了 59.58%。

基于上述数据，我们可以基于人口城镇化和土地城镇化的发展速度两个角度进行分析。首先从建成区面积增长的倍数和城镇人口增长的倍数看，截至 2018 年中国的建成区面积是 1985 年的 6.23 倍，同期城镇人口仅为原来的 3.31 倍。两者之间的差距表明，中国的人口城镇化进

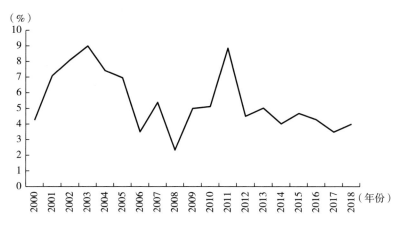

图 4 - 1 2000—2018 年建成区面积增长率

资料来源：国家统计局网站《中国统计年鉴》。

程是要慢于土地城镇化进程的。

城镇用地增长弹性也可以用于判断人口城镇化速度与土地城镇化速度两者之间是否相匹配。本书采用扬·盖尔[1]在《交往与空间》一书中提出的：建设用地增长率与人口增长率之比称为用地增长率弹性系数，国际公认的城市用地增长弹性系数为 1.12，认为此系数下两者发展速度较为合理。2000—2018 年，中国绝大多数年份建成区面积增长率都大于城镇人口增长率。从表 4 - 1 中可以看出，中国建成区面积增长率与城镇人口增长率之间的差额除了 2000 年、2006 年和 2008 年为负以外，其他年份都为正，说明在绝大多数年份，建成区面积增长快于城镇人口增长。除个别年份（2000 年、2006 年、2008 年）城镇用地增长弹性系数小于 1.12 外，其他年份的城镇用地增长弹性系数均大于 1.12。

表 4 - 1   2000—2018 年建成区面积增长率、城镇人口增长率及
城镇用地增长弹性系数

年份	建成区面积增长率（%）	城镇人口增长率（%）	建成区面积增长率与城镇人口增长率的差额（%）	城镇用地增长弹性系数
2000	4.25	4.93	-0.68	0.8621

---

① ［丹麦］盖尔：《交往与空间》，何人可译，中国建筑工业出版社 1992 年版。

续表

年份	建成区面积增长率（%）	城镇人口增长率（%）	建成区面积增长率与城镇人口增长率的差额（%）	城镇用地增长弹性系数
2001	7.08	4.70	2.38	1.5064
2002	8.10	4.47	3.63	1.8121
2003	8.99	4.31	4.68	2.0858
2004	7.41	3.64	3.77	2.0357
2005	6.95	3.55	3.40	1.9577
2006	3.50	3.69	− 0.19	0.9485
2007	5.38	4.02	1.36	1.3383
2008	2.33	2.92	− 0.59	0.7979
2009	4.99	3.38	1.61	1.4763
2010	5.12	3.82	1.30	1.3403
2011	8.85	3.14	5.71	2.8185
2012	4.50	3.04	1.46	1.4803
2013	5.02	2.71	2.31	1.8524
2014	4.01	2.47	1.54	1.6235
2015	4.68	2.94	1.74	1.5918
2016	4.28	2.83	1.45	1.5124
2017	3.49	2.58	0.91	1.3527
2018	4.00	2.20	1.80	1.8182

资料来源：《中国统计年鉴》。

整体上来看，1985—2018 年，中国的建成区面积增长了 523%，同期城镇人口增长了 231%。根据城镇用地增长弹性系数的计算公式，这一时期中国的城镇用地增长弹性系数为 2.14，远远大于国际公认的 1.12 合理水平，这充分说明中国的土地城镇化快于人口城镇化。

二 城市人口密度不高且呈下降趋势

土地的城镇化快于人口的城镇化，这意味着中国的城镇化实际上不是农业转移人口的城镇化。城市人口增长与城市土地面积扩张之间的非对称性表现为城市人口密度的不断下降。其中城市人口密度的计算公式为：城市人口密度 ＝（城区人口 ＋ 城区暂住人口）/建成区面积。中国城市人口密度由 2000 年的 20458 人/平方公里降至 2018 年的 14222 人/

平方公里。目前大部分地区的城市人口密度现状是每平方公里的人口密度以较大幅度下降，2018 年相比 2000 年，除了地广人稀的中西部地区城市人口密度下降外，就连一些东部发达省份在城市人口高增长、城镇化率大幅度提高的同时，也同样存在城市人口密度下降的问题。

从图 4 - 2 可以看出，2000—2018 年，18 年间城市人口密度总体上呈现下降趋势。中国人多地少，土地资源极度稀缺，按照常理，中国的城市人口密度应该高一些，但事实与之相反，中国的城市人口密度相对于国外同等人口规模的城市，却明显偏低。中国城市人口的人均占地面积超过了一些发达国家，这严重违反了中国人多地少、土地资源极度稀缺的国情。

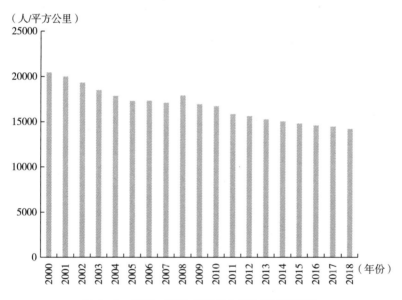

（人/平方公里）

图 4 - 2 2000—2018 年城市人口密度变化对比

资料来源：《中国统计年鉴》。

三 产业集聚吸纳就业人口不足

2010—2018 年，我国大部分地区城镇登记失业人员及失业率都比较高，说明虽然各省区经济都增长和发展了，但是吸纳的就业人数却没有同比例增加。甚至 2018 年全国城镇失业人员相比于 2010 年增加了 66 万人。

从农村转移到城镇的人口可以称为劳动力的供给，城镇产业能吸纳的就业人口可以称为劳动力的需求，劳动力的供给和劳动力的需求可能不一致。中国的现实情况是，城镇产业吸纳就业人口小于从农村转移的人口。因此，就存在着一个劳动力缺口，即存在转移到城镇无法就业的人员。表4-2给出了2000—2018年城镇人口和城镇就业人数，据此可以计算出城镇年新增人口数和城镇年新增就业人数。比较表明，城镇年新增人口与年新增就业之间存在差异。城镇年新增就业人数小于城镇年新增人口数，这就说明每年新增的城镇人口没能得到很好的就业，产业吸纳就业人口的能力有限。

表4-2　　　　　　2000—2018年城镇人口和城镇就业人口　　　　单位：万人

年份	城镇人口	城镇就业人数	城镇年新增人口	城镇年新增就业人数	城镇年新增人口与年新增就业人数的差额
2000	45906	23151	—	—	—
2001	48064	24123	2158	972	1186
2002	50212	25159	2148	1036	1112
2003	52376	26230	2164	1071	1093
2004	54283	27293	1907	1063	844
2005	56212	28389	1929	1096	833
2006	58288	29630	2076	1241	835
2007	60633	30953	2345	1323	1022
2008	62403	32103	1770	1150	620
2009	64512	33322	2109	1219	890
2010	66978	34687	2466	1365	1101
2011	69079	35914	2101	1227	874
2012	71182	37102	2103	1188	915
2013	73336	38395	2154	1293	861
2014	75169	39824	2233	1129	1104
2015	77326	40410	2157	586	1571
2016	78896	41428	1970	1018	952
2017	81347	42462	2451	1034	1417
2018	83137	43419	1790	957	833

资料来源：《中国统计年鉴》。

第二节 西南民族地区城镇化现状

2013年召开的中央城镇化工作会议指出，推进农业转移人口市民化、解决好"人"的问题是推进西南民族地区新型城镇化的关键。[①] 推进西南民族地区城镇化是解决西南民族地区农业、农村、农民问题的重要途径，既是推动区域协调发展的有力支撑，也是扩大内需和促进产业升级的重要抓手，对全面建成小康社会、加快推进社会主义现代化具有重大现实意义和深远历史意义。民族地区由于自然环境、资源基础、文化传统、区域政策，尤其是区位条件和社会环境等因素的不同，导致其城镇化区域差异十分明显。

一 民族地区城镇化"三低"现象突出，城镇建设落后

民族地区的经济发展水平低、城镇化率低、设施水平低。以西南民族地区（云南、贵州、四川、广西）为例，2019年其人均国内生产总值、城镇化率分别为4.8万元、48.91%，4.6万元、49.02%，5.6万元、53.79%，4.3万元、51.09%，而此时全国的平均值分别为7.1万元和60.6%，可以看出西南四省均低于全国平均水平。同时，民族地区城镇化滞后，设施水平较低，如西南民族四个地区的城市用水人口和城市用气人口占城镇人口的比重分别为40.28%、21.41%，44.22%、39.91%，56.94%、55.75%，46.53%、46.7%，全国平均水平为59.3%、58.3%，均低于全国平均水平。就城市公共绿地建设水平而言，云南、贵州、四川、广西建成区绿化覆盖率分别为39.8%、38.6%、40.5%、39.9%，全国平均水平为41.1%，其绿化覆盖率也低于全国平均水平。

二 城镇体系不完善，功能结构不合理

从城市体系的规模结构看，民族地区的城市规模结构存在规模小、数量少的特征。从西南民族地区（云南、贵州、四川、广西）的城镇规模看，市辖区人口100万人以上的城市有29个，50万—100万人的城市有10个，20万—50万人的城市有6个，20万人口以下的城市只

---

① 王洋：《中央城镇化会议在北京举行》，《人民日报》2013年12月15日。

有 1 个。同时，民族地区城市密度也较小，中小城市在区域城镇化过程中承担着中心城市的功能。但从现有城镇体系规模结构看，中小城镇发育不足。从城市的功能结构看，民族地区多数城镇以行政管理、文化教育、交通和通信为主要功能，城镇的基本职能有限，对外服务能力不足，使其与周围城镇之间的经济联系较弱。

三　文化教育程度低，教育投入有待进一步加大

民族地区接受高等教育的人口比例偏低，接受专门技能教育的人口更少，而人口专业技术素质较低，直接影响着其在城市中的就业竞争力，从而影响着民族地区的城镇化发展。分析原因，是因为地区经济发展水平低、地方对教育投入不足等因素，这些都直接导致了民族地区教育设施落后、师资较为匮乏的现状。近年来，国家极为重视民族地区的教育发展，通过给予教育资金支持、鼓励大学毕业生支援西部民族地区、加大重点大学对民族地区的师资培训力度、扩大西部院校建设等措施，一定程度上有效地推动了民族地区的教育发展，但这些投入与民族地区的教育需求之间，还存在一定的差距。

第三节　传统城镇化模式所面临的巨大挑战

1978—2019 年，中国城镇人口从 1.51 亿人增加至 8.48 亿人，城镇化率从 17.47% 提升到 49.7%。可以看出，中国的城镇化建设已经达到了世界平均水平，与此同时，其背后蕴藏的矛盾与问题也在日渐增长。

一　城镇化质量不高，根基不稳

若以常住人口来计算，中国目前的城镇化率已经突破了 50%。但若按照城镇户籍的人数以及政府提供的教育、医疗、社会保障等公共服务水平来计算的话，中国的城镇化率大概不足 36%。据官方数据统计，2.6 亿的农民工（包括在城镇打工）中实际在城市购房的不足 1%，其中约有 1.59 亿农民工（在城市工作时长半年以上）及其家属目前处于"半市民化"状态。

中国目前处在城镇化发展的关键期，是由数量增长转向质量提升的转折时期。今后中国的城镇化速度不会像前几年那样快，即每年提高 1.3—1.5 个百分点。城镇化步伐逐渐放缓，可能平均每年会降至 0.8—

1.0 个百分点。这是因为城镇化自身是有规律的，即诺索姆曲线规律，城镇化率从 30%—70% 过程中，是快速发展阶段，但在这个阶段内，又可以划分成几个时期：从 30%—50% 是加快发展时期，从 50%—70% 是减缓发展时期。我们现在处于 50% 左右，已经跨过拐点，进入缓慢发展时期。目前要兼顾城镇化的质量和速度，质量方面因为问题较多，更需要加强。

二 土地制度和户籍制度是主要障碍

要保证中国城市化质量的稳定、持续发展，需要解决在制度、基础设施建设以及管理上的诸多问题。

对户口的限制。农民工目前生活在"半市民化"的情况下，在城市中没有得到教育、医疗、社会保障和住房等服务，官方所统计出的高城镇化率本质上是"半截子"的城镇化。户籍制度体现出了城市与农村之间、不同地区之间、工人与农民之间的差距。如果户籍制度改革能快速到位，这将为实现党的十八大提出的收入倍增目标提供一个很好的机会，在 10 年甚至 20 年内，持续推动中国经济的快速增长。反之，若户籍制度改革不到位，将会增加城乡差距，创造更多的社会矛盾。

早在 50 多年前中国便已经开始实施城乡二元户籍管理，由于在 20 世纪 80 年代未能同步推进户籍制度改革，到现在已经积累了非常严重的矛盾和问题，当务之急是把攻坚的和阻力较小的改革分头推进。例如，假设有 40 万农民工现在迁移到城市，应先让这批人实现真正的市民化，这样既能减少城市户籍制度改革压力，也将彻底解决长期积累的矛盾。

目前，在推进新型城镇化建设上的最大障碍是对于土地和住房的制度限制。考虑到农村和城市之间的巨大差异，农民工负担不起在城市的住房成本，其中许多人挤在一块，住"老鼠窝""鸽子笼"，而他们的原始家园是无人居住的，耕地荒弃，农村都成了"空心村"，这是土地资源的巨大浪费。土地改革应尽快打破政府对土地的垄断，实行同地同权同利的土地利益分享原则，允许农村集体建设市场准入。

最突出的问题就是房价问题，高房价是目前城镇化发展的一个瓶颈。高房价实际上是一把"双刃剑"。高房价成就了高地价，高地价于城市而言，增加了政府的财政收入，增加了城市建设的资本供给，但同时排斥了低收入群体，排斥了数以亿计的农民工。中国城市化可持续发展实际上就是能不能让农民工在城里住得下、活得好。住得下就得有房，活得好就得有足够的支出能力。中国的高房价问题尤为严重，在北京，200万人只能在五环外买一个小房子，对广大的农民工来说，即使月收入上万元，想买房子也负担不起。因此，他们就住不下来，不能安心地成为城市居民，同时家里的地就不能放，家里的房子还要盖，将来上岁数了就回农村生活。这样一来，中国的新型城镇化就无法推进，不管是质量还是数量都是问题。

另外是医疗保险和养老制度的一体化问题，进城以后没有失业保险、医疗保险和养老金的保障，也就不可能放弃农村的土地，土地产权和土地经营制度的改革也因此无法实现。搞好制度设计实际上也是新型城镇化中一个关键的难题。

三 资源环境"瓶颈"越来越严重

虽然中国有着辽阔的国土面积，但可居住的地区和水资源丰富的地区却很少，一类的宜居性土地面积占国土面积比重不足20%。此外，这些一类的宜居性土地通常也与复种指数较高的优质高产耕地区存在区位重叠的现象，这意味着必须在同一张规划图上严格区分城市建设用地和需要保护的耕地。现在中国的人均耕地只有1.4亩，仅为世界平均水平的40%，同时中国每年因各种原因减少的耕地数量巨大。中国现在正处在城镇化的成长期，平均每年有1500万的农民进城，所需的城镇面积也在持续扩张。中国的淡水资源特点是数量少且分布不均，例如，华北地区有着国家1/3的人口，但其拥有的淡水资源仅占全国淡水资源总量的6%。我国人口密度是世界上其他大国的几十倍，但人均耕地仅有它们的1/10，人均水资源也仅有1/10。中国实际上是用全球7%的耕地、7%的淡水资源、4%的煤矿和矿产资源、4%的石油资源、2%的天然气资源来支撑全球21%人口的城镇化和工业化。

2009年中国二氧化碳排放总量为7687百万吨，占世界总排放量的24%，人均排放5.8吨，超过世界平均水平（4.7吨）的23%；万美元GDP能耗7.68吨标准油，是世界平均水平（2.97）的2.59倍。中国的江河湖库，只有少数几个没有遭受污染，昆明滇池污染、太湖蓝藻事件、北京雾霾天气，都与传统城镇化、工业化脱不了干系。传统的城乡建设和经济发展方式确实已经走到了尽头。

第四节　新型城镇化模式所面临的巨大挑战

新型城镇化战略是我国当前最主要的发展战略，关系到我国经济社会的长久稳定发展，其重要性不言而喻。但是，我国在实际推进新型城镇化的过程中，也遭遇到了巨大的挑战。

一　耕地保护与建设用地之间的矛盾

推进新型城镇化，势必要扩大城市建设用地，提高城市的绿化覆盖率，而城市建设只能在平坦开阔的土地上进行，这将会对 18 亿亩的耕地面积造成冲击。我国本来就人多地少，平坦的耕地更为稀缺，尤其在贵州这样"地无三里平"的环境下，城镇化建设更为困难。同时，新型城镇化要求提高城镇化质量，建设宜居环境。而城市的宜居性，除了便利的交通条件和舒适的居住环境外，还要降低容积率，提高绿化覆盖面积。中国也不能像美国那样建设成片的别墅洋房，而如果建筑容积率太高、人均拥有的绿地面积太小，就谈不上以人为本、提高城镇居民的生活质量了。

此外，许多农业转移人口集中到城市生活之后却不愿意放弃农村的土地和祖屋，使土地集约化生产难以推进。农业转移人口在城市和农村都占有住房，使住宅建设用地占用空间更多、更大，对于新型城镇化中的节约、集约利用土地都是一个极大的挑战。

二　提高城镇化率与农民进程落户积极性下降的矛盾

根据《中国流动人口发展报告》问卷调查结果显示，如果以放弃农村土地为前提，大多数流动人口都不愿意落户于城市。在本书所进行的问卷调查中显示，西南地区农业转移人口农转非意愿的均值仅为 0.38。

其根本原因与农业户口和土地承包权、宅基地分配、集体股份分红等利益直接相关。一方面，随着近年来对农村土地股份合作社、集体土地流转机制等发展方式的不断探索，被城乡双轨制所抑制的集体土地价值正在不断被释放，集体建设用地及承包地已经成为农民所掌握的重要资源；另一方面，虽然近年来城乡的障碍和差距有所减小，但外来农民仍然没有完全融入城市社会保障体系。这使农业转移人口不得不考虑失去工作之后，如何保障生活这一问题。所以，农村的土地成为农业转移人口在城市难以生存时的最后退路。

三　大城市过度拥挤与小城市吸引力不足的矛盾

新型城镇化的建设就是要体现出大中小城市和小城镇的各自优势，根据其禀赋条件，打造具有地方特色、各类型城市协调发展的未来。但当前我国的情况是大城市与特大城市人口越来越多，越来越拥挤，而中小城市人口越来越少，越来越冷清。普遍的农业转移人口都愿意去大城市或特大城市工作与生活，这就使大城市与特大城市拥挤不堪、物价高速飞涨，而中小城市因为缺乏吸引力，进而导致城市功能不健全、环境恶化等问题。如此恶性循环下去，将很难实现新型城镇化中关于建设大中小城市协调发展的设想。应该在高标准建设小城镇的同时，加快当地产业和市场的发展，使之不仅有一个城镇化的外形，更要有相应的经济内涵和社会内涵，形成内生发展机制，以吸收更多的农业转移人口安心留在城市当居民。

第五章

农业转移人口市民化历史进程及现实困境

第一节 农业转移人口市民化的演变过程

在人类发展的历史进程中，人类的生产和生活场所是由乡村逐渐走向城市的。从人口类别的视角下，可以看作乡村人口转变为城市人口的过程；从城市发展的视角下，可以看作城市自身的持续发展与完善的优化过程。城镇化发展是城镇文明形成和扩散的过程，它是伴随着工业化、现代化的进步过程共同发展的。在这个过程中，城镇的发展会逐渐吸引人口的迁入，非农产业的发展会逐渐改变人口的就业选择，社会生产力得以发展，人均收入水平得以提高。新中国成立以来，特别是1953年开始进入"一五"计划以来，中国的城镇化经过曲折艰难的发展历程，逐渐步入正常轨道，并在国家经济社会发展中发挥着越来越重要的作用。

一 起步阶段：自由流动（1949—1960 年）

1949 年 3 月，中国共产党七届二中全会明确指出："从现在起，开始了由乡村到城市并由城市领导乡村的时期。党的工作重心由乡村转移到了城市。"1952 年，毛泽东同志等人在《一九五三年至一九五七年计划轮廓（草案）》《关于编制 1953 年计划及长期计划纲要的指示》等文件中明确指出，"工业建设以重工业为主，轻工业为辅""五年建设的中心环节是重工业"。

中华人民共和国成立初期，我国城乡关系呈现出开放、平等的自然特征，由于农村和城市生产力发展水平都很低，城乡收入水平尚未拉开差距，农民可以由农村向城市自由流动就业并获取市民身份。这一阶段可以划分为三个发展时期。第一个发展时期可以称为国民经济恢复时期（1949—1952 年），中华人民共和国成立之初，各行各业百废待兴，劳动力可以自由地在城乡之间流动，不受人口迁移政策的限制，国家大力加强工业建设，城市部门和城镇规模迅速扩张，对劳动力的吸纳能力持续增强，该时期我国的农民市民化是一步到位的。第二个发展时期称为工业化起步时期（1953—1957 年），这一时期我国大力推进经济建设，在第一个五年计划实施，并对工业化建设存在更高要求的背景下，大量劳动力补充、参与到社会主义工业化建设，且农业部门劳动生产率的提高，释放出大量过去从事农业的劳动力，这部分劳动力又参与到城市发展的建设中。此外，在城市工业化建设过程中，城市也吸纳了大量农村剩余劳动力，一些新兴工业城市就得益于农村劳动力的转移，大量农村劳动力被招工到城市从事非农生产，成为产业工人，实现了职业与身份的同步转换。在工业化迅猛发展的背景下，我国城镇人口数量增加，城镇化水平持续提升，城乡之间的人口结构悄然变化，这个过程也为我国国民经济发展打下了坚实基础。第三个发展时期称为城镇化高速发展时期（1958—1960 年）。1958 年 5 月，党的八大二次会议后，我国的工业化和城镇化建设进入超高速发展阶段，这一时期的农村劳动力转移带有非正常化特征，表现为短时间内农村劳动力大量迁入城市。城市数量由 1957 年的 176 个增加到 1960 年的 208 个。但这种工业化和城镇化的非常规发展不是建立在农业劳动生产率、农村生产力水平的提高和农村农产品供给增长的基础上，而是在夸大农业产量和工业冒进中产生的农村劳动力虚假剩余，给农业经济基础带来了深远的破坏影响。

此阶段的主要特点是：工业化推进的过程中重工业得以有效发展，资源型城市由于其先天禀赋条件得以优先发展。其效果是：城市数量由 1949 年的 69 座增加到 1960 年的 208 座，城镇人口由 5765 万人上升到 13076 万人，城市化率由 10.64% 上升到 19.75%。

二 停滞阶段：封闭流动（1961—1977 年）

在经过了前一阶段的非常规增长后，工业化速度快于农业剩余劳动力转移和市民化速度，农业剩余劳动力非农化的进程优于人口城镇化的进程。这一阶段随着国家政策的调整，进入了城乡隔离时期，农民被严格限制在农村范围内，不允许"离土离乡"，城乡差距进一步扩大，形成了差别鲜明的城乡二元结构，我国的农民市民化之路被堵塞。

第一个逆转时期（1961—1965 年）：由于严重的自然灾害、城乡经济的衰退和调整方针的实施，城镇数量和城市化率急剧下降。同时由于工业化高速发展，劳动力向城市过度集中，城市公用设施难以支撑，国家开始调整工业发展政策。这一时期城市人口被大大精简，并充实到农业第一线。

"大落"的逆城镇化运动是对起步阶段城镇化激速发展阶段的一种修正，极大地阻碍了我国城镇化与市民化的进程。截至 1965 年，城市数量下降到 171 座，城镇人口下降到 13042 万人，城镇化率下降至 17.98%。

第二个逆转时期（1966—1978 年）：1966 年开始的"文化大革命"运动，出现了大批知识青年上山下乡、干部下放的现象，这种现象极大地阻碍了我国城市工业化进程，也严重影响我国国民经济的发展，城镇化的进程也因此受到制约。许多专业技术人员及青年学生，甚至是城市居民，在"不在城市吃闲饭"口号的带动下，被动员"上山下乡"，接受贫下中农再教育，大批城市干部被强制性迁往农村。其间，仅中央、国务院所属各部委及豫、赣、鄂、辽、吉、黑等 18 个省共创办"五七干校"106 所，下放的干部、家属达十余万人，城市化进程受到极大阻碍。出于备战目的，我国在工业建设方面开始对生产力进行合理安排以促进其发展，开展了国防的"三线"建设。不过，这种目的所形成的基础设施建设投资对于城镇吸收非农产业能力的提升并无太大作用。该时期，迁出城市的人多于迁入城市的人，城镇化水平因此下降。同一时期逐渐设立起人民公社制度、就业分配制度、生活资料配给制度以及城乡分割的户籍管理制度，这几项制度彻底促成了我国城乡二元社会的形成，阻碍了农村各项要素向城市流动的进程。此阶段，伴随着劳动力规模的扩张，非农产业得到了快速的发展，人民公社的工业产值增加，农村中从事非农产业的劳动人口占劳动人口的总数有所上升，而从事农业的劳动人口占比则有所下降。不难看出，在这一逆转阶段，我国农村劳动人口的转移受到了严重的阻滞。

三 初试阶段：离土不离乡（1978—1988 年）

1978 年党的十一届三中全会拉开了农村经济体制改革的序幕。约有 2000 万在停滞阶段受到影响的知识青年与下放干部重新返城。与此同时，国家恢复高考，对教育的重视使得在农村受教育青年开始向城市转移。在这个过程中，集市贸易的开放与发展吸引了大量的农村人口，这些农村人口涌入城市和小城镇中谋生计，产生了大批城镇暂住人口。与此同时，县镇企业的崛起也促进了小城镇的发展，政府针对城镇发展也采取了一系列积极政策措施，从此城市建设多年停滞不前的局面便结束了。此阶段国家传统城乡管理模式及管理制度异常坚固，农村剩余劳动力表现为一种生存理性选择，主要是就近就地向乡镇企业和农村非农产业转移，"离土不离乡，进厂不进城"的职业市民化阶段开始。

1978 年年底，我国正式拉开了改革开放新时期的序幕，国家工作重心向"以经济建设为中心"转移，提出了积极发展小城镇的城市建设方针。农村实行的家庭联产承包责任制，极大地解放了农村生产力，提高了农业劳动生产率。计划经济开始向市场经济转变，以价格为信号，通过市场这一只看不见的手进行引导，极大地加快了农业的发展。在这两者的共同作用下，农村产生了一大批农业剩余劳动力，这些劳动人口逐渐开始向城市及非农产业流动。20 世纪 70 年代末 80 年代初，政府的宏观调控给予了农民取得非农就业的有限机会。第一，农民在农业内部进行职业转换，从一开始的以粮食作物生产为主的种植业逐渐开始向农林牧副渔业等多种经营形态转变。但是，这一时期我国的就业制度、户籍制度和社会保险制度改革滞后，农民只可以在其户籍所在地从事相应非农产业，其特征是就地流动和转移，农民无法完全走出土地，就无法真正实现农业转移人口市民化。第二，涌入城镇的劳动力数量增加导致全社会劳动力中的城镇劳动力占比上升，也导致了农村劳动力中从事非农业的劳动力占比上升。第三，农业生产进程的推进极大地促进了非农产业的进程。这个时期有利的外部环境推动了农村乡镇企业的发展，乡镇企业成为农业转移人口就业的最佳选择。但是，我国国营企业效率低、人员冗杂等问题导致我国许多生活消费品及生产资料出现了供不应求的现象。

随着经济社会发展，我国城镇化进程明显加快，政府通过宏观调控逐步放松了对农民迁居的限制，农民可以自带口粮进入集镇落户，并进入城市就业。1984年5月，中共中央和国务院决定进一步开放天津、上海、大连、秦皇岛、连云港、南通、宁波、烟台、青岛、温州、福州、广州、湛江和北海14个沿海港口城市。由此，中国农民开始走上了"离土不离乡、进厂不进城"的农村工业化道路。1985年7月，公安部颁布《关于城镇人口管理的暂行规定》中提到每年设定万分之二的"农转非"内部指标。同年9月，我国开始实施居民身份证制度，这也是人口管理现代化的重要基础。在这个发展阶段不难看出，户籍制度开始改革，开始适应社会主义市场经济的初始形态。但是在这个阶段，农村人口向城市转移的过程中还存在许多阻碍，因此并不能进入快速发展阶段。

四 快速发展阶段：离土又离乡（1988—1999年）

20世纪80年代中后期，我国开始实行社会主义市场经济体制改革。这一时期，城市规模扩张加大了对农村劳动力的需求，与此同时，由于农村乡镇企业发展势头渐缓，也限制了农村劳动力就近就地转移的渠道。面对多种形势下不断加大的劳动力需求，我国逐步放宽了对农村劳动力的流动限制，进而农村剩余劳动力进入了"离土又离乡"的快速流动转移阶段。

20世纪80年代末90年代初，受当时国内外政治经济形势影响，我国经济社会进入了治理整顿的新阶段。一方面，城市基础设施和公共资源供给压力增加，城市交通、社会治安等问题日益突出，国家出台政策加强了对农村劳动力"盲目流动"的管理；另一方面，国家对一部分乡镇企业进行了关、停、并、转的调整，已转移到城镇建筑和服务等行业的农村劳动力又陆续回流到农业，变回农业就业人口，城镇劳动力在全社会劳动力中的比重有所下降。

1992年邓小平南方谈话后，我国改革开放步伐加快，经济持续高速增长，我国农村剩余劳动力向城市转移和进入非农产业就业步入了迅速发展阶段，我国城市化建设也突飞猛进。这种"突飞猛进"式的建设不仅体现在东部，中西部地区的乡镇企业也同样得到了飞速发展，其发展速度甚至在1993年开始赶超东部地区，所吸纳的农业转移人口就业数量大幅增加，与此对应，农村农业劳动力不断减少，社会劳动力总数中的农业劳动力比重降低。同年，中共中央、国务院决定对5个长江沿岸城市，13个边境市、县，11个内陆地区省会城市实行沿海开放城市政策。党的十四大报告同时指出，要继续办好经济特区、沿海开放城市和沿海经济开放区。①

1993年10月，建设部召开全国建设工作会议，确定了以小城镇建设为重点的村镇建设工作方针，提出了到20世纪末中国小城镇建设发展目标。1998年10月，党的十五届三中全会通过了《中共中央关于农业和农村工作若干重大问题的决定》，提出"发展小城镇是带动农村经济和社会发展的一个大战略"，进一步提升了发展小城镇的重要战略地位。② 充分认识小城镇发展战略的优势和劣势后，党的十六大提出"坚持大中小城市和小城镇协调发展，走中国特色城镇化道路"，中国城市化进入一个新的发展阶段。③ 与此同时，针对农村存在的大批剩余劳动力，国家采取的方式为鼓励并支持农民向城市流动。值得注意的是，在这一过程中，要持续推进户籍制度改革，放宽中小城市落户条件，才能让农村劳动力有序地转变为城镇人口。

1997年香港回归后，改革开放力度进一步加大。依托优越的区位条件、良好的基础设施、廉价的劳动力和广阔的消费市场，并利用港澳台制造业投资和转移的契机，珠三角、长三角等东南沿海地区成为招商引资最大的获利地区，蓬勃发展的"三资"企业用工需求明显扩大。这一时期，我国户籍制度、就业制度、社会保障制度改革依然滞后，土地依然是农民赖以生存的重大保障，农业转移人口尚且无法彻底脱离土地，于是，每年春节前后形成独特的跨区域人口迁移现象——"民工潮"。从历史上看，这是我国现代化转型中的特有现象，受到当时经济转型与增长方式的深刻影响。

---

① 郭桢：《加快改革开放和现代化建设步伐，夺取有中国特色社会主义事业的更大胜利》，2007年8月29日，http://www.gov.cn/test/2007-08/29/content_730511.htm，2021年5月8日。

② 焦健：《十五届三中全会（1998年10月12—14日）》，2013年10月25日，http://news.12371.cn/2013/10/25/ARTI1382683006476163.shtml，2021年5月8日。

③ 新华网：《中国共产党十六届五中全会公报》，2005年10月14日，http://www.most.gov.cn/yw/200510/t20051014_25397.htm，2021年5月8日。

20 世纪 90 年代，农业转移人口流动趋势增强，我国开始实施跨地区就业制度，对小城镇实行户籍管理制度。这一时期，农业转移人口转移数量大幅增加，且具有较为稳定的经济收入，他们的进城动机从简单的生存需求转变为获得地区户籍和融入城市。但是，这一时期，随着经济结构及产业结构调整，国有企业及职工下岗问题开始显现，城市就业压力加大，各地方政府开始制定政策措施稳定社会劳动力就业需求，限制外来务工人员流动就业，从而出现了大批农业转移人口返乡现象。该阶段为控制流动阶段，这种调整对农业转移人口的市民化产生了一定的影响。面对这种局面，20 世纪 90 年代末期，国家先后出台了一系列保障民工合法权益的政策和制度，进一步为农业转移人口市民化提供制度保证，其中明确提出根据城市及发达地区的需要，合理引导农业转移人口进城务工。由此，农业转移人口市民化迈入了一个良性且有序的时期。

五 深入推进阶段：准备融入城市（2000 年以来）

进入 21 世纪后，我国社会经济迈入高速发展阶段，工业化、城镇化进程飞速提升，随之而来的是对农村剩余劳动力需求的增加，不断扩张的城市规模也提供了更大的就业吸纳能力和人口承载能力。在各级政府的引导下，农村剩余劳动力开始向城市有序流动转移，农业转移人口市民化迈向深度推进阶段。但从 2003 年下半年开始，劳动力资源紧张，东部沿海地区曾经出现的"民工潮"已经退去，内陆某些省区甚至出现了媒体所称的"民工荒"。全球金融危机之后，我国经济形势和生产制造行业受到巨大挫伤，农业转移人口的合法权益屡遭侵害，我国城乡二元体制弊端凸显，农业转移人口受户籍制度限制，无法在务工地获取权益维护和保障，劳资关系呈现出紧张状态。而随着"三农"改革的推进，国家对农业的财政补贴和对农村建设投入的增加，导致比较利益出现变化、城市农业转移人口流失。从历史上看，此阶段我国劳动力市场发生了深刻的变化，廉价劳动力的供应过剩时期已经过去。

2011 年过后，尤其在党的十八大以后，党中央、国务院对于城镇化问题的重视程度达到了一个新的高度。党的十八大提出了要走"城乡统筹、城乡一体、产城互动、节约集约、生态宜居、和谐发展"的城镇化道路。① 为全面贯彻落实党的十八大精神，也为深入推进新型城镇化建设，《中共中央、国务院关于加快发展现代农业进一步增强农村发展活力的若干意见》要求有序推进农业转移人口市民化，把推进人口城镇化特别是农业转移人口在城镇落户作为城镇化建设的重要任务。党的十八届中央委员会第三次全体会议要求完善城镇化健康发展机制体制，坚持走中国特色新型城镇化道路，推进以人为核心的城镇化，推动大中小城市和小城镇协调发展、产业和城镇融合发展，促进城镇化和新农村建设协调推进。同时要优化城市空间结构和管理格局，增强城市综合承载能力。

2014 年召开的中央农村工作会议中指出要发挥好新型城镇化对农业现代化的辐射带动作用，着力解决好现有"三个 1 亿人"问题，创新以城带乡、以工促农新发展方式，引导城市现代生产要素向农业农村流动，多渠道促进农民增收。② 深入推动新型城镇化建设的同时，也要积极稳妥推进新农村建设，改善城乡人居环境，在农村开展教育培训，提高潜在农业转移人口综合素质，增强其竞争力，促进区域开放与精准扶贫相结合，实现加快贫困地区脱贫致富步伐的目标。同时强调激发农民的创造、创新、创业活力，形成大众创业、万众创新的生动局面。

2019 年政府工作报告提出要抓好农业转移人口落户，推动城镇基本公共服务覆盖常住人口。③ 同时要更快更好解决农业转移人口住房问题，落实城市主体责任，改革完善住房市场体系和保障体系，促进房地产市场平稳健康发展，推进保障性住房建设和城镇棚户区改造，保障困难群体基本居住需求。在乡村振兴战略规划中也指出要维护进城落户农民土地承包权、宅基地使用权和集体收益分配权，引导进城落户农民依法自愿有偿转让上述权益，促使有条件的农业转移人口放心落户城镇。

党的十九大指出要以城市群为主体构建大中小城市和小城镇协调发

① 朱书缘：《新型城镇化工业化和城镇化的良性互动》，2013 年 11 月 11 日，http：//theory. people. com. cn/n/2013/1111/c40531 - 23496615. html，2021 年 5 月 8 日。
② 路平：《中央农村工作会议在京召开 李克强作重要讲话 张高丽出席》，2014 年，http：//news. 12371. cn/2014/12/23/ARTI1419341779808852. shtml，2021 年 5 月 9 日。
③ 中国政府网：《2019 年政府工作报告》，2019 年，http：//www. gov. cn/zhuanti/2019qglh/2019zfzgbgdzs/2019zfzgbgdzs. html，2021 年 5 月。

展的城镇格局,加快农业转移人口市民化进程。在城镇化的道路上,应该坚持大中小城市、小城镇、新型农村社区相互促进、协调发展的原则。在城镇化发展过程中要注意,需坚守耕地红线,保护农业与粮食安全;需坚守生态红线,保护生态环境。站在农民的视角,做到城乡基础设施建设一体化及公共服务均等化,促进经济社会发展,实现共同富裕。为更好地保障农业转移人口群体的合法权益,我国于 2019 年正式公布了《保障农民工工资支付条例》,本条例针对农业转移人口欠薪问题的关键环节和重点领域,专门设计了一系列特殊保护制度,并加大了处罚力度,为农业转移人口按时足额获得工资建立了系统化的特殊保护制度。

目前农业转移人口的主体是"80 后"新生代农民工,与第一代农业转移人口不同,他们中大多数人受过更多基础教育和职业培训,其就业目标、生产方式、生活方式发生改变,到城市就业的动机由改善生活向追求梦想转变,意愿诉求也由经济收入向经济、社会、政治、文化等多元化诉求转变,他们希望融入城市社会,具有更为强烈的市民化意愿。同时国家相应出台了改革城乡二元体制等一系列政策措施,各地政府通过经济、行政、法律等措施,通过监督企业按时发放农业转移人口工资、催促企业偿付拖欠工资等措施,显著提升对农业转移人口的就业保障。另外,逐步消除对农业转移人口进城务工的流动限制,有效改善农业转移人口就业环境,从各方面逐步建立健全农业转移人口合法权益保障机制。

第二节　农业转移人口市民化基本情况

一　农业转移人口市民化的规模

2019 年中国城市发展蓝皮书显示,截至 2018 年年末,中国常住人口城镇化率为 59.58%,但是户籍人口城镇化率仅为 43.37%,其中 16.21% 的差距意味着存在 16.21% 的流动人口未实现真正意义上的市民化。由此可以看出,我国流动人口的市民化仍需持续推进。从城镇化率水平来看,发达市的城镇化率较高,例如上海、北京、天津、广东等,其城镇化率均在 70% 以上;而经济相对落后的偏远地区的城镇化率偏低，例如西藏、云南、贵州、甘肃等偏远地区的城镇化率均不足50%。

从各省的情况来看，发达地区的城市化率综合指数相对较高，经济城市化与人口城市化成正比。北京、上海、广州、天津、江苏等省份的发展水平较高，而贵州、云南、西藏等地区的人口城市化水平相对较低。同时，人口城市化水平高于50%的省份只有北京、天津、辽宁、上海、江苏、广东等省份。可以看出，人口城市化水平较高的地区主要分布在中国东部沿海城市，对于中部地区而言，其人口城市化水平的发展程度相较于其他地区更为平稳，且发展水平相差并没有过大。

二 农业转移人口市民化的流向地

教育程度对农业转移人口流向具有重要影响，学历高者向大中型城市流动的比例较高，而学历低者因为竞争力缺乏往往流向小城镇谋求生存与发展，从事的工作以建筑业、服务业为主。技能缺乏导致许多农业转移人口长期从事无技能或低技能的职业，转移能力弱且竞争力低下，很难正规就业或高薪就业。

农业转移人口的教育程度普遍较低，大多为初中以下学历，甚至存在一定的文盲人口，但这部分人口主要集中在第一代农业转移人口中。"80后""90后"的农业转移人口受教育水平相对较高，存在一定比例的大专及以上学历人口，这类群体相对稀缺，更容易在城镇中找到好的工作。

根据国家卫生健康委的流动人口库调查结果显示，我国农业转移人口的主要流入省份依次是浙江省、广东省、四川省、湖南省和江苏省，其他地区如上海、北京、福建等经济发展水平较高地区也吸纳了一定的人数。可见，农业转移人口市民化的流向地均为发达地区，这与人口迁移推拉理论一致。

表5-1　　　　　　　　全国各省人口流动规模　　　　　单位：万人

省份	流入规模	流出规模	省内流动规模	省际流入	省际流出	省际净流入
合计	22103.11	22103.11	13515.48	8587.63	8587.63	0.00
北京	775.98	98.97	71.53	704.45	27.44	677.01
天津	343.94	72.10	44.78	299.15	27.31	271.84
河北	667.50	876.86	527.03	140.47	349.83	-209.36

省份	流入规模	流出规模	省内流动规模	省际流入	省际流出	省际净流入
山西	552.01	567.17	458.84	93.17	108.33	-15.16
内蒙古	612.87	575.21	468.45	144.42	106.76	37.66
辽宁	633.26	556.01	454.61	178.65	101.40	77.25
吉林	315.01	406.65	269.36	45.65	137.29	-91.64
黑龙江	421.48	626.20	370.84	50.64	255.36	-204.72
上海	961.43	88.77	63.73	897.70	25.03	872.67
江苏	1566.63	1134.59	828.70	737.93	305.89	432.04
浙江	1861.86	864.86	679.47	1182.40	185.39	997.01
安徽	567.08	1457.59	495.34	71.75	962.26	-890.51
福建	1024.41	759.77	593.05	431.36	166.73	246.63
江西	447.04	965.78	387.04	59.99	578.74	-518.75
山东	1133.64	1231.66	922.08	211.56	309.57	-98.01
河南	803.80	1607.21	744.59	59.21	862.62	-803.41
湖北	732.63	1220.25	631.27	101.36	588.98	-487.62
湖南	686.09	1336.48	615.59	72.50	722.89	-650.39
广东	3431.93	1370.21	1282.15	2149.78	88.06	2061.72
广西	556.84	891.12	472.66	84.18	418.46	-334.28
海南	166.35	135.08	107.50	58.85	27.58	31.27
重庆	424.27	680.44	329.75	94.52	350.69	-256.17
四川	1038.73	1816.39	925.88	112.86	890.51	-777.65
贵州	414.71	743.24	338.38	76.33	404.86	-328.53
云南	556.00	580.59	432.35	123.65	148.24	-24.59
西藏	26.19	15.17	9.65	16.54	5.52	11.02
陕西	493.97	592.59	396.53	97.44	196.06	-98.62
甘肃	259.85	375.90	216.57	43.28	159.33	-116.05
青海	99.29	91.66	67.45	31.84	24.21	7.63
宁夏	129.27	115.01	92.43	36.85	22.58	14.27
新疆	399.03	249.59	219.86	179.16	29.73	149.43

资料来源：根据全国第六次人口普查整理。

　　从转移原因来分析，绝大多数农业转移人口流动的主要原因是就业，因此选择薪酬较高、机会较多的省份流动十分必然；从人口迁移的地区来看，各省来自外地人口较多的省份包括广东、浙江、江苏、上海、北京等地区，此外海南、云南、天津和福建的省外流入人口比例也均在30%以上；从流出情况上来看，四川、河南、安徽、湖南、广东仍是我国人口流出大省，西藏、海南、青海、宁夏等省份的省际人口流动比例最低。

三 农业转移人口市民化的程度

据2019年《中国城市发展报告》显示，农业转移人口市民化速度明显滞后于城镇化速度。党的十八大以来，我国大力推行以人为本的新型城镇化建设，新型城镇化的工作重点是推进农业转移人口市民化，但是其水平目前仍然较低。2018年中国常住人口城镇化率为59.58%，而户籍人口城镇化率仅为43.37%，其中未实现市民化的农业转移人口及家属子女达到2.26亿，常住人口的城镇化率明显高于户籍人口城镇化率。

这些农业转移人口虽然长期生活工作在城市，却无法获得与城市居民同等的福利待遇，始终难以真正融入城市社会。农业转移人口在社会保障、文化素质、收入水平、政治权利和享受公共服务等方面仍和市民差距较大，相对于城镇职工，农业转移人口的社会保障参与率仍然偏低。就享有政治权利层面来看，农业转移人口很难在流入的地方实现选举权和被选举权，他们的政治权利非常小，参与社会管理的程度也不高；在公共服务就业及教育等方面，由于资源和投入都存在严重不足，严重制约了农业转移人口的市民化，由于公立学校的资源有限，许多农业转移人口的子女教育不能很好地得到落实；在公共就业服务层面，农业转移人口就业质量明显低于城市人口；在就业服务法律、法规方面，存在机制不完善、财政投入不合理的问题；这一系列问题成为就业服务结构不合理、就业存在不公平情况的原因。

第三节　农业转移人口市民化发展特点

一 农业人口转移平稳化

改革开放以后，特别是21世纪以来，我国农业人口的迁移政策不断放宽，全国城镇化率以高于 1% 的年均增速不断提升。截至 2014 年，全国城镇化率达到 54.77%，农业转移人口总数达到 2.74 亿人，83.0% 的农业转移人口能够顺利以雇佣的方式完成就业，在日常的工作与生活中努力融入当地社会。家庭化的居家迁移使得家庭观念较重的农业转移人口群体，阖家在新的城市环境里就业、入学、生活，有更多机会渐渐脱离以往的乡村生产生活，弱化乡村文化特征，在潜移默化中接受新的市民价值理念，完成整个家庭的市民化进程。据统计，2014 年举家外出的农业转移人口数量达到 3578 万人，占外出农业转移人口总数的 21.27%。可以预见的是，随着城市社会经济的发展和市民化政策的完善，这一稳定转移模式的影响将进一步扩大。但当前受到城市人口容量有限、城市生活质量相对下降、落户政策限制、农村基础建设不断完善、城乡福利差距缩小等因素的影响，以往农业转移人口盲目涌入城市工作生活的现象有所减少，理性规划生活居住方式的理念广泛得到认可，农业人口向城市转移的速度有所放缓，如 2014 年的城镇化率仅比 2013 年增长 1.04%，较前几年增速有着放缓的趋势。可见，提升市民化倾向与确保市民化质量，成为近期市民化工作的重点所在。

二 农业转移人口结构年轻化

随着 20 世纪 80 年代之前出生的第一代农业转移人口渐渐淡出社会焦点，以"80 后""90 后"为代表的新生代农业转移人口开始成为市民化的重要对象。从人口结构上看，新生代农业转移人口占总体农业转移人口的 46.6%，而且这个群体还在以每年 800 万—900 万人的速度在快速递增。同时与老一代相比，新生代农业转移人口显然具有更高的文化水平、迁入区域多选择异地经济相对活跃的东部地区与大中城市、制造业成为第一职业选择、经济就地收支等新特征。新生代农业转移人口多数过早脱离了农村生活，长期学习、生活、工作在城市，他们的价值观念、生活方式、文化特征更贴近于城市居民，对于城市的认同度高于第一代，渴望能够平等地融入城市。

三 农业转移人口学历优化

在以知识大爆炸为特征的信息社会里，农业转移人口有着更多的学习机会和知识需要，加上国家、社会和家庭对教育重视程度的不断提升，以新生代为代表的农业转移人口的文化水平有着明显的提升趋势。

同时，随着新生代农业转移人口的加入以及第一代农业转移人口的退出，农业转移人口群体的整体学历结构不断得到优化。全国统计资料显示，2014年接受过高中及以上教育的农业转移人口比重达到23.8%，曾有过系统技能培训经历的比重达到34.8%，较2013年分别提升了1.0个、2.1个百分点，各个年龄段接受培训的比例都在不同程度上有所提升。可见，我国农业转移人口整体人力资本存量在不断提升，具备了一定融入城市所需的知识储备与专业技能。

四　农业转移人口权益需求优化

注重权益公平对于生活质量和发展空间的需求提升有着重要影响。提高了的权益保障需求和社会公平期望，使以新生代为典型代表的农业转移人口群体对权益公平有了更多关注，诉求更为迫切。在内生性人口红利趋缓的城镇化背景下，作为改革开放后出生的一代人，新生代农业转移人口多数没有父辈般艰辛的生活经历，相对宽松的成长环境让他们失去了一些对乡村生活的理解。导致他们的工作耐受力较低和职业流动性较大，而现代、开放、包容、快节奏、体面、高质量的城市生活方式深入内心，有着比第一代农业转移人口更高的城市发展想象和生活福利要求，大多内心抗拒回到乡村老家重操祖业，对通过努力改善现状、融入城市、实现城市梦充满了憧憬。但由于客观条件的限制，尽管新生代农业转移人口权益公平的意识开始觉醒，可他们尚不具备足够的资本要素禀赋，亦面临着严峻的城乡二元制度鸿沟，导致存在更大的理想与现实的反差。

第四节　当前农业转移人口市民化存在的问题

一　市民化成本高，分担机制不合理

城市政府负担不起城市化带来的巨额财政投资。农业流动人口城市化的重点是使农业流动人口充分、平等地享受城市生活，并使这一部分人口享有与城市居民相同的基本公共服务和社会福利。但是，无论是从流入还是流出的角度来看，政府想要实现对农业转移人口进入城市后的基本公共服务的全覆盖，都将面临极大的财政压力。进行较高的集中公共资金投入，加上后续的持续性投入，对各地政府而言，其推进农业转移人口市民化进程的积极性都将逐步降低，尤其是对城市政府而言。此外，从农业转移而来的个人将无法承担巨额的投入成本。据测算，农民工的平均每人支出成本约为 1.8 万元/年。大多数农业转移人口还需为每套房屋支付约 30 万元人民币。可以看出，除年均支出成本外，大笔用于住宅的支出超出了绝大多数转移人口的承担能力范围。

为保障农业转移人口在城市的稳定生活与生存，一方面各级地方政府要积极提高城市的公共服务能力和综合承载能力，不断推动实施一系列公共事业项目建设；另一方面为实现农业转移人口市民化，各级各地政府要提供基本公共服务和社会保障。虽然目前以中央、省、地级市和所在城市依照比例投入的机制已初步形成，但是由于不同的基本公共服务种类不同，分担比例也各不相同，针对不同人群的方法也不一样。因此，政府在这种分担机制下将要面临更大的财政压力。

二 制度障碍制约，阻碍市民化进程

近年来，国家为适应新型城镇化发展战略的需要，出台了一系列保障农业转移人口在流入城镇居住以及就业的政策。例如，为进一步推进户籍制度改革，国务院还专门发布了《关于进一步推进户籍制度改革的意见》，实行户籍自由化政策，取得了显著成效，促进了农业转移人口市民化的发展。但制度的变革会涉及利益再分配的问题，并且需要较高的成本，使政府到至今都无法全面落实大部分农业转移人口的户籍问题，从而使这部分进城务工的农业转移人口始终处于"半市民化"的状态。

由于农业转移人口成为城市居民的政策没有得到全面落实，以及土地的增值存在巨大的潜力，使进城务工的农业转移人口放弃土地的意愿很小。尽管地方政府就有关宅基地贷款和农业承包土地经营权流转等一系列政策在流入地和流出地进行推动与实施，但效果不是很明显，大部分农民不愿放弃农业土地。据此可以推断，"土地问题"也是阻碍农业转移人口市民化的重要因素之一。

三 能力障碍制约，社会融入程度低

一般来说，由于大部分农业转移人口工作技能相对低下、缺乏职业技能培训、受教育程度不高，他们所能从事的职业和工种会受到很大的限制，且工资收入不高。在不高的工资收入背后，他们要面对的还有在维持日常开支、后续定居发展的巨大开销。因此，对于农业转移人口而言，他们进城所要面对的压力较大，同时城市户籍门槛也成他们融入城市的阻力。

由于农业转移人口与户籍人口的身份存在一定的差异，导致长期以来农业转移人口的家庭难以融入社区，农业转移人口的子女也难以融入其学校。此外，独自一人外出的人数占农业转移人口数量的比重较大，而相继举家转移的占比极低，个体迁移相对于家庭迁移而言，其城市融入感较低，即使是举家转移的农业转移人口，由于没有稳定的工作和住房，也很难全面融入整个城市中去。

四 公共服务衔接制约，享受服务不均

从目前情况看，农业转移人口的基本公共服务和社会保障主要集中在乡村，且社会保障统筹层次在流入地和流出地也各不相同，因此难以进行有效衔接，达到互联互通。尽管流入地与流出地农业转移人口的社会保障在有效衔接和互通方面得到了国家的持续引导和推动，但解决这个难题也需要一定的时间。

虽然在流入地集中的广东等地区在推进基本公共服务均等化方面已走在全国前列，但城镇公共服务仍然没有均等地惠及所有流动人口，如就业服务、免费职业技能培训补贴、创业培训补贴等只对本省籍农业转移人口提供。另外在住房保障、养老保险、基本医疗保险等方面城镇人口与农业转移人口的待遇也不尽相同。

在城镇化建设过程中，应该注意的是，城市化不是"房地产化"或"城市建设运动"，不能出现只有"物"，没有"人"的情况。走中国特色的新型城镇化道路，是从根本上改变以前只看东西不见人的缺陷，使农民进入城市，共享城市化发展成果。但是，在我国推进城市化的过程中，却面临着城乡分割的双重人口管理制度的障碍，导致农村转移人口无法彻底市民化，也导致了大量农村人口进城却无法定居、落户。他们参与了城市的建设，却无法享受城市提供给市民的福利，无法享受市民的待遇。所以，我国城镇化如今的重点是要使流动人口与城市更好地互相融合，助力农业转移人口实现市民化，使其生活质量和幸福感得以提升。

第五节 促进农业转移人口市民化的国际经验

一 破除制度壁垒

消除劳动力自由流动的制度障碍是促进农业转移人口市民化、保证城市化健康发展的必要前提和根本保障。英国为了最大程度上限制农业人口的流动，曾颁布《济贫法》《定居法》等法律。但在工业革命之后，为满足大工业发展对劳动力的需求，加快促进农民市民化，英国政府又颁布了《贫民迁移法》《联盟负担法》等法律彻底废除贫民迁移遣返制度，放宽流动限制。同时，实施最低生活保障、安排住所等措施促进劳动力转移，确保劳动力供给。不仅是英国，日本通过颁布法令，由国家补贴利息，向农户提供长期的低息贷款，以此推动农业现代化进程，提升原有农业结构，使日本农业人口占全国总人口的比重在 1970年就降到了 25.6%。不仅如此，在这样的过程中，日本的农业生产也开始纵向发展，融入工业循环的体系中。国际经验表明，只有进行适时有效的政策法规建构，及时破除农村劳动力转移中的制度壁垒，才能为人口自由流动和农民市民化创造条件，才能推动城镇化健康有序发展。

二 促进充分就业

促进农民工充分就业，解决农民工收入低、增长慢、失业率高的问题，是保障和推动农民工顺利融入城市、实现市民化的核心问题。在19 世纪，德国就有大批农业转移人口进入城市，成为新兴产业工人。但由于周期性经济危机的爆发，机器设备的广泛运用替代了工人劳动，导致德国出现严重的失业现象。为解决这一社会性问题，德国政府通过颁布相应的法律法规提供公共就业服务，同时将农民工纳入失业保险的范畴。印度政府为了提升农民的就业水平和收入水平，先后启动了"自我雇佣式就业项目"和"工资性就业项目"，旨在提高农民利用政府援助资金进行自助发展和参与农村基础设施建设的积极性，力求把农村基础设施建设与农民的劳动力相结合。由此可以看出，政府实施的一系列措施在很大程度上避免了城市化过程中农民"失地""失业"等问题所带来的严重后果，为农村富余劳动力的顺利转移和融入城市社会提供了必要的条件。

三　完善社会保障

完善社会保障，充分保障农民工尤其是"离土进城"的农民工的食住行等各方面，是促进市民化的重要前提。就世界上最先开始工业化，但工人阶级贫困情况也最突出的国家英国而言，在工业化初期，英国工人阶级出现了生产条件差、工作时间长、工资薪酬低、生活环境恶劣的情况，导致当时英国的失业和贫困问题异常突出。为缓解此类问题，英国先后出台一系列政策，解决进城农民的住房、医疗、贫困救助等问题，并建立了包括进城农民工在内的全国性养老保险制度。不仅如此，由于机器设备对劳动力的替代，德国出现了进城农民工失业的问题，为此德国特别颁布了《穷人权利法规》《疾病保险法》等一系列法律法规，对以农民在内的国民权益进行全方面保护，成为西方国家中最早建立覆盖全民的社会保障制度的国家，保障了德国城市化的顺利进行。可以看出，政府通过完善社会保障，为农业转移人口提供一个良好的环境，可以有效地提高农民工的市民化进程。

四　强化教育培训

西方国家在城市化进程中，十分注重对农民的基础教育和对农民工的技能培训，旨在以此加强进城农民工自身的人力资本积累，不断提高农民特别是进城农民工的社会竞争力，使之能够适应现代化产业生产和现代城市生活的要求。日本早在 1947 年就延长了义务教育的期限至 9 年，不仅如此，因岗前培训是提高劳动力素质的有效途径，日本极为重视农民的技能培训，在农村推行职业教育制度，通过职业技能训练，提高农民的就业竞争力。因此，义务教育和职业教育的普及，使日本的农民在进入城市时就已经是素质良好的劳动力，能够快速适应现代产业的要求。德国是除日本以外最早发展职业教育的国家之一。德国的职业教育具有种类丰富、机制灵活性强、学费较低等特点。首先通过理论知识的学习打下良好基础，之后再安排到相应的工厂或企业中进行实践培训。通过这样完整的培训，工人既具备了良好的理论知识，又具备了过硬的实践能力，大大地提高了工人的就业竞争力。从源头上减轻了国家需要用在失业补贴等方面的财政负担，也极大地降低了国家的失业率。通过加强义务教育、强化职业教育，提高农民自身竞争力，使之能够适应现代城市社会的工作和生活方式，能帮助农民工顺利且平稳地融入城市。

第六章

人力资本对农业转移人口市民化
影响机制分析

第一节　人力资本理论在人口迁移中的理论
　　　　基础和实践应用

随着社会的快速进步和发展，人力资本的价值随着企业所需人才量的增大而逐渐开始占据重要地位。农业转移人口在我国劳动力供给结构中占据极为重要的部分，但是这里存在一个很明显的问题就是其人力资本能力的严重缺失。研究农业转移人口人力资源能力对其市民化意愿的影响，提高农业转移人口人力资本能力是有效处理其自身问题和实现人口整体市民化、城镇化的关键工作。

一　人力资本理论

人力资本（Human Capital），是与"物质资本"相对的"非物质资本"。人力资本是体现在劳动力身上的资本，例如劳动者的受教育程度、劳动者的培训次数及身体状况等。

其典型的特征体现为人力资本和人身自由密不可分，它不会同商品的售卖而发生转移，而且它是需要人力资本投资而产生的。人力资本的投资主要包括以下几个方面：①用于提高知识文化水平的支出；②用以保障健康状况的支出；③用以在国内流动的支出。在这几个方面，能够对于提高人力资本能力起到显著作用的是用以提高知识文化水平的支出。通过对教育的投资可以形成教育资本，而这可以大大地提高劳动力的就业竞争力，也能促进劳动生产力的发展。因此可以说教育支出的增长是经济增长的源泉之一。

关于人力资本理论研究有很久的一段历史。从历史长河来看，《理想国》这一部柏拉图的经典著作可以说是人力资本理论的起源。柏拉图在此书中强调了教育与训练能够给社会的经济发展带来巨大的价值。而亚里士多德也认识到了重视一国的知识技能水平对一国的经济发展会起到重要的作用，因此一个国家应该在公共福利中强调教育。但无论是对柏拉图而言，还是对亚里士多德而言，他们都将教育视作一种消费品，因此它对于社会经济的促进作用仍然不是直接的。英国古典政治经济学家威廉·配第的著名论断"土地是财富之母，劳动是财富之父"[1]，这一论断表明了在农业社会中，人力资本占据了极其重要的作用。在亚当·斯密的观点中，他认为经济发展的动力是工人技能的加强，他还作为第一人对人力资本与劳动者技能对收入的影响进行了论述。穆勒也继承了斯密的一些思想，在穆勒的观点中，劳动力知识储备的完善以及技能的提升都将促进劳动生产率的提升且能够起到重要的作用。他强调取得能力应当与机器、工具一样被视为国民财富的一部分。穆勒富有创造性的论点是：从传统经济增长与资源配置的生产性取向出发，指出教育支出将会带来更大的国民财富。英国剑桥学派创始人阿尔弗雷德·马歇尔同样意识到了人力资本投资是非常必要的，他认为人力资本投资在判断中的非货币因素里扮演着重要角色。沃尔什作为对人力资本价值进行估算的第一人，则对人力资本的量化开展了更深层次的研究。弗兰克·奈特则不同，他将研究的重心放在了在增长的经济中，探究如果知识生产所产生的存量增进，那么会对收益递减规律造成什么样的影响。虽然法国经济学家萨伊所提出的部分结论遭到了马克思的反对，但是他也是对于人力资本思想的创建有着卓越贡献的经济学家。在萨伊看来，对于接受过教育和培训的劳动者而言，培训付出的资本利益也应包括在报酬中。值得关注的是，他提出的科学知识是生产力的思想，也是很重要的理论贡献。[2]

---

① ［英］威廉·配第：《赋税论》，陈冬野译，商务印书馆1978年版。
② 肖勇：《知识经济的思想渊源及其理论形式》，《情报科学》2005年第8期。

归属于人本身是人力资本的明显特征。就定义而言，借助生产性投资增强的人的素质和劳动技能的总称被定义为人力资本，同时，它也是未来收入的基础。对比物质资本，人力资本的投资可以通过学校教育、电视教育、知识普及与推广、基本技能训练、职业培训等方面的投资来实现。近年来，人力资本为理论界所重视，正如人力资本之父舒尔茨所言："经济增长的主要因素是人力资本的增加，人力资本是经济和社会发展的重要原因。"①

伴随工业革命后生产力的迅速发展，经济学家关于人力资本的思想和论述越来越多，人力资本的相关概述逐步应用开来，越来越多的人开始加大对于人力资本的分析和研讨。大体上可以从马克思关于人力资本的思想与西方经济学家关于人力资本的思想两个方面来进行梳理。

（一）马克思关于人力资本的理论

在马克思的研究成果中也有不少是与人力资本相关的。但由于其立场有别于西方经济学，所以马克思的研究中对人力资本的阐述差别较大。不过值得注意的是，由于马克思主义政治经济学的立场不同于西方经济学，马克思著作中关于人力资本思想的阐述目的方法与西方经济学家大不一样。然而，作为理论研究，如果撇开理论背后的立场问题的话，我们会发现马克思关于人力资本的许多思想和观点都值得我们深入研究。

第一，马克思对于劳动力价值的认识和人力资本有相通之处。马克思将劳动力理解为"一个人的身体即活的人体中存在的、每当他生产某种使用价值时就运用的体力智力的综合"。② 由于这个定义和西方一些经济学家对于人力资本的定义相似，我国一些学者将马克思论述的"劳动力"和舒尔茨等定义的"人力资本"等同。③ 但是，也有学者对此有不同的看法，认为马克思的人力资本理论并不存在。④ 还有学者认为，对劳动者所进行的任何投资都是内含在劳动者体内的，所谓的

---

① ［美］西奥多·W. 舒尔茨：《人力资本投资》，吴珠华等译，北京经济学院出版社 1990 年版。

② 马克思：《资本论》，人民出版社 1975 年版。

③ 杨来科：《马克思的人力资本理论》，《广东商学院学报》1996 年第 2 期。

④ 李连波、谢福胜：《马克思有人力资本理论吗？——与顾婷婷、杨德才商榷》，《当代经济研究》2015 年第 2 期。

"人力资本"概念在劳动过程之外并不存在。① 首先，马克思强调劳动力在创造价值中的决定性作用，他指出："当劳动通过它有目的的形式把生产资料的价值转移到产品上并保存下来的时候，它的运动的每时每刻都形成追加价值，形成新价值。"② 这样的观点与西方经济学相一致。其次，在对资本主义积累一般规律的阐述中，他认为，只有把生产资料这一资本保留下来，将自己的价值当作资本再次生产出来，且以无酬劳动提供追加资本的源泉，才能卖出去。这里马克思其实也提到了劳动力由于自身使用价值的特殊性而具有资本增值的意义，这一观点曾在他论述机器和大工业时就被提出来，他认为，生产过程中的智能与体力劳动是分开的，并且在大型的基于机器的行业中，将智力转换为资本以控制劳动力的能力得以实现。因为劳动力在生产出维持自身生存所需价值的同时，还能够为资本家创造剩余价值，只是增值的部分被资本家所拿走了。但与此同时，马克思反对简单地将劳动与资本等同起来。他指出，劳动只是劳动者的财产（劳动将继续自我更新和再生产），而不是他的资本。劳动是他为生存而不断销售和再生产的能力。也是唯一必须持续不断售卖的商品。出售的商品只有在到达买主（资本家）时才能用作资本（可变资本）。这是由于马克思的阶级立场和分析方法的不同。

第二，人力资本的关键意义也在于马克思关于复杂劳动的思想中得以体现。他认为，较少的复杂劳动与较多的简单劳动效果相当。不难得出，人力资本水平高的劳动力在生产中产生的价值高于社会平均劳动产生的作用。

第三，人力资本产权的思想也体现在他关于劳动力自由支配的观点中。只有能自由支配劳动力才能将他进行"流通"，因此，必须对劳动力具有支配权，在劳动者付出自身的劳动力的同时也不能丧失对它的所有权。这一观点也是对人力资本产权中所有权、支配权思想的体现。

第四，就如何提升劳动者人力资本这一问题上，也能从马克思关于教育培训的观点中找到一些思路。马克思认为，大工业一方面对劳动的

---

① 贾华强：《边际可持续劳动价值论》，人民出版社 2008 年版。
② 刘炳福：《论马克思按生产要素分配理论及其现实意义》，《唐山师范学院学报》2005年第 3 期。

转换和劳动者流动性起着关键作用，另一方面大型工业以资本主义形式再现了旧的劳动分工及其固定的专业。劳动者水平要全方位提升才能匹配机器大工业的发展。[①] 否则，大工业就会"用那种把不同社会职能当作互相交替的活动方式的全面发展的个人，来代替只是承担一种社会局部职能的局部个人"。[②] 因此，为了减少被解雇的可能性，劳动者必须接受教育培训。马克思也意识到了教育培训的重大意义，他认为，从工厂制度中萌发出了未来教育的幼芽，未来教育对所有已满一定年龄的儿童来说，就是生产劳动同智育和体育相结合，它不仅是提高社会生产的一种方法，而且是造就全面发展的人的唯一方法。"马克思在《哥达纲领批判》中更是指出生产劳动和教育的早期结合是改造现代社会的最强有力的手段之一。"[③] 同时，马克思在论述工资的国民差异时，提到工人的教育支出水平与劳动的外延量和内含量也是影响劳动力价值发生改变的重要原因。马克思还提到教育费用和劳动复杂程度密切相关的问题，"为改变一般人的本性，使它获得一定劳动部门的技能和技巧，成为发达的和专门的劳动力，就要有一定的教育或训练，而这又得花费或多或少的商品等价物。劳动力的教育费用随着劳动力性质的复杂程度而不同"。

（二）西方经济学家关于人力资本的理论

在早期，亚当·斯密就提出了人力资本理论是很重要的。在其名著《国富论》中，亚当·斯密不但承认了劳动者自身有用的才能可以提高生产效率，也认识到技能知识能够创造财富，而技能知识要靠教育、边干边学等方式来获取。随后，萨伊在批判继承亚当·斯密的基础上提出了"三位一体"公式，萨伊认为，商品的价值是由劳动、资本和土地三要素共同创造的，并且按照它们各自创造价值的大小，分别获得工资、利息和地租。萨伊通过否定剥削本质来为资产阶级辩护的同时，也极力肯定了劳动在价值创造中的重要作用。此后，约翰·穆勒提出通过教育能够提高劳动者的生产能力，从而增加国民财富这一观点。马歇尔

---

① 孔陆泉：《经济学视角的人的全面自由发展——对马克思人的发展观的理解和思考》，《江苏行政学院学报》2007 年第 12 期。

② 刘庆唐：《多渠道扩大就业——关于发展劳务派遣企业的几个问题》，《北京市计划劳动管理干部学院学报》2002 年第 12 期。

③ 中央编译局：《马克思恩格斯全集》，人民出版社 2006 年版。

在其著作中指出了在生产中，人的创造才能可以对物质产生替代作用，进而强调了要加强对人本身的投资。然而，早期经济学家对于人力资本的思想不是系统的。美国的经济学家舒尔茨是真正对人力资本的思想进行系统性论述的人。而后贝克尔、明塞尔又从不同角度对人力资本理论进行了深入研究，逐渐构建起了人力资本的理论大厦。本书将简要地梳理这三位经济学家关于人力资本的思想。

20世纪50年代，舒尔茨在对美国农业经济问题的长期研究中发现，促进美国农业生产率迅速提高的最重要因素，不是物质方面的投入，而是农业劳动力自身能力的提高。他在《改造传统农业》一书中指出，本书研究的中心论点，是把人力资本作为农业经济增长的主要源泉。① 而后在美国1960年举办的经济学年会上，舒尔茨首次明确了人力资本这一概念，提出了人力资本投资的内容，以及这种投资对于经济增长的促进作用。舒尔茨指出，提升人力资本的能力所增加的财富要比物质资本所增加的财富多得多。他表示改进穷人福利的关键因素不是空间、能源和耕地，而是提高人口质量，提高知识水平。舒尔茨认为，人力资本要靠教育、健康、在职培训和劳动力迁移等方面的投入才能够获得，并且特别强调了教育对于提升人力资本的重要作用。

贝克尔长期致力于用微观经济学的方法研究，在投资活动中，人力资本的投资收益率等于物质资本的投资收益率。追求人力资本提升的过程中要做到追求效用最大化、市场均衡和稳定偏好这一观点一直贯穿其著作的始终。他对人力资本理论的研究进行了细化，为个体提升人力资本的意义、所需费用的多少以及如何支付等问题进行了深入研究。贝克尔认为，不仅如此，而且知识教育及技能培训对于人力资本的提升起到了重要的作用。他重点分析了在职培训的方式、支出与收入的关系。在对企业为什么宁愿牺牲即期收入也要进行培训这一行为进行解释时，他指出："培训会降低现期收入，并提高现期支出，但是，如果它可以大幅度提高未来的收益，或者大幅度降低未来的支出，企业就乐于提供这种培训。"②

---

① ［美］西奥多·W. 舒尔茨：《改造传统农业》，梁小民译，商务印书馆2006年版。
② ［美］加里·S. 贝克尔：《人力资本》，梁小民译，北京大学出版社1987年版。

明塞尔针对 20 世纪后，美国等发达国家出现的个人收入差距缩小的情况指出，其根本原因是人们接受教育、通过在职培训以及工作中经验的积累所造成人力资本提升的结果。明塞尔重点研究了人力资本对于提高工资水平、职位的升迁和职业的流动、失业的影响。在明塞尔看来，人力资本更高的人具有四方面的优势，即更高的工资、更高的收入、职业升级机会、更大的就业稳定性。① 他还建立了人力资本的收益率模型，说明了一个人的年收入和其人力资本的投资呈正相关。除此之外，他还判断随着社会经济的不断发展，此时对于技术的依赖也会逐渐加强，那么这个时候对于人力资本的需求也会不断上升，人力资本水平的不断提升也将对整个社会的经济做出更大的贡献。

二 人口迁徙中的人力资本

人力资本的相关理论是在西方发达国家经济起步时所产生的，并随着经济社会的发展而不断丰富和完善，这对于正处于追赶型的发展中国家具有十分重要的借鉴意义。人力资本理论至少可以在两个方面为农业转移人口市民化提供指导。

首先，人力资本理论可以引起社会对于提高农业转移人口教育及技能上的重视。有效地帮助农业转移人口市民化可以通过提高其就业竞争能力来实现。农业转移人口要实现向市民的转变，最大的障碍就是定居城市的经济能力不足。在农村，住房消费可以忽略，关于食物、娱乐方面的消费都要比城市低得多；在城市务工，开支要比在农村高，但是不需要考虑买房问题。然而，一旦要在城市实现永久性定居成为市民时，住房、子女教育、医疗健康等方面的支出都是高昂的。通过教育、培训等方式可以提高其在受雇公司的工作地位和工资待遇，侯风云的研究发现，接受培训与不接受培训对外出打工收入的影响要超过 25.36%；罗锋、黄丽的研究也发现，参加 30 天以上的培训项目会使新生代农业转移人口的非农劳动报酬上涨 11.2%②；工作经验每增加 1 年，新生代农业转移人口非农劳动报酬会上涨 8.9%。此外，接受培训后的农业转移

---

① ［美］雅各布·明塞尔：《人力资本研究》，张凤林译，中国经济出版社 2001 年版。
② 罗锋、黄丽：《人力资本因素对新生代农业转移人口非农收入水平的影响——来自珠江三角洲的经验证据》，《中国农村观察》2011 年第 1 期。

人口回乡的可能性也会降低，这也有利于实现从农村到城市的永久性转移。

其次，人力资本产权理论可以指导农业转移人口市民化进程。人力资本产权是一系列权利的总称，如在市场交易过程中的人力资本所有权及其衍生的使用权、控制权和收入权。[①] 当前农业转移人口市民化过程中存在问题，这种问题是人力资本收益权的失灵。从人力资本获得收入的权利是指一个人通过改善自己的人力资本获得相应收入的权利。然而，由于当前我国存在着的户籍制度分割、二元劳动力市场分割等外在因素制约，造成农业转移人口通过教育培训来提升人力资本所获得的收益远低于其付出的努力。这就启示我们今后在推进农业转移人口市民化过程中要注意解决这些外在约束问题，使农业转移人口提升人力资本的努力能够通过公平的市场交易而获益。

第二节　农业转移人口市民化人力资本形成条件和作用机制

一　农业转移人口市民化人力资本形成条件

（一）形成条件

"生成"是指产生和形成。人力资本的生成也可以被描述为人力资本的产生、沉淀、改善等。人力资本的产生是一个需要相关人力资本投资的过程。农业转移人口的人力资本生成指的是投资主体使用教育、培训、医疗、移民等人力资本产生渠道对农业移民人口的人力资本进行投资，以提高其知识水平、创业能力，促进其现代观念形成。这一生成过程可以分为两个阶段：农村阶段和城市移民工作阶段。舒尔茨认为，空间能源和耕地不是改善穷人福利的关键因素，而是人口质量和知识的提高。

1. 教育条件

教育作为最基本和最重要的人力资本生成方法之一，在农业转移人口的人力资本产生中占据着重要的地位。在人力资本理论研究的早期阶

---

① 黄乾：《人力资本产权的概念、结构与特征》，《经济学家》2000 年第 5 期。

段，舒尔茨、贝克尔等就提出了教育对于形成、提升人力资本是非常必要的。现如今强烈制约着农村劳动力转移就业加速发展的是我国农村劳动力的技术文化素质总体水平不高，转移就业的职业技能不足。当前观点认为，制约农业转移人口人力资本生成的主要原因之一就是农村教育水平和政府对教育投入程度还较低。人力资本的存量也严重地影响了进入城市工作的农村剩余劳动力。

王迅分析了当前农村人力资本投资存在的不足，并从三个方面提出了改进措施：加强农村基础教育和职业教育、增加对农民的职业培训、增加对农村医疗保健的投入，且进一步指出，要增加农村教育投入以促进农村人力资本的存量的加速增长。[1] 李勋来和李国平认为，我国农村地区现有的人力资本形成机制存在很大不足，教育资源分配不均是产生这种缺陷的重要原因。我国长期实行以城市为中心的教育投入，忽视了农村教育的发展，长期以来农村义务教育经费投入不足，农村人力资本的形成已陷入"贫穷的恶性循环"。[2]

2. 职业培训条件

生成农业转移人口人力资本的最直接方法就是职业培训，农业转移人口在工作过程中，这种方法形成的人力资本是最被需要的。通过正规学校教育形成的人力资本对于农业转移人口而言是不切实际的，而农业转移人口的人力资本价值的实现是基于专业技能的。

国外学者阿罗首先提出了人力资本的"干中学"模型，认为干中学会促进人力资本的形成。贝克尔强调了在职培训在人力资本投资中的重要作用，并将培训分为一般性培训与专业培训。[3] 农村剩余劳动力转移到城市，需要具备各种与城市发展要求相适应的自身素质，因此要统筹农村基础教育的发展与对成人教育和技能教育的重视。

在经济相对落后的农村地区，农村人力资本会因为优化合理的产业

① 王迅：《从人力资本理论视角看我国农村人力资本投资》，《农业经济问题》2008 年第 4 期。

② 李勋来、李国平：《我国农村人力资本形成机制的缺陷及其矫正》，《科技进步与对策》2005 年第 11 期。

③ ［美］加里·S. 贝克尔：《人力资本理论：关于教育理论和实证分析》，郭虹译，中信出版社 2007 年版。

结构而加速的生成。通过"干中学"以提高人力资本，对于长期处于封闭状态的农村劳动力来说，诸如职业培训和"干中学"之类的因素对于转移劳动力人力资本的生成产生的作用是巨大的。劳动和社会保障部课题组认为，改善农业转移人口的就业服务和培训必须根据现有实际情况，具体问题具体分析，在城乡协调的要求和以人为本的观念指导下，结合我国的农业转移人口和公共资源的现状，加快建设长效机制，使城乡劳动者逐渐实现平等就业，促进形成统一的城乡劳动力市场，同时，加快对配套服务体系和培训制度的健全。

3. 迁徙条件

虽然农业转移人口人力资本的生成不能直接通过农业转移人口迁移本身来实现，但资本的优化配置可以通过此途径来实现，即对人力资本的稀缺性进行调整。也就是说，要使人力资本效用最大化可以借助农业转移人口迁移来实现，提高农业转移人口培训的数量和质量，在边干边学的过程中使人力资本实现积累、增值。劳动力流动在带来现有人力资本的有效分配和持续升值的同时，还会让人们更加注重投资人力资本，进而对人力资本的形成和人力资本存量的增加产生积极的推动作用。欠发达地区对人力资本的投资可能会随着人口迁移的可能性增加而增加。与此同时，迁移也将产生一定的负面影响。尽管这将增加单个农村劳动力的人力资本存量，但考虑到大多数农村转移人口有两个以上的子女，疏忽管教使下一代人力资本发生流失，这是不值得的损失。现如今严峻的农村留守儿童问题也是对上述观点的进一步证实。

积极的推动作用体现在四个方面：第一，移民劳动力会由于大量竞争的存在而投资于人力资本；第二，可以获得更多的"干中学"的机会；第三，劳动者收入的提高使他们更有能力对人力资本进行投资；第四，促进了思想观念的更新换代。消极影响主要体现在城乡二元化的劳动力市场划分中，这对合理竞争产生了一定阻力，并且对人力资本生成产生了阻碍作用。

4. 医疗保健条件

健康的人力资本是其他形式人力资本存在和价值实现的基础，所以它是最基础的人力资本。农业转移人口个体对人力资本的投资和价值实现起着重要作用，因为其作为人力资本的天然载体。形成个人劳动能力的基础是卫生保健形成的人力资本存量。劳动者的身体健康对构成人力资本与维护和增值人力资本起着至关重要的作用。作为存量的一部分，一个国家的医疗方面的投资数量和质量会影响其人力资本的总水平。劳动者健康的身体能提高劳动效率，在一定程度上也可以被看作增加了劳动者的数量。同时，劳动者身体健康也能增加其参加培训、教育等形式的人力资本投资活动的次数，更促进了人力资本存量的增长。

目前，我国农业转移人口医疗保健工作还存在一些缺陷：一是我国医疗卫生投入占 GDP 比重还不高；二是医疗资源分配不均也是我国的一个重要状况；三是农民因为医疗服务费用的增加而对医疗服务的可及性下降；四是城市得到了政府在医疗卫生公共支出中政策倾斜的情况。大量的农业转移人口由于自身素质和知识的限制，从事的工作大多为劳动力密集型产业中重、脏、险的工种。许多企业没有为农民工提供必要的安全保护设施和劳动保护用品，也没有提供必要的安全培训以此来达到降低成本的目的。另外，长时间的工作和工人的过度疲劳导致了高比例的职业病和工业事故。

（二）形成主体

"主体"是与"客体"相对应的存在。人力资本的形成需要主体对客体进行投资，在人力资本形成的过程中，客体自然就是人力资本，而主体就包括政府、企业、劳动转移人口本身。即在投资人力资本时通过教育、培训、医疗保健等途径来实现对其的投资。由于他们处于不同的地位、发挥着不同的职能、有着不同的优势，所以他们也会通过不同的途径投资人力资本，因此也会对人力资本产生不同的影响。

1. 政府

在对人力资本进行投资时，农业转移人口和雇主经常根据自身利益来分析人力资本投资的成本和收益，所以存在严重的市场失灵现象，往往体现在对人力资本的投资较低。作为人力资本的投资主体之一的政府的投资目的与个人追求效用最大化投资目的完全不同。它更多地侧重于为区域经济增长创造必要条件和促进社会公平。在市场经济体制下，政府为了达到补充和修正市场与市场调节的目的，在进行人力资本投资时更注重的是弥补和消除市场调节的失灵，这种失灵可能会导致人力资本形成的各种缺陷和不足。因此，政府的人力资本投资不仅必须弥补个人投资的不足，而且还要承担纠正纯市场监管下的市场失灵的任务。制度在人力资本的产生中也扮演着重要的角色。我国的人力资本生产存在严重的制度缺陷。政府作为系统供给和宏观调控的主体、制度建设中制度创新的供求主体，制度路径依赖和意识形态薄弱。

鉴于人力资本投资的外部性、不确定性和风险性，宋晓梅认为，政府应在人力资本发展中发挥主导作用。但是目前，政府促进人力资本发展的职能尚未真正发挥作用。政府在人力资本开发方面存在失灵，其职能错位且越位。政府应加强责任，从制度、机制和观念入手，以促进人力资本的生成，增加农村地区的人力资本存量，增加农村地区的人力资本投资，并逐步通过改革和劳动力市场改善。从制度创新、功能完善、激励政策制定、培训制度完善、待遇条件改善等方面，提高农民工的人力资本水平，加强对农民工的人力资本投资。

2. 企业

企业不仅为农民工提供在职培训机会，还为农民工的"干中学"提供了一个机会。企业提供的培训可以分为普通培训和专业培训。在分析了投资实体和受益人之后，本书认为一般培训的费用是由个人承担的；专业培训可以最大限度地内化企业的投资收益。人力资本的形成是一个动态发展的过程。如果不使用或不进行持续投资，由于学习和使用的中断，人力资本将贬值。频繁地迁徙和工作类型的过度转换将阻碍农业转移人口人力资本的生成。作为农民工人力资本利用和"干中学"投资的主要场所，企业可以通过提供稳定的工作和必要的激励措施来促进农民工人力资本的产生。[①] 长期雇佣关系也是形成和优化人力资本的重要激励手段。作为"干中学"的投资主体，企业在人力资本的产生中发挥着重要作用。企业是一个载体，在这里可以使用和实现人力资本价值，还可以达到资本不断增长和提高的目的。企业应在条件允许的情况下适当提高农民工的待遇。

我国的人力资本所有者不能得到与所付出劳动相对应的报酬。物质

---

① 宋帅、兰玉杰：《农民工人力资本生成研究综述》，《安徽工业大学学报》（社会科学版）2012 年第 11 期。

资本的回报率也远远高于人力资本投资的回报率。提高人力资本的回报，对于激发劳动者的创造力和提高劳动者劳动素质有积极的推动作用。我国劳动力市场上严重缺少高素质劳动力，所以这些人才的流动性会由于企业对高素质人才的竞争而大大地提高，也正因如此，企业的人力资本投资面临着巨大的外部不确定性。

3. 农业转移人口自身

农业转移人口的个人会投资于人力资本是出于追求投资收益的目的。由于人力资本较高的劳动力在劳动力市场上更具竞争力，因此更容易获得高薪工作，部分农业转移人口想要具有相对竞争优势，所以会选择进行人力资本投资以满足某些职位的要求。在进行农民工人力资本投资时，主要会考虑投资能力和投资意愿这两个主要因素。投资收入的期望和农业移民人口个体的局限性也对农业移民人口的人力资本投资产生影响。

我国农村经济发展滞后，农民是弱势群体，收入水平、消费水平和知识结构较差。仅仅依靠农民自己的人力资本投资是不现实的。人力资本市场的供求关系对个人对农业移民人口的人力资本投资起决定作用，尽管这种投资是个人的主观和自主行为。它不仅受制于个人人力资本投资的需求，即投资资源的约束，而且还受市场供给能否满足投资需求的影响等因素的影响。政府、农业转移人口和用人单位在农业转移人口人力资本投资中的主要作用表明，人力资本投资的多样化是加强人力资本投资的基础。

二　农业转移人口市民化人力资本作用机制

农业转移人口素质低、城市化能力低是农业转移人口城市化进程缓慢的内在原因。以教育、培训和健康投资为主的人力资本投资能有效提升农业转移人口市民化的综合能力，主要体现在收入水平增长、社会关系改善和文化意识转变三个方面。

（一）收入增长机制

人力资本投资，尤其是教育和培训投资具有长期的经济效应，首先表现在人力资本投资直接影响农业转移人口相关的就业能力，从而提高其工资性收入。更具体地表现在以下几个方面：

1. 人力资本投资影响就业信息的获取能力

就业信息的获取是决定劳动力就业面宽窄和就业成败的首要因素，包括对国家政策调整的认知、对劳动力市场需求关系的分析、对工作条件差异及劳动机会大小的掌握等，就业信息的综合分析有助于劳动力找到并维持合适的工作。人力资本投资对获取就业信息的作用主要表现在拓宽就业信息的获取渠道，使主体获得更充分、更优质的有效信息。在劳动力市场上，受教育程度越高，搜集就业信息的能力越强，职业的选择性越多，以及提高信息的识别和解读能力。知识水平越高，对信息的甄别能力越强，人力资本水平高的劳动力对各种招聘信息和岗位工作有更强的分析解读能力，能更容易找到适合自身的工作。同时，劳动力在进行就业信息的筛选时，能结合进城务工可能存在的城市生存成本、地区和职位转移成本等来考察预期收益，能在地区和岗位等方面做出更合理的决策。

2. 人力资本投资决定非农职业的适应能力

非农职业的适应能力是指农业人口转移到城市和非农产业后在最短时间内适应新工作、新环境和新生活的能力，职业适应能力是劳动力能否成功实现就业转型的前提。这里值得一提的是，由于培训和教育会使劳动力拥有更多的知识和技能，从而具备更高的综合素质，成为相对有竞争优势的劳动力供给方，尤其当今企业越来越青睐于技术型人才，知识和技能水平显著提高了适应城市劳动力市场需求的能力，农业转移人口的求职优势增加了其城市就业机会。人力资本水平越高，越倾向于选择技术含量高的工作，其收入水平也会越高。另外，教育投资和培训投资能改善学习能力和生产技能，健康投资能增强体质和生理机能，迁移投资能获得更丰富的经验，高劳动生产率来自人力资本投资，工作能力和职业适应能力也是如此，它能提高劳动者收入的数量和质量，同时其收入的持续性获得也能得到更好的保障。有研究表明，培训是影响农业转移人口非农劳动报酬水平最重要的因素，参加 30 天以上的培训项目能使新一代农业转移人口提高 11.3% 的非农劳动报酬，而工作经验每增加一年，非农劳动报酬的增长率为 8.9%。

3. 人力资本投资提高不同职业间的转换能力

劳动力总是倾向于流动到预期收益更高的岗位和地区，人力资本水平越高，其竞争优势越明显、流动能力越强。教育和培训投资带来的人力资本水平的积累有助于劳动力在不同地区、工种、行业和就业单位之间转移，增强职业转换能力。劳动力在转移过程中又增加了工作经历、提高了专业和管理技能、获得了相关的市场信息和更好的工作机会，有助于获得更高的收入。

（二）社会关系机制

人力资本投资对农业转移人口的社交网络扩展能力具有重大的积极影响。现有文献已经对社会资本城市化能力的影响进行研究，即对农业转移人口的社会关系网络与市民化之间的关系进行研究，但大多数社会关系网络被认为是已经建立的。目前，农业转移人口在城市的社会关系网络的形成基本源于甚至局限于原有的亲朋好友，或少数源于地缘关系而新建立的和城里人的关系网络，农民进入城市后主动结交新朋友的情况很少。根源在于人力资本水平的不同所导致的社会活动的差异，农村人生活在城市但极少参与城市社会活动，便难以突破原有相对狭隘的社会网络圈子，对城市社会资源的拥有能力也较差。

首先，人力资本投资本身就是一个扩展社会网络的过程。农业转移人口进城后的社会网络基本上是基于血缘或地缘建立的，而进行人力资本投资能基于学缘、业缘建立更广阔的社会圈子，如参加职业教育、培训等，能认识更多能力更强的人，积累丰富的人脉资源和异质性的社会资本。其次，人力资本水平的提升也能改变社会关系或社会网络，能获取更多社会资源，拥有更高的社会地位、心理认同能力和城市生活适应能力，从而更快融入城市生活。据国家统计局相关研究报告表明，农业转移人口的城市生活适应能力会由于学历的不同而有所差别，大专及以上学历的适应能力最高，达 78.4%，而高中、初中和小学学历的适应能力则更低，分别为 73.19%、66.96% 和 60.77%。

人力资本水平的提高有助于农业转移人口在城市获得更多的社会权利，在城市拥有社会权利是享受城市权益和公共服务的基础。人力资本水平会影响农业转移人口在城市的权利行为能力，权利行为能力又会决定劳动就业、政治参与、社会保障、个人发展等市民权利。知识文化水平越高、维权意识越强，利益诉求的方式也会越合理，从而越容易争取到应有的平等和尊严。

（三）文化意识机制

农业转移人口来自农村，大多思想观念较为保守和落后，做客思想使其难以以主人翁心态在城市生活，严重阻碍了市民化进程。市民化不仅表现在地域和职业的转换上，还表现在思想意识、价值观念、生活方式的转变上，从心理层面融入城市，才能称为实现了真正意义上的市民化。

人力资本投资是一个不断充实和提高自身的过程，不仅包括知识和技能水平的提升，也包括思想观念及人生价值观念的转变。更高的人力资本水平有利于促进农业转移人口转变和更新固有观念，增强对城市的心理认同，获得更强的归属感。同时用更高尚的价值观念规范自身行为，以主人翁的意识更快地融入城市，成为真正的市民。而人力资本水平较低，主要是文化素质较低的农业转移人口难以转变传统的农村生活观念和方式，在适应新的城市生活方面需支付较高的心理成本，其回流到农村的概率往往更高，不利于已经转移到城市的农业人口实现市民化。

三 农业转移人口市民化人力资本现实情况

在研究农业转移人口人力资本的现状时，通过加入时间维度，本书就能得到分析农业转移人口人力资本状况的两个角度。一是农业转移人口人力资本的存量，截止到某一时点，农业转移人口受教育状况、健康状况及技能状况，衡量其进入劳动力市场之前的人力资本状况。二是农业转移人口人力资本的增量，在一定时期内农业转移人口自身的体能、技能、经验知识等变动的情况，衡量农业转移人口进入劳动力市场后的人力资本状况。

（一）农业转移人口人力资本现状——存量角度

1. 教育方面

纵观世界各国，某国或某地区的人均受教育年限是衡量该国或地区教育水平高低的一个重要指标，因此我国农业转移人口的平均受教育水平也使用这个指标来衡量。

如表6-1所示，2018年，农业转移人口中，未上过学的占1.2%，小学文化程度占15.5%，初中文化程度占55.8%，高中文化程度占16.6%，大专及以上文化程度占10.9%。大专及以上文化程度农业转移人口所占比重比上年提高 0.6 个百分点。在外出农业转移人口中，大专及以上文化程度的占 13.8%，比上年提高 0.3 个百分点；在本地农业转移人口中，大专及以上文化程度的占 8.1%，比上年提高 0.7 个百分点。2009 年到 2018 年这十年间，从总体上来说，我国绝大多数农业转移人口都受过小学以上的教育，超过一半的农业转移人口接受过初中教育。近年来，我国农业转移人口受教育水平处于平稳、缓慢上升的趋势。从具体的受教育程度来看，受过小学教育的农业转移人口比例从2009 年到 2011 年有每年接近 2% 的增速，而之后的三年时间，比例相对稳定，保持在 15% 左右。这种由缓慢增长到相对稳定的趋势的原因，很大程度上是随着经济社会的发展，国家对农村教育的投入加大，使适龄儿童都能顺利接受小学教育，而随着小学教育在全社会全覆盖，增长过程也趋于稳定。从 2009 年到 2018 年，接受过初中教育的农业转移人口比例逐年下降，而接受过高中教育的农业转移人口人数则平稳上升。这种变化的原因，一方面是因为大多数初中毕业的农村学生都未达到国家法定的劳动年龄，外出打工的机会少；另一方面再加上高中阶段教育的广泛普及，许多地方都取消了上高中的"借读费"，我国的部分地区已经开始实行十二年义务教育，这就导致了近年来受过高中教育的农业转移人口人数的上升。

表 6-1　　　　　　　　　农业转移人口受教育程度　　　　　　　　单位:%

年份	2009	2010	2011	2012	2013	2014	2015	2016	2017	2018
未上过学	1.1	1.3	1.5	1.5	1.2	1.1	1.1	1.0	1.0	1.2
小学	10.6	12.3	14.4	14.3	15.4	14.8	14.0	13.2	13.0	15.5
初中	64.8	61.2	61.1	60.5	60.6	60.3	59.7	59.4	58.6	55.8
高中	13.1	15	13.2	13.3	16.1	16.5	16.9	17.0	17.1	16.6
中专及以上	10.4	—	4.5	4.7	—	—	—	—	—	—
大专及以上	—	10.2	5.3	5.7	6.7	7.3	8.3	9.4	10.3	10.9

资料来源：根据历年《全国农业转移人口监测调查报告》整理。

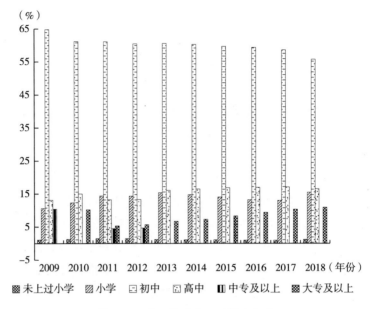

图6-1 农业转移人口受教育程度

总体上看，农业转移人口的受教育程度还是比较低，大多数没有经过技能院校的培训就直接进入了劳动力市场。同时，值得我们警惕的是，伴随农业转移人口受教育程度上升的同时，近些年农村学生辍学率居高不下。根据史耀疆等所做的《中国农村中学辍学调查》数据显示，农村地区整个中学阶段（初中、高中和中等职业学校）的累计辍学率高达63%①，这不仅会使即将进入城市的新一代农业转移人口的人力资本存量更低，从更长远的角度讲，也会造成代际贫困，阻碍农业转移人口市民化的进程。

2. 健康投资方面

首先，从总量方面看我国对于卫生医疗的投入。从表6-2可以看出，近年来随着国家对于卫生事业的投入加大，我国与中等收入国家在总量结构方面的差距正在缩小，人均医疗支出已经超过了中等收入国家的平均水平。但是，我国与高收入国家的差距仍然十分巨大，美国2015年的人均医疗支出是我国同期的22.41倍。

---

① 史耀疆等：《中国农村中学辍学调查》，《中国改革》2016年第2期。

从表6-2的统计数据可以看出，我国的医疗支出占国内生产总值的比重为5.3%，低于世界平均水平9.9%，远低于高收入国家的12.4%，甚至低于低收入国家的6.0%，而美国的医疗支出比重高达16.8%。从2000年到2015年，我国医疗支出比重从4.5%上升到5.3%，涨幅低于低收入国家，这可能存在的原因是随着我国改革的步伐，并且加入WTO，这十几年，我国的国内生产总值实现了成倍增长，并且增长速度远超于医疗支出，这一点从人均医疗支出也可以看出。2000年我国人均医疗支出为42.5美元，而2015年增加到425.6美元，达到10倍的增长，而低等收入国家只从14.5美元增加到37.2美元，只达到2.6倍的增长。我国的人均医疗支出增幅远超于其他地区。虽然如此，但我国人均医疗支出依旧低于世界平均水平1001.7美元，而美国的人均医疗支出达到9536.0美元，是我国的22.41倍。这反映出随着国家综合实力的增强，我国对医疗投入也在大幅度增加，虽然还达不到世界平均水平，但也正在逐步逼近，现在已经高于低收入国家与中等收入国家。

其次，具体到内部，从城乡结构方面来看，本书使用城乡人均卫生总费用和每千人卫生技术人员来考察健康方面的农业转移人口人力资本存量。

表6-2　　　部分国家和地区医疗支出比重和人均医疗支出

国家或地区	医疗支出占国内生产总值的比重（%）			人均医疗支出（美元）		
	2000年	2010年	2015年	2000年	2010年	2015年
世界	8.6	9.5	9.9	472.9	907.3	1001.7
高收入国家	9.3	11.5	12.4	2362.0	4461.5	4874.9
中等收入国家	5.0	5.1	5.4	59.6	194.5	256.7
低收入国家	4.3	6.3	6.0	14.5	35.1	37.2
中国	4.5	4.5	5.3	42.5	198.9	425.6
美国	12.5	16.4	16.8	4561.9	7949.9	9536.0

资料来源：《国际统计年鉴（2018）》。

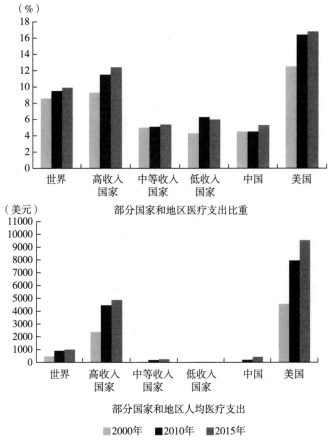

图 6 - 2　部门国家和地区医疗支出比重和人均医疗支出

资料来源：《国际统计年鉴（2018）》。

从表 6 - 3 的统计数据可以看出，从 2005 年到 2018 年，城市和农村每千人卫生技术人员的绝对数量都在逐年上升，但是城镇与农村的每千人卫生技术人员之比在这十几年间由 2.16 人扩大至 2.37 人。这反映了在城市化进程中，城乡之间的卫生公共服务水平差距仍然比较大，城镇居民享受到了更多的医疗资源。从 2000 年到 2018 年，城镇和农村的人均卫生费用都得到了大幅提升。从 2007 年到 2014 年，城镇与农村之间的人均卫生费用之比从 4.23 元下降到 2.51 元，且表现出逐年下降的趋势。这让我们了解到近年来国家加大了对农村地区医疗卫生的投入，尤其是在新型农村合作医疗这一部分的投入，其覆盖率已经达到了

95%以上。但是城乡之间的差距依然明显，一方面，在有限的医疗资源情况下，优质的医疗资源都被配置到了城市，农业转移人口一旦出现大病就会去大中城市治疗；另一方面，现实中农村地区仍然存在卫生基础设施落后和人才短缺的问题。总体来看，农村居民与城镇居民之间在健康方面的差距明显，农业转移人口在健康方面的人力资本存量仍然较低。

表6-3　　　　　农村每千人卫生技术人员和人均卫生费用

年份	每千人卫生技术人员（人）			人均卫生费用（元）		
	城市	农村	城市/农村	城市	农村	城市/农村
2000	5.17	2.41	2.15	812.95	214.93	3.78
2001	5.2	2.4	2.17	841.20	214.77	3.92
2002	—	—	—	987.07	259.33	3.81
2003	4.9	2.3	2.13	1108.91	274.67	4.04
2004	5.0	2.2	2.23	1261.93	301.61	4.18
2005	5.82	2.69	2.16	1126.36	315.83	3.57
2006	6.09	2.70	2.26	1248.30	361.83	3.45
2007	6.44	2.69	2.39	1516.29	358.11	4.23
2008	6.68	2.80	2.39	1861.76	455.19	4.09
2009	7.15	2.94	2.43	2176.63	561.99	3.87
2010	7.62	3.04	2.51	2315.48	666.30	3.48
2011	6.68	2.66	2.51	2697.48	879.44	3.07
2012	8.54	3.41	2.50	2999.28	1064.83	2.82
2013	9.18	3.64	2.52	3234.12	1274.44	2.54
2014	9.70	3.77	2.57	3558.31	1412.21	2.51
2015	10.21	3.90	2.61	—	—	—
2016	10.79	4.04	2.67	—	—	—
2017	10.87	4.28	2.54	—	—	—
2018	10.90	4.60	2.37	—	—	—

资料来源：根据历年《中国统计年鉴》数据整理。

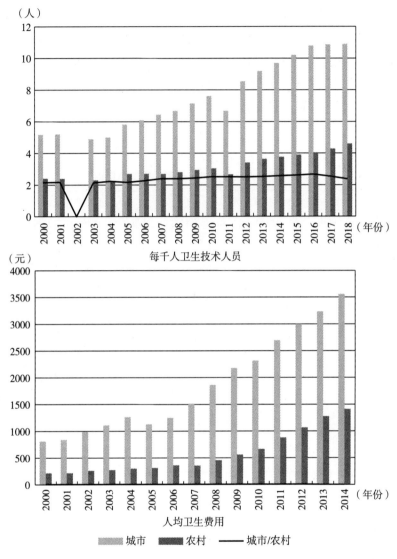

图6-3 每千人卫生技术人员与人均卫生费用

（二）农业转移人口人力资本现状——增量角度

从增量角度分析农业转移人口的人力资本状况，由于农业转移人口进入劳动力市场后，提升人力资本的主要方面就是职业培训和职位流动，而健康等方面的投资和他们进入劳动力市场之前的变化不大，故可以忽略不计。发达国家的历史经验也说明了对企业员工的培训，是提升人力资本最有效的途径。以美国为例，20 世纪 90 年代在针对企业的调查统计中得出，对职工培训每投入 1 美元就能得到 50 美分的经济效益。① 因此，本章将首先分析政府、企业对培训的投资状况，然后分析农业转移人口的流动所带来的利益，以此来分析农业转移人口人力资本的增量。

1. 培训方面

首先，通过表 6 - 4 中接受技能培训的农业转移人口的比例可以看出，从 2011 年到 2014 年，接受过技能培训的农业转移人口的比重从 31.2% 上升到 34.8%，而后三年逐步稳定在 32.9%。这部分得益于近些年国家在农业转移人口培训方面出台的优惠政策的支持，也与许多企业在 2008 年国际金融危机后转型过程中更加注重对员工的培训有关。但是，农业转移人口的培训覆盖面还是比较小，大部分农业转移人口没有获得技能培训的机会，也没能由此提升自身的人力资本。同时，农业转移人口的培训存在这样的特点：文化程度越高，接受技能培训的比例也越高。以 2010 年《全国农业转移人口监测报告》数据为例，文盲半文盲农业转移人口、小学文化程度农业转移人口、初中文化程度农业转移人口、高中文化程度农业转移人口、中专文化程度农业转移人口接受过技能培训的比例，分别为 26.3%、33.9%、46.9%、53.4%、62.9%，这给我们今后更加重视农村教育投入以提高农业转移人口的培训程度以启示。

其次，就对农民工培训的投资而言，公司是员工培训中最重要的利益相关者，其对农民工培训的投资非常重要。

表 6 - 4　　　　　　农业转移人口接受技能培训的比例　　　　单位: %

年份	2011	2012	2013	2014	2015	2016	2017
接受技能培训	31.2	30.8	32.7	34.8	33.1	32.9	32.9

资料来源：2011—2018 年《全国农业转移人口监测调查报告》。

① 中国人力资源开发研究会：《中国人力资源开发报告农业转移人口（2008）：中国人力资源状况评估》，中国发展出版社 2008 年版。

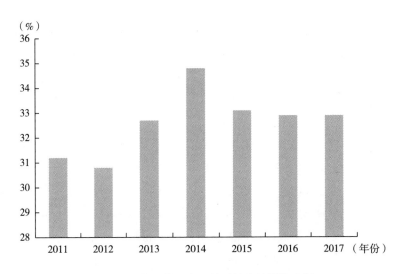

图 6 - 4   农业转移人口接受技能培训的比例

然而，从表 6 - 5 中可以看出，约 82.9% 的被调查样本企业，仅花费占员工工资比例不到 2% 的经费对员工进行培训，约 35% 的样本企业在员工培训方面几乎没有任何投入。此结果与《国务院关于加快发展现代职业教育的决定》对比，发现其与"一般企业要按照职工工资总额的 1.5% 足额提取教育培训经费"这一最低标准距离还较远。农业转移人口就业比重高的行业的培训经费投入普遍较低，大部分企业对员工的技能提升不重视，投入严重不足。

表 6 - 5   **企业培训经费占员工工资比例**

培训经费占员工工资比例	极少	1% 以下	1%—2%	2%—3%	3%—4%	4% 以上
样本百分比（%）	35	28.2	19.7	10	3.8	3.3

资料来源：马建民等：《我国企业人力资源管理现状调查与分析》，《中国人力资源开发》2004 年第 5 期。

2. 迁移方面

考察迁移给农业转移人口所带来的人力资本提升时，由于农业转移人口由农村到城市务工经商的第一次迁移所带来的收益已经实现，本章将重点考虑农业转移人口职位流动状况来近似表示迁移方面的人力资本状况。如果职位的变动会带来工资的提高以及社会地位的变化，那么就会激励农业转移人口进一步提升人力资本的努力。舒尔茨在《论人力资本投资》一书中提到，"工人在国内大量流动，以适应变化的就业机会……一旦人们认识到这种迁移所需的费用是人力投资的一种类型，那么，这种迁移当然也就具有经济意义了"。但是，由于二元劳动力市场的分割、农业转移人口在没有进行教育培训的情况下进行职业流动等原因，导致这种流动难以形成人力资本的积累，始终跳不出简单重复性的非技能型工作的范围。如表6-6所示，农业转移人口在再次职位流动时，地位保持不变的高达72.7%，这说明了他们的职业流动是低水平的、无效率的，没能够从职位流动方面带来收益。

表6-6 农业转移人口初次职位流动和再次职位流动后的地位变化　　单位:%

	地位上升	地位不变	地位下降
初次职位流动	73.1	20.4	6.6
再次职位流动	19.1	72.7	8.0

资料来源：李强：《农业转移人口与中国社会分层》（第2版），社会科学文献出版社2012年版，第136页。

刘士杰通过调查发现，虽然有超过半数变换过工作的农业转移人口对当前工作的主观评价好于前一份工作，但实证结果却显示变换工作并不能显著提高他们的工资水平。产生这种现象的原因，很可能就是农业转移人口的就业岗位多集中在低端重复性的体力工作上，变换工作时更多的是同一行业同一分工领域的横向流动，缺乏职位升迁等纵向流动的渠道，因而无法明显地提高收入水平。

通过以上分析，我们从农业转移人口人力资本的存量和增量两个方面的状况来看，由于存量不足加上增量提升困难，就造成农业转移人口人力资本的积累和提升陷入困境。

（三）农业转移人口人力资本存在的问题

1. 观念上尚未完全转变

农业转移人口群体具有一定的特殊性，因此不少人的观点为：农业转移人口就是建筑工，他们是廉价的劳动力，从政府到企业，甚至农业转移人口自身也没有充分认识到提升人力资本的重要性。

农业转移人口的培训并未得到相关部门的重视，提升劳动力的能力所带来的好处也无人问津。站在政府层面能够看出，培训工作的重要性并未得到相关政府部门的重视，且政府方面认为培训农村劳动力是多此一举，对于培训的开展更是直接忽视或敷衍了事。不仅如此，政府方面还认为农业转移人口的培训不属于政府管辖范围内，农业转移人口自身生存发展并未影响到社会进步，因此其并不赞同加大农业转移人口培训投资力度；除此之外，还有一些部门认为农业转移人口受教育水平低，是不能够胜任一些专业技术要求较高的工作，因此农业转移人口在工作时不需要具备专业技能。上述错误观点的出现，主要由于相关政府部门并未对市场社会发展做出实时调查分析，对于市场发展所需农业转移人口的种类和数量并不明确，在此基础上没有意识到培训对于农业转移人口而言在薪资待遇、求职就业等方面发挥的促进作用，也没有意识到农业转移人口对于地方经济发展所起到的推动作用。介于了解不够透彻，也就使得政府不够重视劳动力培训的作用，且组织倡导力度较低。因此，在培训规划不够完善的基础上开展培训资金不足，也就致使培训工作开展效率较低，在农村劳动力转移方面起到负面影响。

西方发达国家认为，企业除了注重其自身利益之外，也要承担其社会责任，但我国企业的社会责任意识低下，且企业更愿意辞退农业转移人口而不愿承担培训成本。西方发达国家提出企业社会责任这一概念，他们认为社会的发展或多或少会受到企业发展决策的影响，也就是为什么企业要承担部分社会责任的主要原因。在社会发展中企业的地位不容小觑，因此企业对于社会发展以及经济水平提高的促进作用是其价值所在。如此一来，便会要求企业应当在重视自身经济利益的基础上能够与利益相关的消费群体、社会环境等保持平衡状态。现阶段，我国的企业发展还未全部过渡到新模式，且对于经济利益的关注力度较高，在经营运转中力求利益最大化，对于培训教育投资力度不够，再加上对于社会责任的承担不够积极主动，并且大部分企业都认为培训农业转移人口是政府和农业转移人口个人的问题。同时制约农业转移人口的因素太少，大量存在于我国的第二产业和第三产业的农业转移人口质量不高、频频跳槽，而作为这些员工的吸收企业来说，企业在用人时选择范围较广，且录用或者辞退农业转移人口的综合成本不高，操作较为简单，因此降低薪资待遇频繁换人的用人模式为大多数企业所采取，由此可以看出相对于培训农业转移人口而言辞退农业转移人口显得更为容易。

从农业转移人口自身方面看，自认为不可能找到好的工作，自我评价低。还有部分农业转移人口群体对于政府培训技能的活动项目并不了解，就算部分农业转移人口了解到相关培训活动的开展，但是其对于自身接受知识能力不够自信，因此大多数情况下选择忽视。还有一些农业转移人口在将自身经济来源的土地转让或转卖后，将更多希望寄托在政府身上。另外，农业转移人口收入较低，工资大部分都用来生存，用来发展提升自己的资金很少，即便有想法参加培训，最终因为资金不足错失培训机会。政府和企业对农业转移人口在城市就业进行职业和工种限制，很多城市劳动力摒弃的脏乱差行业的工作由农业转移人口担任；甚至有一些农业移民受到收入歧视，具有相同生产能力的工人获得不同的劳动报酬，农业移民被迫接受低工资和同工不同酬的差别对待。农业转移人口进城务工的途径大多是亲朋好友或在民工市场依托包工头找工作，介于就业途径不够正规，且农业转移人口并未与用人单位签订用工合同，口头协议是常见的合作形式，也就使农业转移人口与用人单位之间的劳务关系得不到明确，抑或是发生纠纷后，农业转移人口劳动报酬无法得到法律的保障。

2. 政策上不完善

随着国家对农业转移人口政策的一系列调整，相关政策更有利于农业转移人口人力资本的积累，但依然有很多问题存在，尤其是保障其贯彻落实的相关法规和落实监管措施跟不上。

近几年，政府在面对"三农"问题不断加深的现状时也出台了相关政策，然而相关部门并未建立健全起到辅助作用的法律法规，且相关监管体系也不够完善。譬如，前几年出台的将农业转移人口5%工资投入技能培训的政策并未得到全面落实。因此，政府应当将城市服务体系中融入农业转移人口群体，从而确保农业转移人口的求职就业、子女生活、居住环境等方面的问题迎刃而解，如此一来便使农业转移人口更好地融入城市生存体系中。不仅如此，政府还应当提高农业转移人口市民化以及民生待遇等方面的重视力度，对此相关专家提出：建立能够保障全民生存待遇的体系十分关键，且在设计相关政府时从农业转移人口的基本民生待遇入手，从而使各项农业转移人口问题得到解决。但是值得一提的是整个过程应当逐级递进，因此为了实现这一长久目标，政府方面应当尽可能地制造有利条件。随着中国改革开放，农业转移人口在产业工人中的比重逐渐上升，且规模也在不断扩大。但是，农业转移人口的社会权益并未得到良好的保障，再加上农业转移人口社会保障政策的匮乏，对于现有的政策落实不够全，种种因素大大降低了农业转移人口的工作热情。例如，要界定清楚工资支付主体间的责任、规范劳动用工管理制度、完善企业工资支付监控机制等政策。[①]

地方政府作为社会资源和价值的整合者和管理者，应配合国家出台的相关政策建立适应本地区的相关制度政策，比如完善工资保证金制度、落实清偿欠薪、严厉查处拖欠工资行为、完善欠薪突发事件应急处置机制等。同时要在地方政府管辖范围内营造重视、关心、支持外来农业转移人口生存和发展的社会氛围，充分发挥社会力量，为落实农业转移人口相关问题提供有力的帮助与支持。

当前农业转移人口培训的实际效果和预期效果相差较大，效果相差较大的原因较多。国家投资不足，有部分地方政府不配合国家相关政策。政府是农业转移人口培训的投资和供给主体，特别是对农业转移人口培训的投资没有达到政策上的要求。我国在软件、硬件方面的投资力度远远不够。站在培训内容角度来看，政府在制订培训计划时并未考虑到农民的实际情况，且内容不够集中明确，与许多农业转移人口需要的支持不吻合。我国农业转移人口培训大部分所开设的专业成本小、对实习地点要求低，与市场的需求相比，投资相对滞后和不足。国家投资不足，同时会直接影响地方政府的分配。农业转移人口培训机构在我国大多数地区并未得到建立，仅仅成立的机构存在的问题也较多，比如师资力量不够充足，大多数教师倾向于理论教学，实践课教师少，所以所学理论很难转化到实践中。其中大多数教师并未经过专业培训，且教育工作经验不够丰富，实践能力弱。因此，政府十分有必要加强农业转移人口老师的培训力度，并对培训过程加以管理。不仅如此，开展农业转移

---

① 陈琳：《不得拖欠农民工资，国家政策如何规定》，《四川劳动保障》2017 年第 12 期。

人口培训的部门较多，因此培训重复、成本增加等情况时有发生，不利于培训效率的提高。此外，我国农业转移人口培训计划中已经表明由农业转移人口、用人单位和政府共同承担培训费用，但是三者所承担的比例并未明确，也就使农业转移人口资金配置效率较低。所以，国家、地方政府与市场应形成动态的、灵活的相应政策和解决办法，市场需要什么，国家和政府就大力培养哪个方面的人才，这样可以有效提升培训的效果。

企业作为农业转移人口劳动力的使用者，劳动力的素质与企业产品质量息息相关，按道理来说，企业更应该热衷于对员工进行培训。然而，事实上企业基本不愿意投资。一是市场条件下，企业觉得通过自己培养所需员工，不如在市场招聘来得快，而且选择度大。二是企业花了大量的人力、物力培训员工，当有些员工掌握了一技之长之后，就可以不受约束地离开企业，而企业难以约束员工。就当前劳动力市场来说，掌握了一技之长的农业转移人口就业比较容易，这种供不应求的状况使企业基本不愿意对员工进行培训。

农业转移人口人力资本的提升与国家政策、用人单位有很大关系，但自身的投资也是必不可少的。很多农业转移人口已经认识到了这一点，但由于各种因素的影响，其自我投资的意愿并不高。老一代农业转移人口文化程度低，初中毕业的占少数部分，大多数的文化水平在小学程度，且在他们看来进城务工不仅仅是一种生存方式，如何更好地融入城市发展中才是他们最想突破的问题。相对于老一代农业转移人口而言，新生代农业转移人口刚毕业就外出打工，他们的乡土情结相对淡薄，在他们的意识中他们并不属于农民行列。因此，他们更多地认为自己也是城市中的一分子，当地人能够享受到的福利待遇他们也应该能够享受到。但是这些新生代农业转移人口并不能够融入城市环境中，尤其存在较大的文化悬殊，使他们更难融入其中，在出现心理不适或遇到困难时，心理承受能力也较弱。

3. 薪酬权益保障不全面

农业转移人口的整体收入水平处于城镇收入中下层或下层，其收入与付出不相匹配。尽管在很多地方新生代农业转移人口由于接受了良好的教育，对于老一代农业转移人口来说，其受教育程度远远高于老一代农业转移人口，但收入依然很低。《新生代农业转移人口薪酬权益保障研究》通过大量的调查得出，几乎有一半的新生代农业转移人口的工资尚不及当地最低工资标准。薪酬权明确指出同工就应同酬，这也是经济平等的重要实现路径之一。农业转移人口的薪酬不仅仅表现在收入很低，在同一个单位体制内和体制外也有很大的差别。在一些事业单位和国有企业里，同样的岗位和能力，体制外的农业转移人口和体制内的员工收入差别特别大，甚至达到 5 倍到 10 倍。农业转移人口增加收入的途径之一就是升迁。升迁包括行政职务和技术职务，行政职务和技术职务都与收入挂钩，职务级别越高，收入就越高。在很多企业，尤其是国有企业和事业单位中，农业转移人口再优秀，其晋升职务的可能性并不大。久而久之，农业转移人口对提升自己的技能和技巧等有排斥的心理，认为升迁的机会与身份有关，与技能无关。根据相关方面的调查，大部分农业转移人口认为，如果改变农业转移人口身份，薪水就会上涨。

4. 投资与需求的结构失衡

培训农业转移人口涉及的知识内容并不能够满足其在实际工作中的需求，也就使农业转移人口的工作热情被浇灭，如此一来对于培训机构的发展而言也起到阻碍作用。其中大多数培训机构在制订培训计划时并未结合农业转移人口的实际情况，更多地侧重于理论教学，对于实际操作能力不够重视，没有意识到市场变化，从而失去了培训的实际意义。在选择培训内容方面，主要围绕着服务行业进行，对于现代化大工业、制造业等方面的培训力度较低。不仅如此，培训内容涉及的进城务工须知以及相关法律政策较少，在设置专业时选取层次较低的专业。还有的培训机构在培训时侧重于社区服务等方面的内容专业，并不能够满足市场对于劳动力的素质需要。进一步说，农业转移人口在未来的就业情况很大程度上取决于培训的专业和内容，因此在设置专业时应当结合市场发展情况进行，培训内容更加实用，如此一来便会提高农业转移人口的就业率。如今，还存在部分地区的培训内容与实际工作大相径庭，也就阻碍了农业转移人口的正常就业。

四 农业转移人口市民化人力资本对市民化的影响

长时间以来，城乡二元体制导致了农业转移人口培训投资、教育投资、医疗健康投资等人力资本投资严重不足，这一差距如果不断地积累下去，就会形成恶性循环，将来即使实现了市民化也将是低质量、形式大于内容的。李克强总理在谈论城镇化时指出，"人的城镇化是推进城镇化的核心，提高城镇化质量是关键，造福百姓和富裕农业转移人口是目的"。换句话说，以人为核心的城镇化不仅是农业劳动力非农化城乡转移的过程，更是农业转移人口市民化的过程，其核心是农业转移人口的人力资本提升过程。

（一）人力资本投资影响农业转移人口职业转换的能力

1. 人力资本投资决定农业转移人口获取就业信息的能力

农业转移人口能获取与识别国家对城乡政策的调整、劳动市场的需求、城镇劳动就业机会以及城镇劳动收入差异等信息，并在实际过程中有效运用各类信息资源取得就业机会和维持现有工作的能力称为农业转移人口获得就业信息的能力。[①] 因此，农业转移人口能否在工作生活中获得有效的信息，能够直接反映其经济能力，也决定了其能否做出正确的决策。

农业转移人口增加人力资本投资后主要从以下两个方面影响其搜集信息的能力：第一，农业转移人口增加人力资本投资后，自身的搜集能力和学习适应能力就会增强，那么农业转移人口就会在工作生活中发现掌握更多的信息获得渠道，特别像网络这种高效渠道，从而获取的就业信息就越多，农业转移人口择业状况就更乐观；第二，增加人力资本投资会增强农业转移人口的理解能力和分析能力，在面对各种眼花缭乱的就业信息时，他们能够从中提取有用信息，从而更快就业。

2. 人力资本投资决定农业转移人口就业决策能力

人们在日常生活和工作中做出决定是一种常见的行为。根据客观可能性，在获得某些信息和过去经验的基础上，为了实现某个目标，借助某些工具、技能和方法，分析和判断影响实现该目标的因素，然后确定未来的职业道路。

经济学观点认为，决策是在不确定环境下个体或组织以追求收益最

---

① 郑英隆：《中国农业转移人口弱信息能力初探》，《经济学家》2005 年第 5 期。

大化为目标而优化配置稀缺资源、合理选择行为方式的过程。① 在农业转移人口职业转化和非农就业过程中，其决策能力和效率能有效降低这一过程中的不确定性。从理论上讲，只有非农就业的预期收益大于其预期成本时，农业转移人口才会选择非农就业行为。个体人力资本投资能够影响其就业决策能力，特别是其中的教育和培训投资增加，能提高农业转移人口的知识文化水平和技能水平，逐渐形成认知和决策思维能力，从而影响其个体的微观决策。因此，农业转移人口的受教育程度越高，越有能力分析预期就业的前景和收入，从而其能够为自己做出明智决策并选择合适的职业发展路径。

3. 人力资本决定农业转移人口职业适应能力

人们存在一种适应能力的本质属性，这属性是人可以在不确定性的约束条件下能够优化自有资源的配置来达到追求收益最大化的目的。农业转移人口的适应性直接决定了他们是否可以在短时间内适应就业。因此，农业转移人口的职业适应性是他们转变就业的基础和前提。

一方面，教育投资能提高农业转移人口的知识存量水平和学习能力并改善其心智模式，培训投资能够有效提升生产技能水平，健康投资能够保持健康的体魄和生理机能，以上这些均提高了农业转移人口综合素质，有利于他们更好地适应非农就业岗位和城镇生活环境；另一方面，农业转移人口人力资本投资的存量的提高会对其职业心理适应能力产生显著影响，当人力资本投资水平高的农业转移人口进入新的就业岗位后无论是心理上还是技能素质上都能很好地适应岗位的需求。

4. 人力资本投资能够提高农业转移人口的职场竞争力

供给与需求在劳动力市场运行过程中不断改变。要素所有者的市场地位很大程度上受其所拥有要素的相对稀缺性决定，要素的相对稀缺性越高，其相对价格也会高，职业竞争力就越大。对于个别劳动者来说，其所拥有的生产要素在整体上的稀缺性和他所拥有的人力资本（劳动技能、知识、经验等）的投资水平，以及市场对这种专有性人力资本

---

① 段学芬：《农业转移人口的城市生活资本与农业转移人口的市民化》，《大连理工大学学报》2007 年第 3 期。

的需求程度都决定了他在劳动力市场上的职业竞争力。劳动关系的本质是人力资本产权和物质资本产权这两种产权之间的博弈。

农业转移人口在劳动市场的实际地位受多种因素的影响，暂且不考虑劳动力市场的供求结构与生产的物质技术方式等因素，那么农业转移人口的职业竞争力就以下两大因素决定：一是对农业转移人口人力资本的制度保护情况。如果人力资本的产权能够有效界定并且得到合法保护，那么农业转移人口进行人力资本投资就能有效提高其职业竞争力；二是农业转移人口的人力资本存量。随着农业转移人口的人力资本存量增加，可替代性降低，其市场话语权越大，职业竞争力就越强，且更能在经济和社会活动中产生更大的影响。因此，农业转移人口进行人力资本投资会提高其人力资本水平，进而会提高其在劳动市场上的职业竞争能力。

5. 人力资本投资提高农业转移人口的薪酬收入

地域和职业的改变并不能完全说明农业转移人口的真正市民化，真正实现市民化更是身份、生活环境等全方面的融合，在这一过程中农业转移人口要承担一笔数目不小的市民化成本，所以农业转移人口必须依靠获得增长稳定、结构合理、数量充足以及知识含量高的工资薪酬收入来支付市民化的成本。然而，其自身的人力资本投资情况也是决定农业转移人口薪资收入的要素之一。

首先，农业转移人口的人力资本投资状况会影响其就业决策和岗位筛选的能力，因此人力资本投资越多，农业转移人口就会获得更高预期收益。因为劳动者获得工作的质量和数量取决于其自身受教育水平和技能水平的高低，劳动者如果拥有越好教育水平或越高技能水平，那么他在未来就可以获得更多的就业机会选择权，从而会更容易在劳动市场上找到适合自己以及薪酬条件更好的工作，从而获得稳定且较多的薪酬收入。其次，随着人力资本投资水平的增加，特别是教育和技能投资的增加能有效提升农业转移人口的综合素质、技能水平和劳动生产率。这样农业转移人口自身拥有较高的素质和技能水平进入城市就业，不仅能够获得较高的农业转移人口收入水平，而且能够确保其收入每年稳定地增长。研究表明，技能培训是影响农业转移人口非农劳动就业薪酬水平的重要的因素，农业转移人口参加30天以上的技能培训会使非农劳动报酬上涨 11.2%；农业转移人口非农劳动报酬会随着工作经验每增加一年而上涨 8.9%。所以，人力资本投资决定了农业转移人口的收入水平。

（二）人力资本投资影响农业转移人口的社会网络拓展能力

社会网络是个体之间的社会关系构成的相对稳定的系统。农业转移人口的社会网络关系可以划分为基于血缘、地缘的先赋性社会关系和基于业缘的自致性社会关系。进入城市后，农业转移人口在工作和生活中能否建立起获得性业缘关系，主要取决于其人力资本投资状况。拥有较多血缘和业缘的农业转移人口不仅人力资本投资水平高，而且更容易积累相关的社会资本，从而更有利于其拓展社会网络、提升社会地位。所以，农业转移人口的人力资本水平越高，所构建社会网络的能力和获取他人资源的能力也就越强。

（三）人力资本投资状况影响农业转移人口行为适应能力和心理认同能力

进入城市生活的农业转移人口能迅速适应城市的生活节奏、生活方式以及交往方式等的能力称为行为适应能力。如果农业转移人口进入新的生活环境能够认同自己是城市人、认同城市的价值观等并尽快形成一种主人翁意识，这就称为心理认同能力。一般来说，适应能力和认知能力会随着人力资本投资的增多而增强，所以其人力资本投资越多就越容易融入城市生活。

（四）人力资本投资影响农业转移人口权利行为能力

正常情况下，农业转移人口享有获得就业权、享受公共服务权和社会福利权等，这统称为农业转移人口的市民权。农业转移人口个体的权利行为能力很大程度上就决定了农业转移人口市民权利的获取程度，而农业转移人口的人力资本投资状况又会直接影响其自身的权利行为能力的形成。因此，农业转移人口人力资本投资越多，特别是受教育程度越高的农业转移人口维权意识就越强，并且会有能力和有意识地学习了解维护自身权利所需的相应法律知识和政策。同时，拥有较高人力资本水平的农业转移人口在自身合法权益受到侵害时，能够合理合法地维权并进行利益诉求，从而有利于他们获得其应该享受到的平等待遇以及自由和尊严。

五 人力资本投资的社会收益有利于推进农业转移人口市民化进程

农业转移人口人力资本水平升高也会对企业和政府带来巨大的直接、间接收益，这也提高了他们承受农业转移人口城市化成本的能力，不仅促进了城市化的发展，而且更能助力于社会公平。

马克思的劳动价值论指出，劳动力这个商品具有独特的使用价值，即价值的源泉，并且是大于它自身价值的源泉。因此，劳动者的收入是由其自身创造的，并且企业的利润也同样来自劳动者的劳动。农业转移人口作为劳动者能在创造其自身收入的同时也为企业和政府创造更多的价值。所以增加农业转移人口的人力资本投资，一方面能提高他们自身的综合素质和技能水平，进而增加他们的薪酬收入；另一方面能够为企业带来更丰厚的经济利润，同时为政府带来更多的财政收入，从而能够提高企业和政府负担农业转移人口市民化成本的能力。

目前，我国许多城市人口老龄化严重，而农业转移人口进入城市就会降低城市人口的老龄化程度，为城镇发展增添活力。从近年来我国人口年龄结构的变化趋势来看，劳动力总量出现减少的情况，劳动力无限供给已转为有限供给，因此要承认我国人口老龄化的必然趋势，鼓励农业转移人口进行人力资本投资、降低城市入户门槛，将会促进城镇化的快速发展。

综上所述，增加人力资本投资能够提高农业转移人口的职业转换能力、增加其薪酬收入、提高其职业竞争能力、增加其融入社会的能力以及增加社会收益。因此，只有尽快找到提升农业转移人口自身人力资本投资的有效途径，增加其人力资本积累水平，才能加快农业转移人口转变为城市市民的进程。

第三节 人力资本对西南民族地区农业转移人口城市融入影响实证研究

本部分研究所使用研究数据源于课题小组所属国家自然科学基金项目的实地调研，于2017年和2018年分别在西南地区各省会城市进行了一对一的问答方式随机抽样调查，包括贵阳、南宁、昆明等地区。剔除样本数据中空缺严重与前后产生较大差异的个体样本后，得到我国西南省会城市农业转移人口城市融入调查数据有效问卷 1454 份。从样本数据来看，女性农业转移人口共 589 人，占 40.5%，男性农业转移人口共 865 人，占 59.5%。虽然分布不完全均等，但能如实反映出现阶段农业转移人口在城市务工真实性别比例，且样本数据容量足够，能够对数据进行针对性分析。

一 变量设定与模型建立

（一）因变量

农业转移人口城市融入度为本书设定的因变量。结合已有研究的城市融入度指标体系构建基础上（郭庆然等，2019；何军，2011；任远等，2010），在已有西南地区实地调查问卷结果共 1454 份问卷整理后，对融入度指标各项数据进行因子适应性检验后，KMO 值为 0.780（p = 0.000），正交旋转法在 4 次迭代后收敛，其结果形成四个公因子，由此构建评估农业转移人口城市融入度指标体系，从经济融入、社会接纳、心理融入、身份认同四个递进关系的维度构建城市融入指标体系。经济融入为农业转移人口在市民化过程中的基本条件，保证其在城市生活中的经济基础，决定了其储蓄与消费状况（郭庆然等，2019；肖璐，2017）；社会接纳为农业转移人口在城市生活过程中的要求，直接能够体现其对于城市生活的认同感（程名望，2018）；心理融入是农业转移人口城市融入体系中较深层次的融入，体现其心理上和感情上主动适应城市生活状况（李振刚等，2013；李培林等，2012）；身份认同则是其融入过程中的最高体现，是判断其是否融入城市的重要标准（许经勇，2005；卢海阳，2016）。本书所得四个一级指标，经济融入指标下包括个体月收入、参与社会保险状况与居住状况；社会接纳指标下包括是否认同城市文化与价值、是否适应城市生活方式、是否熟练使用当地语言以及是否受到歧视或侵害；心理融入指标下包括是否对目前生活满意、是否信任本地人、是否与本地人关系融洽以及是否对城市有归属感；身份认同指标下则为是否认为自己不是农民工、是否认为自己已经融入城市以及对未来定居打算。将建立的城市融入指标进行归一化处理便得出其权重，结果如表 6 - 7 所示。

表6-7 农业转移人口城市融入程度评价指标体系

	一级指标	二级指标	定义	指标权重	
农业转移人口城市融入度	经济融入	收入	取月收入对数值	0.316	0.250
		参与社会保障、保险	是 = 1，否 = 0	0.304	
		居住状况	稳定住房 = 1，无稳定住房 = 0	0.380	
	社会接纳	认同城市文化与价值	是 = 1，否 = 0	0.239	0.234
		适应城市生活方式	是 = 1，否 = 0	0.269	
		熟练使用当地语言	是 = 1，否 = 0	0.256	
		受到歧视或侵害	是 = 0，否 = 1	0.235	
	心理融入	对目前生活满意	是 = 1，否 = 0	0.190	0.269
		信任本地人	是 = 1，否 = 0	0.249	
		与本地人关系融洽	是 = 1，否 = 0	0.260	
		对城市有归属感	是 = 1，否 = 0	0.301	
	身份认同	认为自己不是农民工	是 = 1，否 = 0	0.297	0.246
		认为自己已经融入城市	是 = 1，否 = 0	0.358	
		对未来定居打算	长期居住城市 = 1，返乡 = 0	0.346	

由此可得出，在性别差异的视角下农业转移人口四个维度下的各项城市融入与总平均城市融入度现状，其中具体男女融入情况如表6-8所示。由此可见，西南省会地区女性农业转移人口在整体城市融入与社会接纳方面与男性相差无几，仅相差两个百分点。但女性农业转移人口在经济融入与身份认同上均比男性高出近5个百分点，其原因是女性相对男性更加追求生活保障，样本数据中"参与社会保障、保险数"均值比男性高0.10，在住房稳定状况虚拟变量中，由于建筑业男性较多，大多居住在工棚或活动房，因此比男性高出0.09，同时在心理融入中"对目前生活满意"与"对城市有归属感"两个虚拟变量均值分别大于男性0.04与0.06。

表6-8 性别差异下农业转移人口城市融入度

	经济融入	社会接纳	心理融入	身份认同	总体融入
男性	0.677	0.600	0.625	0.552	0.614
女性	0.714	0.607	0.647	0.604	0.633

（二）自变量

本书自变量分别选取农业转移人口的个人特征、人力资本、社会资本、心理状态方面变量（任远，2010；秦昕等，2011）。农业转移人口的年龄、婚姻状况、职业分类为个体特征。人力资本为个体对其教育、培训、健康方面融入自身的投资综合，学历越高，其所能获得物质条件较强，培训与务工经验能够有助于市民化发展，健康状况能够保证个体持续的生产能力，本书设置了学历、健康状况、培训状况与务工经验变量衡量其人力资本。社会资本作为无形的资本形式，是其与个体或团体的关系网络资源，能够从中获取到各类资源帮助其融入城市生活，可将其分为原始社会资本与新生社会资本，原始社会资本为进城务工前所拥有的社会资本量，新生社会资本为其在城市务工后所结识的新社会资本量，且对于社会资本的衡量，其质量效益远远大于其数量，因此本书设置高社会资本、原始社会资本帮助程度与新生社会资本帮助程度来衡量农业转移人口的社会资本。良好心理状态能够体现积极的生韧性，本书设置3个虚拟变量计算在城市生活中的农业转移人口心理情况，通过3个变量计算其累计得分，其具体问题包括：①我有信心完成目前的工作；②在遇到困难或者挫折的时候我能以积极的心态去面对；③遇到难以解决的事情我敢于挑战，百折不挠。各个自变量具体设定与统计性描述如表6-9所示，可见不同性别农业转移人口的各资本存量的存在差异，决定了其在城市工作生活中城市融入状况的不同。

表6-9　　　　　　　　　　自变量定义及描述性统计

变量	变量定义	男性		女性	
		均值	标准差	均值	标准差
年龄	岁（连续变量）	38.255	9.487	31.755	9.458
婚姻	已婚=1，其他=0	0.778	0.416	0.466	0.499
职业	服务业=1，生产技术人员=2，个体户=3，事业单位=4	1.870	0.565	1.971	0.558
学历	小学及以下=1，初中=2，高中或中专=3，大专、本科及以上=4	2.403	1.008	2.884	0.950
健康	身体健康=1，不健康=0	0.901	0.299	0.793	0.406

变量	变量定义	男性		女性	
		均值	标准差	均值	标准差
外出务工时长（务工经验）	10 年以上 =4，6—10 年 =3，1—5 年 =2，半年到 1 年 =1，半年以下 =0	2.157	1.038	2.491	1.079
培训次数	从未参加 =0，1—2 次 =1，3—5 次 =2，5 次以上 =3	0.973	0.899	1.633	0.803
高社会资本	有高地位关系 =1，无 =0	0.542	0.499	0.459	0.499
原始社会资本帮助程度	有很大帮助 =4，有一定帮助 =3，一般 =2，有一点帮助 =1，没有帮助 =0	2.647	0.783	3.094	0.889
新生社会资本帮助程度	有很大帮助 =4，有一定帮助 =3，一般 =2，有一点帮助 =1，没有帮助 =0	2.092	1.022	2.509	1.088
心理状态	3 个虚拟变量的累计得分，具体问题包括：（1）我有信心完成目前的工作；（2）在遇到困难或者挫折的时候我能以积极的心态去面对；（3）遇到难以解决的事情我敢于挑战，百折不挠	2.659	0.720	2.459	0.862

注：职业划分采用刘传江（2004）和何军（2011）对不同职业声望的评分排列。高社会地位人员指公务员、经理人员和知识分子等职业阶层的人员。原始社会资本指农业转移人口在进入城市前所拥有的社会资本量如亲属、老友等，新生社会资本指进入城市后新建立的社会关系网络。

（三）模型建立

基于上述理论与数据支撑，首先构建农业转移人口城市融入度影响分析模型，如式（6-1）所示：

$$I_i(integration) = a_0 + a_1 X_1 + a_2 X_2 + a_3 X_3 + a_4 X_4 + \varepsilon_i \qquad (6-1)$$

式（6-1）中，I_i 表示因变量农业转移人口城市融入度，a_0 为常数项，a_1 分别表示模型中的未知参数项，X_i 为影响因素向量即个人特征、人力资本、社会资本、心理状态。但普通 OLS 模型只是期望条件下的影响研究，相对于此，由昆克和巴塞特（1978）提出的分位数回归方法不仅可以度量回归变量在分布中心的影响，还可以分析在分布其上尾和下尾的影响，对于分析刻画能够更加的细致与科学深入，具有其独特的优势。所以建立如式（6-2）所示的分位数模型：

$$Q_q(integration_i \mid X_i) = \beta_{q0} + \sum \beta_{qi} X_{qi} \qquad (6-2)$$

式（6-2）中，$integration$ 为被解释变量，X_i 为影响其融入度的各变量，q 是模型中各分位数，β 是各分位数下的各回归系数。本书先后对其进行 OLS 回归分析与在 10%、25%、50%、75%、90% 上 5 个分位数回归分析。

二 实证结果分析

本书针对西南省会地区男性与女性农业转移人口分别构建模型，用以比较性别差异下不同自变量对其城市融入影响程度的不同。

（一）OLS 回归

性别差异下农业转移人口城市融入程度 OLS 回归结果如表 6 – 10 所示。

表 6 – 10　性别差异下农业转移人口城市融入程度影响因素 OLS 回归结果

解释变量	男性		女性	
	系数	标准误	系数	标准误
年龄	0.0007	0.0523	0.0008	0.0114
婚姻	− 0.0437 **	0.0473	0.0166	0.0231
职业	− 0.0331 **	0.0148	− 0.0119 *	0.0168
学历	0.0538 ***	0.0332	0.0336 ***	0.0117
健康	0.0531 **	0.0455	0.0227 *	0.0234
外出务工时长	0.0021	0.0776	0.0330 ***	0.0100
培训次数	0.0063	0.0621	0.0228 *	0.0130
高社会资本	0.0104	0.0528	0.0044	0.0205
原始社会资本帮助程度	− 0.0186 *	0.0825	− 0.0055 *	0.0120
新生社会资本帮助程度	0.0177 **	0.0405	0.0031 *	0.0097
心理状态	0.0171 **	0.0117	0.0057 **	0.0114
R^2	0.3128		0.2839	
样本数	865		589	

注：*** 、** 和 * 分别表示在 1%、5% 和 10% 的水平下显著，下同。

从表 6 – 10 中可以看出，所设定解释变量对性别差异下农业转移人口城市融入产生了不同影响，具体为：

（1）个人特征中，男性农业转移人口的婚姻状况影响结果显著，呈现负影响，而女性则不显著，这是因为已婚男性大多在转移时为个人迁徙，出于传统家庭观念所担负的家庭责任感更大，因此，相对于女性，已婚男性农业转移人口不易融入城市。同时由于样本数据源于西南省会城市，其服务业占比较高且男性样本高于女性，他们所在服务行业受地域影响，其收入状况相对于制造与生产行业较高，由此得出研究结论中职业变量通过了显著性检验，趋于服务行业的农业转移人口能够更好地融入所在城市。

（2）人力资本中，学历与健康不论男女均呈现显著正影响，其中影响最大的因素为学历，这与已有大多研究结论相符。健康影响程度男性大于女性是因为务工男性偏向于体力劳动者如建筑工人，因此良好的健康状况是其继续在城市拼搏的基本条件。可以看到男女差异较为明显的是务工时长与培训状况，男性结果并不显著而女性呈现正向影响。这是因为男性的经济压力与生活压力相对于女性更大，甚至有的是整个家庭的经济支柱，且样本数据大多为少数西南民族群体，他们许多在对未来打算中选择返乡养老，因此在城市务工积累了一定经济资本的他们，并没有因经济资本积累改善其所在城市的融入状况。对于西南民族地区的农村女性而言，从小的教育条件受限且先天条件下体力不如男性，因此接受培训（如美容美发、生产工艺）能够直接提升女性的融入能力。

（3）社会资本中，其个体是否拥有高社会资本结果不显著，原始社会资本帮助程度与新生社会资本帮助程度结果均显著，原始社会资本呈现负值是因为其在困难条件下会更多地选择乡镇家人朋友寻求帮助，相对呈现出原始社会资本的亲缘型、地缘型，并不利于城市融入。而新生社会资本所呈现的业缘型、衍生型特点，且大多数情况下男性农业转移人口相对于女性能够更加善于借助利用社会资本，由此其模型结果为显著正向影响且男性大于女性，能够促进其适应城市生活。

（4）男女心理状态变量均呈现显著影响，其中对于男性农业转移人口的影响程度大于其对女性的影响程度。这同样也是因为其男性在城市工作生活中经济压力与心理压力都较大，抗压力与韧性相对于女性较弱，新增社会资本量相对较少，很难在城市工作生活中获得帮助或支撑，所以积极乐观的心理状态更有利于男性农业转移人口融入城市生活。

（二）分位数回归

采用分位数回归模型，在 10%、25%、50%、75%、90% 上的 5 个分位数点分别进行性别差异下回归模型分析，男性农业转移人口城市融入程度分位数回归结果如表 6 – 11 所示，女性农业转移人口城市融入程度分位数回归结果如表 6 – 12 所示。

表 6 – 11　　　　　男性农业转移人口城市融入程度分位数回归结果

解释变量	q = 0.1	q = 0.25	q = 0.5	q = 0.75	q = 0.9
	系数值（标准误）	系数值（标准误）	系数值（标准误）	系数值（标准误）	系数值（标准误）
年龄	− 0.0000 (0.0016)	− 0.000 (0.0017)	− 0.000 (0.0017)	0.0019 (0.0011)	0.0012 (0.0010)
婚姻	− 0.0001 (0.0391)	− 0.0398 (0.0388)	− 0.0598 * (0.0332)	− 0.0580 *** (0.0223)	− 0.0585 *** (0.0200)
职业	− 0.0397 * (0.0227)	− 0.0278 * (0.0186)	− 0.0591 ** (0.0229)	− 0.0164 * (0.0160)	− 0.0193 * (0.0132)
学历	0.0237 * (0.0175)	0.0126 ** (0.0186)	0.0160 *** (0.0188)	0.0119 *** (0.0128)	0.0048 ** (0.0110)
健康	0.0482 (0.0446)	0.0869 * (0.0547)	0.0945 *** (0.0346)	0.0234 * (0.0229)	0.0066 * (0.0199)
外出务工时长	− 0.0031 (0.0128)	− 0.0027 (0.0121)	0.0081 * (0.0121)	0.0152 ** (0.0090)	− 0.0052 (0.0072)
培训次数	0.0037 * (0.0212)	0.0356 * (0.0212)	0.0103 (0.0185)	− 0.0124 (0.0127)	− 0.0072 (0.0109)
高社会资本	0.0033 (0.0280)	0.0003 (0.0262)	0.0127 (0.0292)	0.0158 (0.0167)	0.0127 (0.0146)
原始社会资本帮助程度	0.0230 * (0.0184)	− 0.0331 * (0.0181)	− 0.0112 * (0.0178)	− 0.0110 * (0.0115)	− 0.0147 (0.0103)
新生社会资本帮助程度	0.0193 (0.0124)	0.0188 (0.0127)	0.0206 ** (0.0143)	0.0131 * (0.0102)	0.0127 * (0.0086)
心理状态	0.0075 (0.0186)	0.0168 (0.0143)	0.0366 ** (0.0183)	0.0236 ** (0.0111)	0.0119 * (0.0109)
R^2	0.1990	0.1945	0.2249	0.1867	0.2554

表 6 – 12　　女性农业转移人口城市融入程度分位数回归结果

解释变量	q = 0.1	q = 0.25	q = 0.5	q = 0.75	q = 0.9
	系数值（标准误）	系数值（标准误）	系数值（标准误）	系数值（标准误）	系数值（标准误）
年龄	– 0.0016 (0.0023)	0.0015 (0.0025)	0.0031 (0.0018)	0.0001 (0.0011)	0.0002 (0.0010)
婚姻	0.0913 * (0.0497)	0.0722 * (0.0413)	– 0.0299 (0.0341)	0.0060 (0.0223)	– 0.0209 (0.0176)
职业	– 0.0002 (0.0318)	– 0.0420 * (0.0252)	– 0.0302 * (0.0262)	– 0.0151 * (0.0177)	0.0062 (0.0155)
学历	0.0264 * (0.0272)	0.0104 ** (0.0172)	0.0065 *** (0.0195)	0.0190 *** (0.0119)	0.0011 * (0.0097)
健康	0.0412 (0.0456)	0.0499 * (0.0356)	0.0566 * (0.0356)	0.0100 * (0.0249)	0.0013 (0.0203)
外出务工时长	0.0215 * (0.0174)	0.0625 *** (0.0147)	0.0464 *** (0.0144)	0.0270 *** (0.0099)	– 0.0081 * (0.0080)
培训次数	0.0354 * (0.0247)	0.0175 * (0.0213)	0.0260 * (0.0218)	0.0038 * (0.0136)	0.0103 (0.0104)
高社会资本	0.0170 (0.0383)	0.0063 (0.0317)	– 0.0244 (0.0336)	0.0075 (0.0206)	– 0.0048 (0.0180)
原始社会资本帮助程度	0.0038 * (0.0222)	– 0.0011 ** (0.0220)	– 0.0194 * (0.0159)	– 0.0109 * (0.0126)	– 0.0097 (0.0107)
新生社会资本帮助程度	0.0068 (0.0154)	0.0022 * (0.0181)	0.0094 * (0.0166)	0.0103 * (0.0108)	0.0033 * (0.0087)
心理状态	0.0011 * (0.0210)	0.0091 * (0.0191)	0.0189 * (0.0181)	0.0140 ** (0.0121)	0.0041 * (0.0097)
R^2	0.2801	0.2613	0.3089	0.2029	0.1192

　　需要特别说明的是，分位点数值设置越高，即所研究的目标群体其城市融入程度越高，从分位回归结果来看，不仅符合性别差异下前文所实证分析结果，更加补充说明了不同分位数下即在不同城市融入程度下各个解释变量对男女农业转移人口所带来的影响差异。

三　研究结论

（一）个人特征

个人特征中，在分位点较低情况下婚姻变量并未通过对于男性农业转移人口的检验，即对于融入程度较低的男性影响不显著，对于融入程度处于中高段以上的男性显著。其结果证明了此阶段的男性农业转移人口已在城市工作生活中趋于稳定，由此对家庭的责任感与负担越发明显；而女性只在低分位阶段通过显著，说明对于刚进入城市务工的女性农业转移人口，婚姻能促进其在初期的融入状况。对于职业划分，男性在各分位点均呈现显著效应，女性则集中在中间阶段，说明基于西南省会民族地区的他们来说，趋于服务行业能够提升其城市融入度，但无法使其融入程度达到较高程度。

（二）人力资本

人力资本中，学历无论对于男性还是女性在各个分位点下均呈现显著状态，且在个体城市融入程度较低情况下，提高学历成为了提高其城市融入度的最有效方法之一。健康作为在城市工作生活的基本保障，趋于中间分位数下男女均通过显著检验，且对于男性影响大于女性。对于务工经验即外出务工时长，0.5 与 0.75 分位点下与 OLS 回归模型结果不同，对男性产生了正向影响，说明这个融入阶段的男性农业转移人口处于对各资本存量的扩大阶段，大多会选择继续留在城市继续务工；对女性而言，务工时长在各分位点均能带来正向影响，且在对于中间融入程度女性影响较大。在培训次数变量下，其能够对较低分位数段的男性带来帮助，对于较高分位数段的男性未能带来作用，对女性而言，除0.9 分位点下未通过显著外均呈现正向影响，说明技能的培训更能够提升女性农业转移人口的城市融入程度。

（三）社会资本

社会资本中，各个分位数点回归下整体男女农业转移人口所呈现的结果基本相同，对于融入程度较低的农业转移人口，原始社会资本能首先对他们的城市融入状况带来促进作用，而后反而对其城市融入程度带来负向效应；与此同时，新生社会资本开始发挥效用，能对其生活工作带来一定程度帮助，提升对所在城市的适应感，整体带动农业转移人口在所在城市的满意程度与融入程度。在提升融入过程的前中期，新生社会资本对男性所带来的正向效应大于对女性所带来的效应。

（四）心理资本

心理资本中，由于男性农业转移人口在城市生活中经济与心理压力相对较大，因此对于融入程度较低的男性未能带来正向影响，处于现阶段的他们所关注的大多还处于能够解决基本生活开销的经济压力中，而对于中高融入程度男性来看，健康的心理状况能够带来的正向效用显著，帮助其提升城市生活的归属感与满意度。同时对于女性农业转移人口，其在各个分位数点上均通过了显著性检验，表明其乐观积极的心理状况能够促进各个融入阶段的女性农业转移人口的城市融入状况。

综上，本书研究基于 1454 个样本数据进行 OLS 与分位数回归下实证分析，研究了性别差异视角下农业转移人口的城市融入影响，得出结论为：第一，对于整体农业转移人口而言，对男女差异下带来的城市融入影响因素存在差异。OLS 回归结果显示，对于男性农业转移人口城市融入影响较大的是婚姻状况、职业特征、学历、健康、社会资本、心理状态，对于女性农业转移人口则为职业特征、学历、健康、培训、务工时长、社会资本与心理状态。其中职业特征、学历、健康、社会资本与心理状态在男女条件下均通过显著性检验。即职业特征、学历、健康、社会资本与心理状态的提升都能够促进农业转移人口的城市融入状况，相对而言男性突出特有因素为婚姻状况，女性为培训与务工时长。第二，社会资本对不同融入阶段个体带来不同效果影响。进一步分位数回归显示，原始社会资本对于融入程度中低段农业转移人口均产生负向影响，新生社会资本对于融入程度中高段个体均产生正向影响，学历对于不同分位点下农业转移人口均通过显著性检验。第三，不同融入程度农业转移人口各因素对男女带来影响有所不同。对于男性，已婚抑制中高阶段城市融入，男性更加需要健康的身体状态保证其工作生活的基础，良好心理状态促进中高阶段个体城市融入；对于女性，已婚只对融入程度较低的个体产生影响，务工时长与培训状况能够对其城市融入状况带来促进作用，心理状态显著程度小于男性。

第七章

社会资本对农业转移人口市民化
影响机制分析

第一节　社会资本的溯源

什么是社会资本？一般的说法就是：我们有许多朋友，在工作中认识一些同事，在学校生活中认识一些同学，我们被嵌入不同的圈子和社团里。学者通常认为，最早将社会资本概念引入社会学研究的是法国社会学家布迪厄，然而有关社会资本的思想，却可以追溯到亚当·斯密、托克维尔以及迪尔凯姆甚至是更早，比如亚里士多德。目前社会资本理论家从不同角度探讨社会资本的来源，归纳起来主要有个体视角、组织视角、制度视角及文化视角的社会资本起源论。

一　个体视角的社会资本起源论

保罗·怀特利教授从个体心理学视角提出了社会资本起源论的三种解释模型①，他的三种模型分别从个体人格特征、个体道德及个人的群体认同感来解释社会资本的起源。第一种解释认为，社会资本产生于单个个体的特有性格，这种生成机制使每个个体都对社会资本有巨大影响，社会资本主要起源于个体在家庭生活中的社会化过程。个体的生活满意度与对他们的信任之间有密切关系，与那些对生活不满和不幸福的

---

① ［美］保罗·怀特利：《社会资本的起源》，载李惠斌、杨雪冬《社会资本与社会发展》，社会科学文献出版社 2000 年版，第 53 页。

人相比，生活满意度高的人更倾向于信任他人。因此，对于一个社会中的大多数人来说，如果他们生活幸福，对生活满意度较高，那么高水平的信任及社会资本就将在这样的社会产出。

第二种解释认为，社会资本不仅由个体对规范的信仰创造，而且道德密码也参与了这种创造；社会资本还来自内化了的价值观，这种价值观是在早年生活经济中长期形成的。换句话说，社会信任产生于个体道德。一个具有强烈的对他人同情的对公平渴望的道德观念的个体更倾向于信任他人。因此，在社会中，成员具有强烈遵守道德规范约束的意识，这样的社会就会拥有高水准的社会资本，如果社会成员不遵守社会法律，那么就很难产生社会资本，可见共同的社会准约束在这其中发挥了具体作用，因为这样的社会道德规范约束会使社会群体网络信任程度增大，而信任正是社会资本生成的关键。

第三种解释认为，"想象的"社会人群创建了社会资本，这是一种新颖的提法。所谓"想象的"社会人群是指那种虽然有认同，但其成员从未有过直接接触和实际互动的社群，即社会资本起源于个体的社会认同和社会归属感，表明对国家共同体的认同对提高社会资本有重要影响。那些非常爱国的、对国家有强烈认同感的个体会更信任其他公民。

二　组织视角的社会资本起源论

在《论美国的民主》一书中，托克维尔关于美国公民结社的有关论述提到，"美国的民主公民结社组织强于世界上其他国家，并且灵活运用这种强大行动手段，用于满足其多种多样目的。除了以乡、县、市等为名建立的固有社团以外，还有根据自发原则建立的社团，例如一些小的范围内的自发成立的组织"。[1] 这种社团被认为是核心，用于推动人们互助，这样的社会组织促进人与人之间的广泛的、紧密的交流，促进信息的充分整合，从而使信任被充分建立，人际关系中诚信程度被大幅提高，提供了几乎不存在怀疑的土壤，这是在社团活动过程中完成的。在托克维尔看来，志愿性组织的发展使美国民主制度取得成功，自由结社不仅是社会资本的基础，而且是有效率的民主制度的基础。他对社会资本来源作了详细解释，因此这种解释被称为托克维尔模型。

---

[1]　［美］托克维尔：《论美国的民主》上卷，董果良译，商务印书馆 1988 年版，第 213 页。

普特南在《使民主运转起来——现代意大利的公民传统》一书中进一步阐述了托克维尔的思想，分析了自由结社与民主制度绩效的关系。普特南发现，在那些制度绩效比较高的地区，存在许多社团组织，"意大利一些地区有许多合唱团、足球队、鸟类观察俱乐部和扶轮社……这里的国民与领导人认为平等是合意的。社会网络和政治网络的组织方式是水平型的，不是等级制的。社区鼓励大众团结、共同参与、团结合作以及培养诚实的品质。政府不是无效的政府"。① 社会组织不但能促进产生互惠规范，促进公民参与网络的形成，还有利于信任的产生。

保罗·怀特利认为"托克维尔模型提示了，一旦启动志愿性组织，就有助于提供社会资本和支撑合作。组织的价值就在于保证单个与单个之间的有效互动，其建立在不间断的互动基础上，这是合作可以持续的必要条件。同样，组织的存在表明成员已经克服短视问题，愿意注重长期目标，并且让短期收益服从于长期目标。最重要的是，组织可能动用各种机制，包括正式的和非正式的，甚至不惜以开除的威慑去制裁成员，进而制止他们的不合作行为"。

三 文化视角的社会资本起源论

普特南和福山都曾从文化视角解释过社会资本的来源。福山认为社会资本有着深远的文化渊源。② 普特南在考察意大利民主制度绩效时，发现了文化传统对于推进民主制度的重要影响。意大利的南方有着"古老的互不信任的文化传统"，而北方则有着互信的公民传统，其结果导致了南方产生黑手党且民主进程明显慢于北方。

普特南还解释社会资本的来源，主要引入"路径依赖"理论："路径依赖会产生持久的绩效差距，这种差距在两个社会之间产生，即使这两个社会的各方面相差无几。"③ 路径依赖理论表明：社会规范的传承

---

① ［美］罗伯特·D. 普特南：《使民主转起来——现代意大利的公民传统》，王列、赖梅榕译，江西人民出版社 2001 年版，第 133 页。

② ［美］弗朗西斯·福山：《信任：社会美德与创造经济繁荣》，彭志华译，海南出版社 2001 年版。

③ ［美］罗伯特·D. 普特南：《使民主转起来——现代意大利的公民传统》，王列、赖梅榕译，江西人民出版社 2001 年版。

依靠对传统的沿袭，这也是某种"惯性"，某种事物一旦进入某种路径，那么这种路径就可能成为事物的依赖。如福山所说，"路径依赖是传统的另一种表述，一些规范一经形成就会继续延续下去，不管在社会中是不是表现出了不适宜"。① 传统和习俗是人们经过多年生活积淀而形成的，它从形成之日起，就成为一种文化心理定式，或者说成为一种信念，虽然其中有糟粕，但对于其中有价值的思想资源，不应破坏而是要利用。

第二节 社会资本概念内涵、特征、分类及作用机制

一 社会资本理论的多元发展

（一）皮埃尔·布迪厄（P. Bourdieu）：社会资本理论的开创者

1. 社会资本的内涵

社会资本作为一个正式的概念，是在 20 世纪 80 年代由法国社会学家布迪厄在他发表的《社会资本随笔》一文中正式提出。但实际上，社会资本的思想其实可以追溯到在 20 世纪 70 年代布迪厄和帕瑟龙合著的《再生产》一书，其中对建立一种文化再生产如何培训群众和阶级之间的关系的社会再生产进行专门论述，关于社会资本的思想得到了发展。必须强调的是，在布迪厄的社会理论中，社会资本与其他资本如经济资本和文化资本相比，还只是处于从属地位，不能独立于经济资本和文化资本而存在，也远没有后者那样的重要性。

这位学者是这样认识社会资本的："社会资本是融合体，其构成一种网状结构，这样的网状结构就是由不同的个体在社会中结合形成的，这是一种紧密相连、充分交流的社会关系网络结构，是由大家共享的，每个社会成员都可以从中得到支撑的力量，这就代表声望。而对于声望则有不同的理解，这些关系也许只存在于实际状态之中。……这些资本之间也许会共用名字，从而得到庇佑，资本就凭借此可以在互换中被定义。"布迪厄认为："社会资本是一个总括。因为要获得可维持的网络，

---

① Francis Fukuyama, "Social Capital, Civil Society and Development", *Third World Quarterly*, Vol. 22, No. 7, 2001.

这也是被认可的。"

2. 社会资本的结构特征

布迪厄的社会资本具有两个明显的特征：第一，社会资本是一种实际的或潜在的资源的集合体，这些资源是同对某些持久的网络的占有密不可分的，也就是说这种社会资源是和社会网络联系在一起的；第二，社会资本是以认识为基础的，社会生活中的个人能够有效地加以运用的相互关系规模越大，他能够拥有更多的收益。总的来说，他的理论重点在于不同资本形式之间的相互转化，以及将经济资本简化。其中，经济资本能够轻松转化为社会资本，而社会资本不可以随时转化为文化资本和经济资本，这种转化需要达到一定条件。同时，布迪厄也看到，社会资本的形成不仅需要经济资源和文化资源的精心投入，而且相对于经济交换而言，更少透明、更多不确定性，因此会掩盖本来是很清楚的市场交换，及社会资本本身具有负效应。

（二）詹姆斯·S. 科尔曼：社会资本理论的社会学研究视野

1. 社会资本的内涵

科尔曼对社会资本的论述较为系统和全面，他的提法在当时特别新颖，产生了较大影响。他认为社会资本是单个个体的私有财产，它以社会结构资源作为特征，与物质资本和人力资本构成了资本的三种形态，社会资本代表个体与个体之间的结合，这使它不同于可见的物质资本和人力资本。

科尔曼认为社会资本有共同特征：首先，由要素组成，这些要素构成社会结构；其次，为个人行动提供动能。社会资本是具有创造性的，拥有社会资本与否决定人们可以实现的目标大小。社会资本被替代是有条件限制的，不是任何情况都会替代生效。它具有自身的特有属性，也就是社会资本依附于人际网络和结合关系，它不凭借个体、不在物质创造中存在。①

2. 社会资本的结构特征

科尔曼的社会资本有如下特征：第一，生产性。社会资本为个体创

---

① ［美］詹姆斯·S. 科尔曼：《社会理论的基础》（上），邓方译，社会科学文献出版社1999年版。

造快捷动能，这种个人行动必须属于结构内部。社会资本归属于谁，就决定谁能否实现预期，社会资本是影响个人和人生体验的核心。[1] 第二，不完全替代性。表现为社会资本的生产性，必须和行动力联结，它在特殊状况下可以被改换，但是这种特殊情况是很少存在的，所以一般其替代性不完全。第三，公共性。即社会资本的公共物品的性质，即并非私人所有，由其存在形态决定。第四，不可转让性。社会资本的公共性使社会资本可转让性缺失。社会资本可转让性的缺失使其流动性下降严重。与社会结构一样，社会资本不是私有的，因而不可转让。

（三）罗伯特·D. 普特南：社会资本理论的政治学研究视野

1. 社会资本的内涵

在普特南的《让民主运转起来——现代意大利的公民传统》一书中，他是最早尝试从整个社会范围内来使用社会资本概念的学者，在他之前诸多学者多把社会资本放在个人或者微观的层面上来解释。普特南引入了社会资本的概念，这一做法主要从制度绩效的研究中得到灵感，他认为在一个继承了大量社会资本的共同体内部，更容易出现自愿合作行为，这种行为用于解决集体行动悖论。

在社会资本概念基础上，他提出："社会资本能够通过加强人与人之间的团结互助来提高整体运转能力。"公民通过组建各种社会组织，形成参与网络，凝聚成公民精神，是实现经济发展的政府效率的前提条件。因此，社会资本从这个意义上来讲，更加倾向于归属为国家的财富。普特南强调减少机会主义行为，促进公民的团结和合作，强调群体的参与对政府民主政治建设的意义，开了从政治学角度研究社会资本的先河。大多数的社会资本形式，都有一个共同的特征，即使用得越多就会增加其供给，如果搁置不用则会减少供给；同时，社会资本一般来说是公共物品而不是私人物品。

2. 社会资本的特征

对于普特南把社会资本归结为公民传统和公共精神来论证经济发展，波茨认为是一种循环论证。之所以如此，是因为有分析上的两个原

---

① ［美］詹姆斯·S. 科尔曼：《社会理论的基础》（下），邓方译，社会科学文献出版社1999 年版。

因：一是从结果开始的，而且反过来努力要找到把它们区别开来的原因；二是试图解释所有可以看到的差别。为了使社会资本的研究能够避免论证上的同义反复，他提出社会资本的分析者必须遵循特定的逻辑原则：在理论上和实证上把概念的定义与它指称的结果分开；在指向上有所控制，这样可以在证明中使社会资本的存在先于它可能产生的结果；控制其他的、可以解释社会资本及其指称的结果的因素；全面认识到社会共同体的社会资本的历史来源。[①]

（四）弗朗西斯·福山：社会资本理论的文化学研究视野

1. 社会资本的内涵

弗朗西斯·福山认为，对社会资本进行定义时，应该明确区分其构成要素和表现形式。许多社会资本的定义只能说是社会资本的变现形式，这样的一种定义是不全面的，是有偏颇的，这不是社会资本本身。福山认为："社会资本是一种促进社会协助团结的非正式规范。"[②]

该理论建立在社会信任基础上，他认为："信任是指个体与个体之间诚实不撒谎的行为，基石是拥有共同认可的约束准则。信任只有在大众都对共有的法律、社会规范、共同条例、诸如此类的社会约束共同认可时，才能充分存在。准则即代表着价值观和大众约定。准则是对大众行为规范的一种统一定义，社会上每一个个体都应该遵守这样统一的规定。社会资本，则是建立在社会群体之中，个体相互信任相互诚信，这样的信任可能源于国家、地区或者学校、大型组织、社团、父母、兄弟姐妹等各种不同大小规模的社会组织之中。社会资本构成较为特殊，它通常是由各种社会文化因素建立起来的，这样的社会文化因素包括宗教、历史、文化等各方面。"[③]

2. 社会资本的内容

社会资本以信任文化为核心。一般来说，信任存在于家庭与社团：

---

① ［美］亚力山德罗·波茨：《社会资本：在现代社会学中的缘起和应用》，载李惠斌、杨雪冬《社会资本与社会发展》，社会科学文献出版社 2000 年版。

② ［美］弗朗西斯·福山：《公民社会与发展》，载曹荣湘《走出囚徒困境：社会资本与制度分析》，上海三联书店 2003 年版。

③ ［美］弗朗西斯·福山：《信任——社会道德与繁荣的创造》，李婉容译，远方出版社1998 年版。

一种是家庭内部兄弟姐妹父母之间的相互信任，不过这样的信任所能创造的社会资本较少。因为社会关系网络组织规模较小，所以其能创造出来的社会资本是相对较少的，不过基于这种小规模的群体数量足够多，所以即便这样的社会关系网络创造的社会资本较少，但是只要小规模社会关系网络足够多，整体上的社会资本数量就还是客观的，这样的模式是以中、法为代表。另一种是社团内部互帮互助，加强彼此之间的信任，这里的社团一般是指规模较大、中等的社会组织群体，这种规模较大的社会关系网络能创造的社会资本较多，其中德国是代表。但这种理论并不完美，因为它忽略了诸如经济、政治等因素的作用，偏执于文化效用，过于强调文化对社会资本形成的影响，反而使得推理缺乏可信性和逻辑性。

（五）林南对社会资本理论的研究

1. 社会资本的内涵

林南在马克思等的思想基础上，基于众多前辈的相关理论经验，提出了一种新的综合性的提法，他提出社会资本是融入在社会网络和社会结构中的一种资源。可以说林南将布迪厄的社会资本观进行了具体化和细节化。林南认为，社会结构正式化程度从规模较小的社团组织到非正式的社会网络都是不同的，其中社会网络正式性较弱。他指出"正式结构是指：由一整套（合法的强制）关系（控制链）—对某些有价值资源进行控制和利用—相联结的位置组成的等级制结构。①

按照林南对社会资本的界定，本书将社会资本理解为嵌入在个人社会关系和制度化的等级制两种类型。事实上，林南在对社会资本分类时，将等级制结构中的组织和体制放置在一个视野中考虑，也就是将中观和宏观放置在一起考虑。如果按照布朗和特纳的社会资本逻辑，可以将林南所认为的分为"中观社会资本"和"宏观社会资本"。中观社会资本是指在等级制组织中的资源；宏观社会资本是指在社会体制中的资源。

2. 社会资本的内容

林南的社会资本定义：第一，社会资本或处于人际网络或在社会人

---

① ［美］林南：《社会资本——关于社会行动的理论》，张磊译，上海人民出版社2005年版。

与人的复杂关系之中，社会资本总而言之是无法脱离人际关系网络的，它必定是与人与人交流相关联的。在定义社会资本时，社会关系至关重要。第二，社会资本是一种资源，可以在物质、人力、社会三方面的资本上增殖。社会资本不是一成不变的，它与人际关系的紧密联系决定了它的增值性。第三，社会资本是处于人际关系中的资源和追求效益而开展的投入。

虽然对社会资本的定义并不一致，但以上的几种观念大体都认为社会资本与物质资本、人力资本本质上是不一样的。社会资本为人际结构中的个体提供了信任、规范和网络这些要素。对于社会资本的概念，我们可以从三个方面来了解中国的现实情况：一是社会资本是由个体之间的诚信的态度观念组成；二是社会资本是由人际网络展示出来；三是社会资本是结构和关系的特征。参照普特南的社会资本理论，本书认为社会资本是在特定社区中建立的，以信任、互惠、监管与合作为基本特征的社会参与网络。众所周知，中国社会自古以来都很看重人际关系，人际关系被视为生活的必需品。无论是在小的团体还是大型社会组织中，人际关系都显得尤为重要，处理好人际关系决定着事情的发展走向。而社会资本理论与人际关系是紧密联系的，这使社会资本理论与中国社会现实具有一定的亲和力。

二 社会资本特征与分类

（一）社会资本的形成

互动、距离和规范是社会资本形成的基本要素，三者缺一不可。互动是个体之间社会关系的基础，在互动的基础上产生的组织又影响社会结构的构成。距离是影响社会资本形成的又一要素。地理距离和社会距离共同决定了人们互动的基本条件，进而决定社会资本的形成。产生于互动条件下的规范，是稳定个人情感、组织价值和国家文化的黏合剂，规范保证了个体与他人行为的预期。

1. 社会资本形成的行动要素——互动

齐美尔（2002）认为，社会是一种有意识的个体与个体之间的互动过程，互动在社会中的重要性非常的高。互动产生并构成关系，社会网络因为个体与个体之间的互动而诞生并发展。个体互动的过程就是信息流通、整合的过程。霍曼斯（Homans，1950；1958）认为，互动、情感和活动之间是存在正相关关系和紧密联系的。个体互动促进共鸣，促进信息加速流动与传播。同样地，个体不断增加共享情感，那他们互动和参加活动的可能性就越大。互动是形成社会资本的最基本的行动要素，林南认为，个体行动者可能在共同利益上进行互动，但他们将个人的与位置的资源带入互动情景之中。[①] 互动是个人在社会中获得社会联系的基本方式。个体处于社会之中，需要和其他人交换资源，必须进行互动。因为互动，许多个体可以组成小的行动团体，进而形成行动组织，最终影响社会结构的构成。这种行动团体事实上就是一种社会网络。互动具有两种形式：一是同质性互动，二是异质性互动。林南认为，同质性互动指拥有相似资源的行动者的关系；异质性互动是指拥有不同资源的行动者的关系。互动强调的是在社会所处位置的相互交流。因此，互动可以获得其他人位置上的资源，这种资源的转化是极其重要的，正是在这种人与人位置上的资源互换从而促进社会资本的动力加速。社会资源在社会网络与结构中进行互动，可以促进行动者的个人行动资源向社会资本转变。

2. 社会资本形成的前提要素——距离

互动并非发生在所有个体之间，它的发生需要一定条件，只有达到某些前提的条件，才会发生在一定的人群之中。互动的首要前提是"距离"，包括"地理距离""社会距离"。社会中的个体互动往往是建立在地理距离相近或者相邻的基础上的，这种距离的影响与作用，也可以推广到组织和区域。两个社会组织由于地理距离的邻近，更具有互动的条件。两个区域之间具有地理上的接壤与邻近，也会产生互动，距离相近或者相邻，意味着互动成本的降低。除此之外，社会距离也是形成社会互动的基础。刘军（2005）认为，在社会网络之中，与"关联性"密切相关的是行动者之间的"距离"。因为行动者之间的距离有所差异，所以行动者在网络意义上的社会分层不一样，也可能有助于理解社会"同质性"和"团结性"等特点。费孝通认为，中国乡土社会差序结构的形成，在很大程度上是基于血缘关系亲疏程度的向外扩散而形成的，这里的血缘关系就是一种社会距离。血缘亲属关系是一种人类基本

---

① ［美］林南：《社会资本——关于社会行动的理论》，张磊译，上海人民出版社 2005 年版。

的制度形式之一，人们根据血缘基础编织社会关系网络。特纳认为，亲族促进经济行动，但是它在促进超越小经济区域的宏观层次上发展能力有限。① 林南认为，社会距离是同质性互动的条件。处于相同社会位置上的人们，更倾向于互动，相比之下，跨社会阶层的异质性互动要困难得多。②

3. 社会资本形成的稳定要素——规范

规范对他人的行动认可是人们遵守的规则。科尔曼认为"规范"这一概念，在描述社会系统活动及其在社会理论发展中的重要作用，决定了它的地位。③ 他指出，"规范"存在的条件是社会认定对规范涉及的各种行动进行控制的权利。不是由行动者掌握，而是由行动者之外的其他人掌握，这一个概念极为重要。④ 科尔曼指出，"规范"存在的条件是社会认定对规范涉及的各种行动进行控制的权利，不是由行动者掌握，而是由行动者之外的其他人掌握。⑤ 规范具有层次性，同时规范是宏观水平的产物，它的基础是微观水平上个人有目的的行动。按照这种逻辑，规范分为三个层次：一是小团体的行动默识；二是在更大团体中的价值观；三是国家层面上的文化。只有具备共有的规范前提，才能持续互动。因此，规范是一种保证个人互动的前提。规范既有微观上的情感认可的意义，还有组织、制度认可上的意义。行动默识可以解释小团体的黏合和稳定。在小团体之中，每个个体必须遵守共同的行动默识，否则违反行动默识的个人可能会有被排除出团体的风险。在团体之上的组织中，规范转变为价值观。价值观保证了组织稳定，违反这种价值观可能遭受组织排斥。规范的最高层次是文化。杨雪东认为，在将社会资本作为基本概念分析的时候，只有看到它的文化特殊性和地域性特征，才能理解其运作方式，这是由于它与各个地区的社会历史文化传统有着密切的内部联系造成的。

---

① ［美］乔纳森·H. 特纳：《社会资本的形成》，张慧东等译，中国人民大学出版社2005 年版。

② ［美］乔纳森·东林南：《社会资本——关于社会结构与行动的理论》，张磊译，上海人民出版社2005 年版。

③ ［美］詹姆斯·S. 科尔曼：《社会理论的基础》，邓方译，社会科学文献出版社1999 年版。

④ ［美］詹姆斯·S. 科尔曼：《社会理论的基础》，邓方译，社会科学文献出版社1999 年版。

⑤ ［美］詹姆斯·S. 科尔曼：《社会理论的基础》，邓方译，社会科学文献出版社1999 年版。

（二）社会资本的特征

社会资本与其他资本形式一样，具有资本的一般特性，如规模性、更新性。但是社会资本不同于其他资本，社会资本具有自身的独特性质。埃莉诺认为社会资本具有以下特征：一是社会资本不会被人使用到不复存在，因为社会资本具有一定程度的增值性，这种增殖性使得它能够长久地持续地存在，但人们长久不用，它反而会消失；二是社会资本具有尺度衡量的作用；三是社会资本不会轻易被外界干预而形成。社会资本具有一定稳定性，小程度的外界干预无法对其产生影响，也就很难促进社会资本的形成；四是政府会对个体发展所需要的社会资本产生巨大影响，因此政府的一定行为都必须考虑其对社会资本的影响性。① 也就是说社会资本具有可再生性、不可让渡性、效果互惠性、扩散性。

1. 无形资产

社会资产是一种特殊的资产，这是因为它是无形的，是人际之间的关系。物质资本可以用货币来衡量，人力资本可以用学历证书来证明，而社会资本内生于人与人之间的联系之中，既不能离开个体而独立存在，又不能完全依附于个人而存在。这种人与人之间的关系，不仅仅是指关系的数量，而且包括关系的质量，如是否信任、是否互惠合作等。正因如此，社会资本"难以观察和测量"。

2. 准公共物品

私人物品和公共物品不同，私人物品具有竞争性和排他性，而公共物品并非如此，公共物品不具有竞争性和排他性。按照学者对私人物品和公共物品的对比，社会资本既不属于私人物品，也不属于公共物品，而是属于准公共物品。因为对于个体行动者来讲，无论其是根据先验获得（血缘）还是根据后天努力（业缘）所致，都属于个人所有，具有不可转让性，属于私人物品性质。但是就社会资本的团体拥有者来说，社会资本作为一种组织资源，在规章制度的约束下形成的人与人之间相互信任、合作的社会关系时，加入其中的新个体可以无偿享用。就社会资本表现为维持群体存在并增强群体互助合作的集体资产性质来讲，社

① ［美］埃莉诺·奥斯特罗姆：《社会资本：流行的狂热抑或基本概念》，载曹荣湘《走出囚徒困境：社会资本与制度分析》，上海三联书店 2003 年版。

会资本又具有公共物品性质。

3. 溢出性

溢出性，又叫外部性，是指由于行动者自身的活动，对它本身以外的人产生了影响。不管这种影响是有益还是有害，行为者都不会为此而得到补偿或者付出代价。社会资本一经产生，既可能降低交易成本、提升技术进步、利于经济增长、促进社会合作和保持社会稳定，但也可能破坏社会团结、加剧社会分裂，进而对社会产生不利的影响。

在众多研究社会资本的学者中，波茨特别强调了社会资本的消极作用，他认为社会资本带来积极作用的同时，也会带来让人不喜欢的结果。他把这种厌恶结果分为三类：一是排斥门外汉，也就是排斥非专业；二是约束过多，诸如法律、社会约束的要求覆盖太广；三是不自由。正因为存在正负两种截然不同的效应，才应该注重发挥不同层次、不同类型社会资本的积极作用，同时防范化解其消极影响。

4. 复杂性

社会资本的复杂性可以体现测量的模糊性及路径依赖性。

社会资本难以观察、测量。它不是可以用一定度量尺简单测量的，从而也就很难体现出具体数值量。社会资本不同于其他资本，它存在于社会上人与人的关系中。社会资本的结构方面可以用成文的制度或者组织的数量等测量，但是文化方面（价值观、规范、信仰）却很难用定量方式给出确定的结果。

社会资本的路径依赖性。社会资本受历史文化传统的影响很大，对于地域辽阔、风俗迥异的大国来讲，制定统一的制度很难适应千差万别的地方现实。因此，试图通过制定统一的制度建设来推进社会资本的努力往往结果适得其反。但是，这并非意味着制度和社会资本的生成与影响之间毫无关联，制度强烈影响着社会资本的种类和水平。一个国家制定的制度多大程度上允许自组织存在，决定着公民活动空间和范围的大小以及社会资本的种类和水平。从一定意义上来讲，任何制度规则的最终落实都需得到公民的认可和服从，制度作用在于使人们统一对规则的认识，提供改变规则的手段，并在社会制裁失效的情况下迫使少数人遵守游戏规则。

（三）社会资本的分类

社会资本的多维视角导致其分类方式的多样性，根据不同学者的社会资本理论，社会资本主要有以下几种分类方式：

1. 个人社会资本和群体社会资本

林南认为，可从两个视角对社会资本进行研究：一是个体社会资本；二是群体层次的社会资本。个体视角关注如何获得资源和回报问题，这样的视角倾向于社会资源回报的机制；群体视角关注群体如何扩大社会收益以及如何提高成员生活，该视角倾向于收益最大化，即社会收益如何使社会资本最大化，从而社会中个体的生活水准能够提高（林南，2005）。

个人社会资本表现为个人如何得到资源，其关注的重点也是如此。个人社会资本源于关系网络及成员资格。它意味着人际关系越丰富，个体所拥有的资产就会越多；人际关系越匮乏和缺失，个体所拥有的资产就会越少。群体社会资本是一个组织实现集体行动的资源，成员是共享的。社会资本是个人或活动无法代替。普特南认为，社会性社团的参与程度大小反映一个社会中的社会资本范围，并且可以促进和增强集体的规范与信任。群体社会资本"标明了一个组织或团体的组织凝聚力。它意味着组织的结构是有一定特征的，即组织的横向和纵向结构越密集，成员之间的组织关系、信任关系越密切。组织共享的文化价值观念越是一致，它所提供的集体社会资本就越大，这是显然的"。[①]

表 7-1　　　　　　　　　社会资本的分析结构

社会资本的分析层面	分析角度	分析单位	主要构成要素	简要说明
个人分析层面	微观分析	个人家庭	人际关系	如朋友、老乡、同事、同学关系等，显示个人所具有的社会关系网
			成员资格	个人所参与的正式的社会组织和非正式的"社会圈子"，反映个人能够利用的组织资源

① 燕继荣：《投资社会资本——政治发展的一种新维度》，北京大学出版社 2006 年版。

续表

社会资本的分析层面	分析角度	分析单位	主要构成要素	简要说明
团体分析层面	中观分析	社会组织社区区域	网络	团体或组织（包括成员）所具有的外部联系
			关系	团体或组织内部的关系（包括组织关系、权威关系、互惠合作关系、信任关系等）
			文化	团体或组织所形成的为成员所共享的组织文化、认知、规范和价值观念等
	宏观分析	国家	社会结构规范	一个国家所具有的社会结构、规范和文化

2. 政府社会资本与民间社会资本

由保罗·科利尔（Paul Collier）提出，世界银行的经济学家斯蒂芬·克拉克（Steven Clark）借鉴这种分类进行了实证研究。

政府社会资本是一种政府制度，这种制度可以影响人们互利合作能力。它不仅包括契约实施，还包括法治和政府允许的公民自由范围。充足的政府社会资本能够带来善治，从而促进经济增长、提高经济绩效以及减少贫困。除此之外，还有民间社会资本，它分为价值、约束等部分。在微观层次上，社会关系和人际信任能够在个体投资者层次上减少交易成本、实施契约以及方便信贷；在宏观层次上，社会凝聚力和公民参与也能够加强民主治理，促进城市公共管理的效率，以及提高经济政策质量。

3. 制度社会资本与关系社会资本

康奈尔大学教授 Anirudh Krishna 在《创造和利用社会资本》一文中提出这一分类方法。制度社会资本是指人们依靠组织的领导而采取一致的集体行动，而关系社会资本是指建立在准则和信息基础上的集体行动。制度社会资本的基础是交易，以任务、规则和步骤以及制裁为行动动机，在市场及法律框架下寻求最佳的行为。关系社会资本的基础是群体关系，以家庭、伦理、宗教为纽带，以信念、价值、意识形态为动机，做出适当的行为举止。

这两种类型的社会资本可以有四种不同的组合方式：一是强制度—强关系；二是强制度—弱关系；三是弱制度—强关系；四是弱制度—弱

关系。其中第一种组合是最乐观的状态，第四种是最悲观的状态，而第二种和第三种才是最常见的状态。纯粹的制度资本和关系资本的形态并不多见，二者的混合形态更为常见，当两种类型的社会资本互相支持时，能够发挥最佳作用。克里希娜分析了两个在关系资本的基础上建构制度资本所取得的成功及没有关系的制度资本所造成的失败的实际案例，说明两种类型的社会资本同样重要，缺一不可。

4. 结构型社会资本与认知型社会资本

Norman Uphoff 认为，区分门类是有效理解社会资本的基础，他将社会资本划分为两类：结构型与认知型。结构型社会资本主要是与不同形式的社会组织相联系。这类资本中的社会组织要素有利于推动集体行动，尤其是通过降低交易成本，建立更能创造生产性结果的合作模式。结构型社会资本是外在的、可以观察到的。

认知型社会资本，是文化形态的成品，尤其是有利于合作行为的规范和信仰。这类资本使人们更倾向于集体行动，构成这类社会资本的规范、价值、态度和信仰，能使合作行为更加合理化。认知型社会资本是内在的、不可见的。

5. 传统社会资本与现代社会资本

卜长莉（2006）教授认为，从社会变迁的角度可以将社会资本划分为传统和现代两种形式。

传统社会资本依附于亲属关系，是基于农业社会的经济基础而产生的，主要靠传统道德和宗法制度形成的家族型社会网络。网络内的信任是以血缘的远近以及有无为依据所形成的特殊主义信任模式。这种信任模式构建的是一个"熟人社会"，这也是人际关系网络的主要局限，具有先赋性、同质性和封闭性的特征。传统社会资本模式最大的不足就是对圈内人的深度信任和对圈外人的怀疑与偏见，对圈内讲人情，对圈外讲理法。这种特殊信任模式极易造成"关系"和"人情"等非正式制度对正式制度的侵蚀。

基于机器大工业产生的现代社会资本，业缘关系为主导。主要依靠契约、合同等来协调人际关系，更加关注成员横向联系。现代社会资本不仅重视个体价值，更强调成员之间的平等、信任等关系。此外是以共同利益为基础形成的社会网络，以明确的规范加以治理，其社会网络是多样化的，具有明显的异质性等特征。

三 社会资本的作用机制

社会资本作为嵌入在人际关系中的网络资源，不同于表现为银行账户上的物质资本和表现于人的头脑中的人力资本，具有独特的功能和效用。一般来讲，社会资本的作用可以从经济、社会和政治功能等多方面来归纳。

（一）社会资本的经济功能

经济学主要研究物质产品的生产、分配、交换与消费规律。产品虽然是物，但是生产和使用的主体却是人，而且人是生活在人与人之间构成的社会结构之中的，因此产品的使用、生产、交换都代表着人与人之间关系的变化。经济理论应把经济活动置于人与人之间关系网络结构中去思考和行动，社会关系嵌入经济活动，而不是把人置于真空中孤立地、静止地去研究。古典自由竞争经济学者，如亚当·斯密主张，市场是一只看不见的手，通过价格、供求和竞争可以自发地调节资源的分配，达到资源的最佳配置。这种主张忽略了市场的负面影响以及市场的交易成本。市场作为一种交易的协调机制，本身存在自发性、滞后性、外部性、有限理性、环境不确定性等市场失灵行为。制度主义经济学从减少交易成本出发，认为通过理性的、明文规定的规章制度来进行任务的分工与协作、权力的划分与制衡，这种正式的法理型权威将逐渐代替非正式的传统权威。

早期的制度主义者曾经寄希望于企业组织，试图通过专业化的决策和沟通费用的节约降低有限理性的影响；通过内部激励和约束机制，对付机会主义；通过企业组织间的契约，来减少交易的不确定性等。但是，这种正规化企业组织并不能规避市场交易所带来的道德陷阱。"发达的市场经济中，似乎社会资本在重建和深化，但它并没有采用代替或补充市场和政府的规则和调控的形式，而是采取了隐含知识的形式。"诺贝尔经济学奖获得者肯尼斯·阿罗指出，每一种商业事务都由其信用作为基础要素，世界上不发达国家的经济落后都可以归结为缺乏相互的信任。[①] 但是，历史经验表明，随着经济分工的日益精细化，人们相互

---

① Arrow and Kennth, J., "Gifts and Exchanges", *Philosophy and Public Affairs*, Vol. 1, 1972, p. 357.

之间交往与合作的加强，非正式的规范形成的信任与合作网络不但仍然是现代经济的主要组成部分，而且作用日趋重要。人们普遍信任他人并且被他人信任，相互之间的监督成本和获得信息的成本将会大大减少，社会资本犹如经济发展中的润滑剂，能够使相互连接的贸易系统平稳运转。

社会资本的经济功能在现实世界中的具体运用，比较成功的是东亚经济腾飞的例子。东亚社会广泛存在的以家族、血缘关系为核心凝聚力的人际关系网络，是推进亚洲国家经济发展的动力。普特南也指出，东亚地区经济增长迅速，所以对于东亚地区的研究几乎也都认为社会资本密集对于经济发展很重要，因此导致这些经济被认为代表了一种新形式的"网络资本主义"。这些网络常是以家族为基础，少数以海外华人为基础的，这些种族社群联系密切，他们培养了信任、降低了交易成本，加速了信息流动创新，所以社会资本可转化为金融资本。① 我国学者张其仔通过对乡镇企业发展的研究后也得出社会网络是人们寻找工作的基本依赖，中国的经济是网络经济的结论。

（二）社会资本的政治功能

社会资本不但对经济的健康发展，而且对稳定的自由民主制度建设来讲，都是关键性要素。任何国家统治的合法性必须获得人民的普遍支持和认同，强大而有效的国家不仅需要建立行之有效的制度，而且必须培育支撑制度的文化，需要社会资本的支持。互惠、互利、合作的个人联合起来，构成强大的公民社会，是制衡强大的国家侵犯个人权利的有效途径，民主国家起于社会团结，独裁国家立于社会分离。

普特南通过对改革中的意大利南部和北部地区进行跟踪研究，发现推行同样的政治改革措施，南部和北部却导致了大不相同的制度绩效。普特南的研究得出一个重要结论，社会资本水平的差异决定了政府运行的效率以及经济的进步。要想使"民主运转起来"，必须营造一个平等的公民参与网络、形成足够的公共精神以及获得充分的道德支持。公民参与网络有利于公民之间的沟通与交流，有利于增进成员之间的信任。

---

① ［美］罗伯特·D. 普特南：《繁荣的社群——社会资本与公共生活》，载李惠斌、杨雪冬《社会资本与社会发展》，社会科学文献出版社 2000 年版，第 155 页。

公民参与网络既体现了过去成功的案例，也为未来成功的合作提供了榜样。社会资本的存量（如信任、规范和网络等）一般都能够自我增强和自我积累，如果达到良性循环，就会产生社会均衡，最终形成高水准的合作、信任、互惠、公民参与和集体福利。①

一般情况下，充裕的社会资本对应公民社会的存在。如果社会存在联系紧密，既能使个体不再过分看重个人主义，并且在参与公共生活、培育公共责任的同时又能将弱小的个体联系在一起，通过公民互助合作社团抵御国家的侵害，为个人自由争取空间。从此意义上来讲，社会资本既是民主制度之因又是民主制度之果。

（三）社会资本的社会功能

人在本质上来讲，是一切社会关系的总和。人是天生的群体性动物，一个人的生存和发展离不开群体的支持与协作。然而，由于信息不对称等原因，具有理性的个体从自身利益出发，却导致非理性的结果。也就是说，具有共同利益的个人，并不能导致实现共同利益的集体行动的出现，机会主义、"搭便车"等行为导致人类"集体行动的困境"，公地悲剧、囚徒困境等案例清楚表明了人类个体理性的限度。在市场、政府失灵的情况下，社会资本应运而生。

普特南将"社会网络"视为社会资本概念的核心。通过参与强大的共同体，能够培育克服集体行动困境所需的互惠和协作。社会资本是一个复杂的集合，是基于信任、互惠等规范的基础上所结成的特殊的社会网络。人们通过血缘、姻缘、地缘、业缘等各种因素，结成相互联系、相互合作的群体。在此过程中加深了解、增进信任、分享资源、增进个人利益的基础上实现共同利益。社会资本形成的社会网络，解决了原子化的个体单独所无法完成的工作，满足了个体工具性的需求。同时，社会资本形成的社会网络能够为成员情感的表达和支持提供合适的渠道。社会网络形成和巩固所需的非正式或者带有非正式特点的激励或约束规范，对网络内的成员构成一种控制机制，能够防范越轨行为的产生，实现社会稳定和整合。通过实现家庭和宗族等传统社会资本向现代

---

① ［美］罗伯特·D.普特南：《使民主运转起来——现代意大利的公民传统》，王列、赖梅榕译，江西人民出版社2001年版。

社会资本（体）的起承转合，从而实现过去封闭的、紧密的、特殊信任型的社会资本向开放的、普遍信任型的社会资本转变，能够在全社会形成一种普遍信任的环境，使市场经济下陌生人之间相互信任和交往。

四 社会资本的测量

正如社会资本的概念界定充满争议一样，关于社会资本的测量，学界也存在较大的争议，因其作为一种无形资产，必然存在度量上的困难。一方面表现在社会资本的贡献难以观察，另一方面表现在社会资本度量中指标体系构建的困难。因为不同学者的研究使用的分析框架往往差异较大，所以得出的结论也难以达成一致。尽管如此，许多学者还是从各自的研究视角对社会资本的度量进行了研究和探讨。

（一）普特南测量美国社会资本时使用的方法

普特南在前人研究和思考的基础上，将社会资本定义为社会组织的信任、规范和横向参与网络三个方面，在实际操作中，他按照社会信任和政府信任、非正式规范及公民参与网络三个方面来测量社会资本。普特南选取规模、群体数量、内聚力和集体行动能力、群体成员和非群体成员的交往方式、群体成员的信任范围等方面来测量社会资本。通过利用所有的人口普查和社会调查等资料，从而对体育类、文学类、政治类的社团数量及成员规模进行追踪研究，以此作为测量社会资本的指标。如在说明美国社会资本的下降时，普特南就从美国人的政治参与情况和美国人参与公共事务的情况来说明。用投票率和对政府的信任来表示美国人的政治参与情况，用美国人参加各种社会组织的数量来表示美国人参与公共事务的情况。根据调查研究测量的结果，他得出美国社会资本下降的结论。[①] 其局限性在于很难确切了解某个社会中这类群体的具体数量，而且每个群体的内聚力和集体行动力也只能依靠主观判断。

（二）林南测量个体社会资本的定名法和定位法[②]

林南主张个体占有社会资源数量及质量取决于个人的关系网络异质性、关系网络内成员的社会地位和个人与关系网络成员之间的关系强

① Robert D. Putnam, *Bowling Alone: The Collapse and Revival of American Community*, New Simon & Schuster, 2000, pp. 31 – 64.

② ［美］林南：《社会资本——关于社会结构与行动的理论》，张磊译，上海人民出版社2005年版。

度。林南和他的同事首先提出来的定名法是一种比较传统的方法，具体做法是对被访者提问一个或几个关于其交往者姓名、个人特征及相互关系的信息，根据这些信息对个体社会网络中的社会资本进行测量。定名法被广泛应用，但是存在的问题是，因为受所提及交往者数量的限制，被访者往往只提及与自己关系较强的交往者，结果可能只反映"强关系"而忽视了"弱关系"。

定名法不是考察被访者的社会网络成员间的相互关系，而是根据被访者的网络成员在社会中的结构位置来确定其所拥有的社会资源。"这种测量方法假设社会资源是按照社会地位高低呈金字塔形分布于社会之中的，每一个网络成员所拥有的社会资源数量主要取决于其所处的社会结构性地位。因此，通过对被研究网络成员中出现的结构性地位的了解，就可以对其所拥有社会资本的情况作出大致的测量。"① 林南和他的同事在实证研究中证实了初始位置越好，行动者越可能获取和使用好的社会资本，即地位强度命题。定位法不像定名法那样涉及具体的个人，在调查过程中更方便操作，同时也避免了定名法中只注重"强关系"的问题。定位法不仅可以测量社会资本中的结构位置，也能够测量网络中的资源，是非常有效的社会资本测量工具，得到了学术界的广泛认可。它的缺陷在于无法了解被访者社会网络的具体构成情况。

（三）边燕杰提出的运用社会网络规模、网络顶端、网络差异和网络构成四个指标来测量个人层次社会资本的方法②

边燕杰认为，个人所拥有的社会资本的多少取决于以下四个方面：一是社会关系网络所涉及的人数的多少，代表规模的大小；二是关系网络内是否有权力大、声望高而且财富多的关系人，这是关系网络顶端的高度；三是关系网络顶端与底部落差的大小，落差大的网络要比落差小的网络蕴含的资源更大，因为资源相异可以进行优势互补，这代表关系网络差异；四是个体与资源丰富的社会阶层之间是否有关系纽带，表明社会关系网络构成的合理性。他还强调网络差异性是一个有效且可信的

---

① 赵延东、罗家德：《如何测量社会资本：一个经验研究综述》，《国外社会科学》2005年第2期。

② 边燕杰：《城市居民社会资本的来源及作用：网络观点与调查发现》，《中国社会科学》2004年第3期。

指标，具体操作方法是询问被采访者的关系网络中成员来自多少个职业。

若个体的网络规模较大，则拥有的关系就比较多，因此信息和人情桥梁也较多，与规模小的网络相比，将会占有较大的社会资本优势；网络顶端越高则表明网络内拥有的权力越大、财富越多、地位越高、声名显赫的关系人越多，蕴含的资本量就越大；网络差异如果太大，即网内人从事不同的职业，处于不同的职位，所拥有的资源和各自的影响所及互补，那么所潜藏的社会资本质量就大；网络构成合理，是指与资源丰厚的社会阶层有关系纽带。

（四）福山提出的通过考察私人企业在接管前后的市场估价来测量该企业中的社会资本

福山认为，一个公司的资本总额是由有形资产和无形资产的数量之和构成。社会资本以无形资产表现，其载体是公司的员工和管理者。但诸如商誉、品牌及对未来市场前景的预期价值等其他因素也是无形资产的一部分，因此这种测量方法存在缺陷，它没有可行的方法将社会资本因素从其他无形资产中分离出来。①

（五）加利福尼亚大学的乔纳森·H. 特纳将社会资本分为宏观、中观和微观三个层次

宏观社会资本对应的是制度层面，是人们组织起来满足生产、再生产、管理和协作中基本的和基础性的需要；中观社会资本对应的是社会自组织和团体；微观社会资本对应的是个体面对面的人际关系及人际交往。② 由此，测量社会资本的路径也有三种：一是通过考察社会制度，包括亲族、宗教、经济、政治、法律制度，来对该国家或社会的制度性社会资本做出评估；二是通过调查分析社会自组织和团体规模的性质、组织的结构、网络的分布、成员之间的关系等指标，从而来测量由社会团体所提供的社会资本的规模大小；三是通过考察个体成员交往中的情感心态及成员在社会合作方面的态度，来衡量社会资本的状况。特纳对

① Francis Fukuyama, "Social Capital, Civil Society and Development", *Third World Quarterly*, Vol. 1, 2001.

② 郎贵飞：《社会资本与民族地区农村剩余劳动力转移》，《贵州民族研究》2007 年第 2 期。

社会资本的分类层次清楚，但是这种测量方法在可操作性方面还存在一定问题，如对宏观社会资本的测量应该更适合进行定性分析而难以进行定量分析。①

除此之外，布迪厄在对社会资本的测量时，认为决定个人所拥有的社会资本有两个因素：一是社会行动者能利用的有效关系网络的规模；二是关系网络中每个成员所占有资本数量，这些资本的形式千差万别。② 科尔曼从个人参加社会团体的数量、关系网络规模、关系网络异质性以及从关系网络摄取资源的能力四个维度来测量个人社会资本。根据科尔曼的研究，个人参加社会团体越多、关系网络规模越大、异质性越大、个人从关系网络中摄取资源的能力越强，则其社会资本占有就越多。③ 赵延东在研究下岗职工的社会资本时，通过下岗职工所拥有的关系网络资源情况以及职工在下岗后的求职过程中对社会资源的使用情况来测量。④ 同时，罗家德、赵延东（2005）认为，可以用两种方法来测量个体和集体层次上的社会资本，一是潜入在社会网络之中的、个人所能接触的社会资源，可以用网络密度、网络的角色构成、网络位置等指标测量；二是个体中所能动员的社会资源，主要指关系人的特征、社会网络中流动的非正式网络途径的选择。可以用定位法和定名法两大主要方法来测量。刘金菊进一步考察了测量个体社会资本的三种方法的利弊：一是提名法，关注受访者的联系人，及联系人的背景、强度等，这种方法比较灵活，但是成本较大；二是职业生成法，不同地位的社会成员所拥有的社会资源是有差异的，这种差异由于各种各样的原因一般人无法弥补。职业是衡量社会地位的重要标志，测量职业地位声望间接测量社会资本。这种方法的优点是可以节省时间，缺点是对工具性行动较为有效，而对表意性行动有效性较差；三是资源生成法克服以上两者缺点，吸取了各自优点。但是在不同文化背景下，什么是"资源"往往

①　[美]乔纳森·H.特纳：《社会资本的形成》，张慧东等译，中国人民大学出版社2005年版。

②　张广利、陈仕中：《社会资本理论发展的瓶颈：定义及测量问题探讨》，《社会科学研究》2006年第2期。

③　李正彪：《一个综述：国外社会关系网络理论研究及其国内企业研究中的运用》，《经济问题研究》2004年第11期。

④　赵延东：《再就业中的社会资本：效用与局限》，《社会学研究》2002年第4期。

在理解上会产生巨大的差异（刘金菊，2011）。

五 社会资本与农业转移人口市民化

农业转移人口受教育程度普遍较低、缺乏专业的技能训练，这就意味着他们缺乏人力资本，所以通过作为社会资本的网络关系来寻求就业途径就显得十分重要。他们在长期居住的户口所在地形成的关系网络主要是基于血缘和地缘。由于转型经济和中国自古以来的"乡土社会"人情文化，农业转移人口到了城市中依然要依赖在原居住地形成的血缘和地缘关系网络，而没有能力在城市拓展基于业缘的新型社会资源。这里将从农业转移人口的社会资本占有状况和社会资本对农业转移人口就业流动的影响研究两个方面进行论述。

要探讨农业转移人口社会资本的占有情况，就要弄清楚其测量方式。有学者用关系网络结构来测量农业转移人口的社会资本，发现"职业流动者的社会网络主要是由亲属和朋友两类强关系构成。社会网络发挥作用的形式以提供人情为主，以传递信息为辅"。农业转移人口的关系网络结构不合理，即他们交往的亲戚、朋友和老乡中职业地位较高的人数较少，而职业地位较低的人数较多。这充分说明了农业转移人口的社会资本结构不合理。目前，农业转移人口的社会网络主要由亲缘、血缘和地缘关系构成，同质性较强，不利于其向上流动（曹子玮，2011）。还有学者长期观察移居在巴黎和北京的温州人的就业流动后发现，社会网络是温州人重要的传递信息的中介，也是他们实现流动的重要机制。跨境移民的温州人建立起了基于同民族群体的社会网络，温州人社会网络主要由亲戚、朋友和同胞构成（张春光，2000）。另外，有学者用关系网络规模来测量农业转移人口的社会资本。例如，"春节拜年网"在春节期间对湖北省江陵、云梦、随州、宜城四县市 450 位返乡过年的农业转移人口所作的问卷调查数据显示，农业转移人口的网络规模小于下岗职工的网络规模，大大小于城市居民的网络规模。[1] 也有学者使用关系网络异质性来测量，指出关系网络异质性越小，关系网络能够产生的可利用的资源也越少。研究发现农业转移人口的关系网络的异质性小于下岗职工，远小于城市居民。农业转移人口在城市就业中的

---

① 刘传江、周玲：《社会资本与农民工的城市融合》，《人口研究》2004 年第 5 期。

绝大多数业缘关系基于同质群体（林竹，2011）。综上所述，中国流动人口的社会网络具有如下特点：紧密度高、规模小、异质性低、趋同性强以及依赖于强关系等。

不少学者认为，社会资本对农业转移人口获得经济地位的作用已经超过了人力资本的作用（赵延东、王奋宇，2002）。同时，社会网络结构变量对农业转移人口初次流动的职业阶层有重要影响（李树茁，2007）。孔建勋、张顺（2013）针对云南跨界民族农村富余劳动力，从职场歧视和职位提升两个维度来研究这个特殊群体的职业获取状况。研究结果显示社会资本对云南跨界民族农村富余劳动力获取非农化工作具有积极的效用。还有学者指出，社会资本可以提高农业转移人口就业的效率。农业转移人口通过市场途径寻求工作的效率不会高于其通过网络途径。动用社会资本可以降低农业转移人口搜寻和选择就业信息的成本，增加农业转移人口非农就业的概率（刘传江、周玲，2011）。

从取得工作的途径上来看，农业转移人口主要通过熟人介绍取得工作。一项在湖北省四县市对 450 名返乡过年农业转移人口所做的"春节拜年网"调查显示，农业转移人口对社会关系网络途径的使用者占 86.7%，这充分表明了社会资本是农业转移人口求职的主要途径。其中有 37.3% 的人通过亲戚介绍找到工作，其次有 35.8% 的人通过老乡介绍找到工作，仅有 10.1% 的人通过其他熟人介绍找到工作。这一数据显示，农业转移人口主要借助亲缘、血缘和地缘关系作为求职的途径。但是，由于农业转移人口获取工作渠道所利用的社会资源有规模小、异质性低等特点，所以他们在亲戚和朋友帮助下获得的工作具有质量差、流动性大、收入低等特点。农业转移人口进城后，虽然就业和生活在城市，但离真正地融入城市生活还差得太远。出于各种原因，农业转移人口大多数都没有建立起以业缘为基础的关系网络。以亲缘、血缘和地缘为主的社会网络结构不利于农业转移人口从工作到生活的各方面都融入城市，也不利于农业转移人口向上流动（李培林，2011）。阶层趋同性增强显著降低了农业转移人口的收入水平，完全通过关系获得初职的劳动者处于下层，他们一般受教育水平低，父辈的社会经济地位较低，而且自己也缺乏社会资源。这部分劳动者通过社会关系找工作一般是进入体制外或小型的单位，并且更可能频繁更换工作（吴愈晓，2011）。

国内学者利用北京市 700 多名农业转移人口的就业数据对就业流动进行了研究，发现农业转移人口的工作稳定性较低，在当前单位的平均工龄约为 3 年（白南生、李靖，2008）。也有国外学者认为，中国农业转移人口稳定性较低、流动性较大，所从事的行业主要集中在建筑业、工业和服务业（Andrew Scheineson，2009）。农业转移人口的职业流动主要表现形式呈现为水平流动，而其在地位方面基本没有得到提升。农业转移人口再次职业流动地位未能上升的原因在于，他们缺少如城市居民所拥有的基于政治的、权力的、声望的、职称的、学历的、学术的实现社会地位上升的渠道（李强，1999）。针对跨境就业的流动人口来说，跨境就业者在迁入地从事的职业集中在建筑、餐饮服务等行业，从事的是当地人不愿意干、工资水平低、工作条件恶劣的工作（钱晓燕，2009）。何明（2012）通过个案研究发现，中国西南与东南亚国家边民跨国务工多由亲戚介绍，该地区的跨国流动是基于亲缘、族缘和地缘的文化认同。

刘林平和张春泥（2007）构建了一个影响农业转移人口工资水平的模型，该研究发现，农业转移人口的工资是一个实实在在的刚性低收入。田丰（2010）认为，人力资本差异虽然是解释收入差距的重要因素，但是在还没有建立起健全和竞争的劳动力市场，人们的收入受到单位所有制不同的影响。而户籍管理制度增加了农业转移人口进入公有制单位的难度，从而阻碍了农业转移人口获得较高收入的机会。即使进入了同一单位，由于户籍管理制度的阻碍，农业转移人口也只能从事"非正规"就业，导致他们与当地居民同工不同酬。李强等认为，非正规就业是中国城市农业转移人口的主要就业途径，非正规就业相当于"临时工"，他们不能享受与正式工相同的福利待遇。由于农业转移人口就业机制和法律监督机制不完善，农业转移人口经常遭遇拖欠工资、没有医疗保障和劳动合同的问题，基本生活保障得不到满足，外来务工人员在极其恶劣的环境下极有可能走上犯罪的道路。以往的研究表明，外来人口没有就业与犯罪有很强的相关关系（李强、唐壮，2002）。

社会资本对农业转移人口就业影响的作用机制主要有：

（一）市场体制下的社会资本与职业获得

林南及其他学者在研究社会资本与就业途径时，都有这样一个假设，即劳动力市场本质上是一个完全开放和竞争的平台。在这个公平竞争的平台上，个人的能力很容易与工作所需的技能相吻合，关于工作的信息以及申请的渠道是被广泛传播的。[①] 在市场经济中，劳动力作为一种重要的资源由市场调控，且劳动力信息是公开的，劳动力在高度市场化的环境中寻求工作。格兰诺维特提出的"弱关系的力量"和林南的社会资源理论均适用于市场经济下的社会资本与劳动力的就业途径分析。他们所研究的美国正是一个高度市场化、劳动力资源由市场调控且就业信息公开的社会。

格兰诺维特在美国波士顿牛顿镇对白领求职者做的一项调查中显示，有超过一半的人是通过关系网络了解到工作信息进而成功找到新工作的。在《弱关系的力量》中，格兰诺维特通过关系网络中成员的互动频率、感情深度、亲密程度和互惠交换次数来区别"强关系"和"弱关系"。"强关系"就是网络成员之间的互动频率高、感情较深、较亲密以及互惠交换次数较多的关系，"弱关系"则相反。格兰诺维特的研究数据显示，16.7%的求职者经常与他们的工作介绍人联系，有多达55.6%的求职者表示偶尔与工作介绍人联系，还有27.8%的求职者极少与其工作介绍人联系。[②] 这说明求职者与向他们提供就业信息、帮助他们找到工作的介绍人之间是一种弱关系。他们偶尔或极少进行互动，感情联系也不紧密，仅仅是相识的关系。能在群体之间充当信息桥的角色正是这样的弱关系。根据"强关系"的特点可知，这种关系的特点主要是网络成员之间具有相同社会经济地位和社会资源；而弱关系则是起到了桥梁的作用，建立于一个具有不同社会经济特征的独立个体之间，负责连接不同社会阶层的人群。这种弱关系可以为求职者提供信息，所以更能促进目标达成，因为它将不同等级的个体连接在一起，具

---

① Lin Nan, et al., "Social Resources and Strength of Ties: Structural Factors in Occupational Status Attainment", *American Sociological Review*, Vol. 46, No. 4, 1981, pp. 393 – 405.

② Granovetter and Mark, S., "The Strength of Weak Ties", *The American Journal of Sociology*, Vol. 78, No. 6, 1973, pp. 1360 – 1380.

有高度异质性（李树苗，2007）。

林南把资源获得当作中介变量，用社会网络来解释成功求职，这来自他的社会资本理论。求职者的个人资源（家庭背景、教育和职业成就）和对弱关系的利用，会促使他们联系到地位高的人。反过来，帮助人的身份能强有力而且直接地影响获得职业的声望。林南认为，有三种主要的提供就业信息资源的渠道：一是个人关系，如亲戚、朋友、同事以及父亲的朋友或朋友的朋友等；二是正规渠道，如职业介绍所、招聘广告和公会等；三是直接向未来的雇主申请职位。林南和他的同事调查了纽约州阿尔巴尼市 400 多名男性雇员，结果显示寻找第一份工作是通过社会资本的有 57%，22% 的人直接向雇主申请职位，有 21% 的人使用正规渠道。所以，动用社会资本有利于个人的职业获得。林南还扩展和修正了"弱关系假设"，形成了自己的社会资本理论，将社会网络结构形容成金字塔的形状：社会阶层越高，则视野越开阔，人数也越少；而社会阶层越低，则视野狭窄，人数也越多。在相同社会阶层中，关系网络中成员拥有相同的社会经济地位，他们所拥有的社会资本差异性较小，他们之间往往是"强关系"；而不同社会阶层的人们在财富、声望和权力等资本的异质性较高，他们之间往往是弱关系。当人们追求个人工具性目的时，弱关系是社会阶层较低的人联结社会经济地位较高的关系人的桥梁。

（二）中国情景中社会资本与职业获得

中国目前正处于转型经济的关键时期，转型经济是一个动态过程而非静态的，其趋势由再分配经济向市场经济转化。在再分配经济下，劳动力作为一项人口红利，不仅是国家重要的经济资源，而且是受国家控制的。在此形势下，职业信息不够公开也不够对称，就业信息掌握在极少数的实权掌握者手中。在这种情况下，社会网络就变得不再是以往的信息桥，而是复杂的人情网。因此，信息的获得在此时只是人情关系的副产品。[①]

边燕杰提出"强关系"假设的背景是中国计划经济时期和向市场

---

① Bian, Y. J. Yanjie, "Bringing Strong Ties Back in: Indirect Ties, Network Bridges, and Job Search", *American Sociological Review*, Vol. 62, No. 3, 1997, pp. 366 – 385.

经济转变时期，即 20 世纪 50 年代中期到 20 世纪 80 年代末期。政府实行工作分配方案，青年人从学校毕业以后必须等待国家分配工作。由此可见，求职者是否能找到工作以及是否能找到与其能力相符的工作，实际掌权者在这一过程起到了决定性的因素。边燕杰得到的结论如下：第一，"强关系"通常是求职者谋求工作的主要途径，因为在影响通过个人网络传递的条件下，强关系与弱关系相比在求职过程中显得更加有效；第二，中国求职者使用个人关系得到促进流动的关键因素是影响而非信息；第三，求职者通过中介和实权掌握者建立了间接的关系，三者之间均为"强关系"，所以求职者经常使用"强关系"寻求就业途径；第四，建立在求职者和实权掌握者之间桥梁的作用的"强关系"被证明是必需的；第五，使用直接关系的求职者与使用间接关系的求职者相比，找到较好的工作的可能性更低。

边燕杰和张文宏（2001）对天津 1999 年就业过程进行调查，他们总结了调节职业流动的三大机制：计划分配机制、市场机制和社会网络机制。并考察在不同经济制度下，社会网络对职业流动产生的影响，进而发现中国现阶段在转型经济下，社会网络对职业获得的不同作用机制。在市场化假设下，作为人情网的关系使用频率下降，社会网络中作为信息桥的关系使用频率上升；在权力维序假设下，权力和资源被雇主代理人掌握，这时使用社会关系来获取职业流动的频率将上升，也就是说"强关系"在获取职业地位上起到关键作用；在机制共存假设下，所有关系都会展现各自的特点，作为信息桥的弱关系和作为人情网的"强关系"将同时发挥作用；在体制洞假设下，社会出现体制断层时社会网络中的"强关系"和"弱关系"的使用频率都会有所上升，弱关系作为信息桥为求职者提供就业信息，而"强关系"建立起来的信任和义务也是必不可少的。此外，依据对 2009 年八个城市求职网的调查结果，边燕杰等通过研究发现市场转型过程中社会网络的收入效应由于中国改革开放和加入世界贸易组织表现出不同的趋势，即"改革前和改革初，人情资源效应大于信息资源效应，但在改革中期和加入世界贸易组织后，前者在减弱，后者在增强"（边燕杰、张文宏，2012）。

综上所述，不同联系强度的社会资本对职业地位获得所具有的不同作用机制出现了三种主流的观点：一是格兰诺维特所强调的弱关系充当信息桥的作用；二是林南强调的弱关系是联系社会阶层低的人和社会阶层高的人的桥梁，这种联结是为了实现个人的工具性目的；三是边燕杰强调的作为人情网的"强关系"是网络的桥梁。

第三节 人力资本、社会资本对西南民族地区农业转移人口市民化影响实证研究

联系前文的理论分析、国内外研究现状可知，有诸多因素影响农业转移人口的市民化进程，在现有研究基础上构建市民化指标体系。该部分基于对西南民族地区 1433 名农业移民的实地调查数据，构建了市民化指标体系，并运用 OLS 回归和分位数回归的实证方法分析了农业移民的异质性人力资本和社会资本对市民化的影响。得到的结论如下：在考察人力资本和社会资本的异质性对农业转移人口市民化的影响时，应该考虑个体化的市民化程度。人力资本在促进低水平的市民化群体中扮演着更明显的角色，而培育集体社会资本和再生社会资本对于促进高度市民化的群体的稳定具有重要意义。因此，应针对不同程度的市民化采取不同的措施，以促进市民化进程。

一 西南民族地区农业转移人口市民化特征分析

从全国范围来看，2018 年农业转移人口比上年增长 0.6%，其总量达到 28836 万人之多。从输出地看，西部地区农业转移人口 7818 万人，比上年增加 104 万人，增长 1.3%，且人数增长明显快于其他地区。从输入地看，在西部地区务工的农业转移人口 593 万人，比上年增加 239 万人，增长 4.2%，西部地区吸纳能力与其他地区相较而言正在逐步增强。农业转移人口月均收入保持稳定增长，外出务工农业转移人口月平均收入 4107 元，比上年增加 302 元，增长 7.9%；本地务工农业转移人口月均收入 3340 元，比上年增加 167 元，增长了 5.3%。外出务工农业转移人口月均收入比本地务工农业转移人口多 767 元，增速比本地务工农业转移人口高 2.6 个百分点。分地区看，在西部地区务工的农业转移人口月均收入 3522 元，比上年增长 5.1%，相对于其他地区，西部地区月均收入增长最快。为了更好地掌握西南民族地区农业转移人口的现状，根据这三个省的统计年鉴以

及其他的资料，以宏观的方式描述了人口城镇化的现状和农业转移人口的现状，如表7-2所示。

表7-2　　　　　　　　西南民族地区人口城镇化

年份	贵州省			广西壮族自治区			云南省		
	常住人口（万人）	城镇人口（万人）	城镇化率（%）	常住人口（万人）	城镇人口（万人）	城镇化率（%）	常住人口（万人）	城镇人口（万人）	城镇化率（%）
2017	3580	1647.52	46.02	4885	2404	49.21	4800.5	2241.4	46.69
2016	3555	1569.53	44.15	4838	2326	48.08	4770.5	2148.2	45.03
2015	3529.50	1482.74	42.01	4976	2257	47.06	4741.8	2054.6	43.33

资料来源：各省统计年鉴。

近年来，西南民族地区所有省份的农业转移总人数一直在稳步增长。其中，贵州和广西近三年去省（区）外就业的农业转移人口呈缩减趋势，省（区）内就业的农业转移人口呈上升趋势，可以看出，农业转移人口的回流趋势明显。云南省外出农业转移人口呈逐年上升的趋势，省内农业转移人口的相对数量远超其他两省（区）。

（一）数据来源

本书所使用的数据来自课题组对农业转移人口的抽样问卷调查，该抽样问卷调查是在对贵州、云南、广西三省（区）的西南民族地区进行的，采取的方法是流入地和流出地相结合。本书研究的是全职进城务工的农业转移人口，因此，排除了"农闲时打工，农忙时种地"的农业转移人口。

对流出地的调查于2018年1—3月展开，采用多段抽样的方法分别从贵州省、云南省的民族自治州、广西壮族自治区中抽取到810份样本，采用入户调查的方式，最终获得有效样本709份。对流入地的抽样调查分两次展开，分别是在2017年7—9月、2018年7月进行的，调研得到了900份数据，其中有效样本为734份，这些调研数据来自对三省省会城市的火车站、产业园区、建筑工地等地的调研。问卷整体有高达84.4%的有效率。

（二）变量设定

1. 因变量：市民化指标体系的构建

在现有研究的基础上，本书综合了市民化所需的多方面因素，建立了四个维度的指标体系，如表 7－3 所示。其中，市民化的意愿衡量了农业转移人口的主观意愿和选择，以决定是否进行市民化；心理认知用于反映个体的主观评价和判断，是对于农业转移人口对搬迁到城市后生活水平变化程度的切身感受；市民化能力侧重于反映个体在城市中实现市民化的经济实力和个体实现城市公民化的保障能力；社会接纳客观上体现了个体在社会上的社会融合而不是流入的情况。

为了全面调查农业转移人口的市民化进程，本书对所有二级指标进行了探索性因子分析，这里采用了方差极大化方法对因子负荷进行正交旋转，共提取出三个特征值大于 1 的公共因子，以公共因子的方差贡献率为权数对这三个公因子进行加总求和，并转换为 1—100 的指数①作为市民化指标。得分越高，表明市民化程度越高。

表 7－3　　　　　　　　　市民化指标体系构建

	一级指标	二级指标	定义	均值	标准偏差
主观指标	市民化意愿	愿意成为本地人	1 = 愿意，0 = 不愿意	0.65	0.477
		农转非意愿	1 = 愿意，0 = 不愿意	0.38	0.486
		未来定居打算	1 = 长期居住在城市或留下继续打工；0 = 回乡	0.58	0.494
	心理认知	生活满意度	1 = 满意，0 = 不满意	0.64	0.481
		愿意与本地人交往	1 = 是，0 = 否	0.65	0.476
		与当地人关系融洽	1 = 是，0 = 否	0.60	0.49
		在城市有归属感	1 = 是，0 = 否	0.52	0.5
		身份定位	1 = 不再是农民，0 = 是农民	0.53	0.499

---

① 转换公式：转换后的因子值 =（因子值 + B）× A。其中，A = 99/（因子最大值 - 因子最小值），B =（1/A）- 因子最小值。各省份城镇居民人均消费支出数据来源于农业转移人口务工地各省（区）国民经济和社会发展统计公报。

续表

	一级指标	二级指标	定义	均值	标准偏差
客观指标	市民化能力	相对收入水平	相对收入水平＝月均工资/（各务工地省份城镇居民人均消费支出/12）①	2.38	1.355
		居住状况	1＝住所稳定，0＝住所不稳定	0.59	0.492
		单位提供住房补贴	1＝是，0＝否	0.38	0.487
	社会接纳	参与社会保障、保险	1＝参与，0＝未参与	0.46	0.498
		熟练使用当地方言	1＝是，0＝否	0.57	0.495
		工作、生活中没有遭受到过歧视	1＝是，0＝否	0.59	0.493
		没有遭受过权益侵害	1＝是，0＝否	0.65	0.476

注：KMO 值为 0.904，Bartlett 球形检验 P＝0.000，总量表的 Cronbach's Alpha 信度系数为 0.841。

2. 自变量

农业转移人口的人力资本是指自身各种能力的总和，这些能力主要是通过接受教育、参加培训、投资健康等方式得到的。所以，农业转移人口的人力资本主要由其自身接受的教育程度、培训次数、健康状况以及工作经验等构成。农业转移人口获得物质资本的能力会伴随受教育程度增加而增强，因此更容易促进市民化。工作经验和培训次数也会促进市民化，而这种经验得通过非农业生产的参与逐渐累积。身体的健康状况代表了是否能够持续进行生产的能力，越良好的身体健康状况越有能力就越有助于市民化的实现。

社会资本也是一种资源，这种资源由个体或团体通过其社会关系网络获得，它可以分为个体社会资本（以个人为中心）和集体社会资本。而个体社会资本又可以将社会资本分为"初始"和"再生"两类，这是按照个体社会资本的建构和扩展来进行划分的。初始社会资本是指尚未迁移到城市时农业转移人口已经拥有的社会资本，而再生资本则是农业转移人口凭借工作而获得的社会资本。劳动力市场的竞争机制表明，劳动力综合素质越高，其在工作选择和竞争时优势越显著，本书选取农

---

① 各省份城镇居民人均消费支出数据来源于农业转移人口务工地各省（区）国民经济和社会发展统计公报。

业转移人口的人力资本水平作为衡量劳动力质量的指标，如表 7 - 4
所示。

表 7 - 4　　　　　　　　　自变量描述性统计

	变量名称	定义	均值	标准误
个体因素	年龄	岁（连续变量）	34.11	0.258
	性别	1 = 男；2 = 女	1.41	0.013
	婚姻	1 = 已婚；2 = 未婚	1.38	0.013
人力资本	学历	1 = 小学及以下；2 = 初中；3 = 高中；4 = 专科；5 = 本科及以上	2.85	0.027
	培训次数	1 = 从未培训过；2 = 1 次；3 = 2 次；4 = 3 次；5 = 4 次及以上	3.12	0.044
	工作年限	1 = 3 年以内；2 = 3—5 年；3 = 6—8 年；4 = 9—11 年；5 = 12 年及以上	3.03	0.033
	健康	1 = 十分不健康；2 = 不健康；3 = 一般；4 = 健康；5 = 十分健康	4.03	0.028
社会资本	集体社会资本数量	加入的工会、老乡会、对自己有帮助的微信群等的数量	1.78	0.028
	集体社会资本帮助程度	1 = 完全没帮助；2 = 有一点帮助；3 = 一般；4 = 有一定帮助；5 = 帮助很大	2.01	0.035
	初始社会资本数量	春节拜年户数（单位：户）	3.18	0.029
	初始社会资本帮助程度	1 = 完全没帮助；2 = 有一点帮助；3 = 一般；4 = 有一定帮助；5 = 帮助很大	3.49	0.03
	再生社会资本数量	进入城市务工后新认识的朋友数量（单位：人）	3.53	0.029
	再生社会资本帮助程度	1 = 完全没帮助；2 = 有一点帮助；3 = 一般；4 = 有一定帮助；5 = 帮助很大	2.42	0.033

（三）研究假设

劳动力市场的竞争机制表明，劳动力综合素质越高，其在工作选择
和竞争时优势越显著，本书选取农业转移人口的人力资本水平作为衡量
劳动力质量的指标。但是，劳动力市场可能会出现价格机制失效的情
况，这种情况的出现大多是由不完全信息导致的，此时，由劳动力的社
会资本构建起来的社会关系网就起到了重要的作用，它能够通过传递就
业信息来帮助劳动力在城市里更容易地寻找到工作来维持生存，并对其

实现市民化有积极的推动作用。故提出如下研究假设：

H7-1：人力资本水平越高，市民化程度越高；

H7-2：社会资本水平越高，市民化程度越高。

二　西南民族地区农业转移人口的市民化实证研究

（一）模型建立

OLS 回归主要考察解释变量对被解释变量条件期望的影响，只有在被解释变量服从正态分布时才是最佳无偏有效估计，而不服从正态分布时，被解释变量的条件期望很难反映整个条件分布的全貌。将因子转换后的市民化值绘制出核密度图，可以看出市民化程度并不服从均匀的正态分布，故不能采用 OLS 进行回归。对分散的数据进行研究可以采用分位数回归（Quantile Regression）方法，相比 OLS，分位数回归更不容易受到离群值的影响。因此，本书采用分位数回归方法验证异质性资本对市民化的影响。

（二）实证分析

为了便于比较，表 7-5 同时列出了 OLS 回归结果和分位数回归结果。其中，模型①是采用普通最小二乘法的回归结果。由于样本之间，尤其是同地区样本之间可能存在一定的相关性，故模型采用稳健标准误以消除异方差等问题的影响。此外，方差膨胀因子也显示变量不存在多重共线性。模型②至模型⑥选取的 5 个具有代表性的分位数：1/10、1/4、1/2、3/4、9/10，用 stata14.0 运用 bootstrap 方法迭代 400 次进行分位数回归得到的结果。

表 7-5　　　　　　　　　　　　　估计结果

	①	②	③	④	⑤	⑥
	OLS	QR_10	QR_25	QR_50	QR_75	QR_90
年龄	-0.0298	0.149	-0.0421	-0.0299	0.00284	-0.0415
	(0.0615)	(0.0998)	(0.0916)	(0.0862)	(0.0759)	(0.0876)
性别	-2.770***	-1.890	-2.790**	-3.156**	-2.110*	-1.523
	(0.894)	(1.452)	(1.332)	(1.254)	(1.105)	(1.274)
婚姻	0.333	1.820	-0.881	1.075	-0.0440	-0.855
	(0.969)	(1.574)	(1.444)	(1.359)	(1.197)	(1.380)

续表

	①	②	③	④	⑤	⑥
	OLS	QR_10	QR_25	QR_50	QR_75	QR_90
学历	6.045***	4.337***	6.268***	6.093***	4.148***	4.053***
	(0.495)	(0.804)	(0.737)	(0.694)	(0.611)	(0.705)
培训次数	1.926***	5.542***	4.055***	1.419***	0.0863	−0.188
	(0.286)	(0.464)	(0.425)	(0.400)	(0.353)	(0.407)
工作年限	1.521***	1.987***	1.138*	1.844***	0.559	0.950
	(0.412)	(0.669)	(0.613)	(0.577)	(0.509)	(0.587)
健康	4.747***	4.533***	4.115***	4.401***	3.294***	1.466**
	(0.473)	(0.768)	(0.705)	(0.663)	(0.584)	(0.674)
集体社会资本数量	2.678***	0.957	0.593	2.861***	3.143***	3.235***
	(0.528)	(0.857)	(0.786)	(0.740)	(0.652)	(0.752)
集体社会资本帮助程度	2.531***	1.940***	2.914***	2.507***	2.215***	1.667***
	(0.420)	(0.683)	(0.626)	(0.589)	(0.519)	(0.599)
初始社会资本数量	−1.836	−0.399	−0.957	−1.728***	−2.861***	−3.990***
	(0.407)	(0.662)	(0.607)	(0.571)	(0.503)	(0.580)
初始社会资本帮助程度	1.383***	2.022***	1.023*	0.611	−0.192	−1.052*
	(0.401)	(0.651)	(0.597)	(0.562)	(0.495)	(0.571)
再生社会资本数量	4.170***	1.480**	3.183***	4.899***	6.012***	4.493***
	(0.414)	(0.672)	(0.616)	(0.580)	(0.511)	(0.589)
再生社会资本帮助程度	0.548	−0.204	−0.0406	0.906*	0.924**	0.898*
	(0.349)	(0.566)	(0.520)	(0.489)	(0.431)	(0.497)
cons	−19.53***	−48.29***	−25.80***	−18.60**	12.08*	41.87***
	(5.249)	(8.524)	(7.819)	(7.359)	(6.484)	(7.476)
N	1443	1443	1443	1443	1443	1443

注：***、**和*分别表示1%、5%和10%的水平。

从表7-5回归结果可以看出，学历、培训次数、工作年限、健康、集体社会资本数量、集体社会资本帮助程度、初始社会资本帮助程度、再生社会资本数量都和市民化程度正相关，假说 H7-1 得到验证；年龄、性别、初始社会资本数量都和市民化程度负相关，假说 H7-2 未得到验证。但是，OLS 回归的作用方向并不意味着在不同的分位数回归条件下，各变量对市民化的影响方向、影响程度是一样的，也不说明各变量通过了不同水平的显著性检验。从图7-1可以看出，在某些分位点上，分位数回归的结果和OLS回归的结果并不完全一致，下面就分位数回归的结果进行分析。

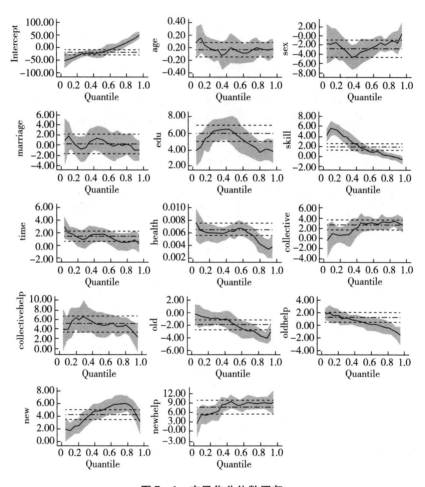

图7-1　市民化分位数回归

教育和卫生对各分位数的市民化有显著的积极影响。平均教育程度为2.85。在低学历的情况下，高学历将成为市民化过程中一个突出的优势。培训时间和工作年限对农业转移人口城镇化程度低和城镇化程度高的影响存在显著差异。培训次数和工作年限仅在50%及以下分位数通过显著性检验，在较高分位数不通过显著性检验。说明职业技能培训和工作年限只能对农业转移人口的低城市化程度起到显著的促进作用，而对农业转移人口的高城市化程度没有显著的促进作用。

一方面，集体社会资本的数量只有通过了显著性检验分位数的50%或更多。意义相同条件下，估计系数逐渐增加，这表明市民化程度越高，他们参加的集体组织越多。另一方面，农业转移人口都可以视为集体社会资本。社会初始资本的大小只对农业转移人口的高度城市化具有显著的阻碍作用。初始社会资本的帮助程度只有25%以下的分位数通过了显著性检验，并且随着分位数增加，初始社会资本的帮助程度不再影响农业转移人口市民化，甚至在分位数大于90%时，呈现显著负向影响。再生社会资本总量对各分位数市民化程度均有显著的正向影响。可再生社会资本的帮助程度只对市民化程度较高的农业转移人口具有显著的促进作用，而对市民化程度较低的农业转移人口没有显著影响。虽然大部分农业转移人口离开土地到城市工作时能够扩大社交圈，扩大社会资本总量，但可再生社会资本对农业转移人口的帮助程度不能普遍化。对于市民化程度较低的群体而言，可再生社会资本在农民工城市中的扩张并不能帮助他们。对于市民化程度较高的群体，可再生社会资本的帮助会进一步推动市民化程度的提高。与初始社会资本在低于10%的显著性相比，再生社会资本在低于10%的显著性没有影响，说明初始社会资本的帮助对农业转移人口低城镇化程度的影响更大。集体社会资本帮助程度对各分位数市民化程度具有显著的正向影响。从估计系数来看，它更有利于市民化程度中等的农业转移人口。

三 研究结论

（一）结论

本部分研究结论如下：

第一，各分位数水平的回归结果和平均回归结果不同。说明无法仅通过平均回归的结果来判断异质资本对于市民化的影响，应充分考量单独个体的市民化程度。

第二，人力资本中的教育背景和健康状况、集体社会资本对社会资本的帮助程度、再生社会资本的数量等"共同"因素对农业转移人口市民化具有显著的促进作用。这些因素显著影响了各分位数的被解释变量，并对城市化进程发挥着持续的推动作用。

第三，市民化水平的差异会导致一些"人格"因素对农业转移人口产生的影响不同。如果将城镇化程度分为高水平和低水平，75%和90%分位的回归结果代表了对于城镇化程度高的农业转移人口而言，可再生社会资本的帮助程度可以显著促进其市民化，10%和25%分位的回归结果表明，在农业人口市民化程度较低的情况下，培训、工作经验可以有效增加人力资本数量，对市民化有着促进作用，集体社会资本和初始社会资本对市民化有着积极的促进作用。

第四，人力资本对低程度群体市民化的促进作用更为显著，而集体社会资本的培育和社会资本的再生对促进高程度群体的稳定具有重要意义。

（二）政策含义

为促进民族地区农业转移人口市民化，应针对不同程度的农业转移人口市民化采取不同的措施。

首先，从"共同"因素。加强民族地区的学术教育，将少数民族语言能力和交际能力的提高纳入课程范围，坚持双语教育。语言能力的提高不仅可以有效地扩大少数民族农业转移人口人际交往的范围，而且有助于积累可再生的社会资本。建立新型城乡合作医疗保险制度，使民族地区农民工具备看病就医能力。

其次，从"个性"因素。在培训方面，建立政府主导的城乡职业教育，在全市形成相应的就业能力培训机制和在岗就业培训机制，开展少数民族农业转移人口培训，从而提高城市化程度低的少数民族农业转移人口的技术人力资本。由于社会网络和经济基础的制约，少数民族农业转移人口缺乏自我扩展集体社会资本和再生社会资本的条件。因此，有必要在少数民族农业转移人口与城市之间架起一座桥梁。可以通过社会组织进行推广，在每一个乡镇，都有固定的多民族群体，可以为少数民族农民发声。在城市中，允许少数民族定期举行具有民族特色的社区活动，促进双向交流。

第八章

心理资本对农业转移人口市民化影响机制分析

第一节 心理资本理论在人口迁移中的理论基础和实践应用

心理资本理论起源于西方发达国家，这个概念在以前很少被提及。随着人力、社会资本不断发展，研究者开始意识到心理资本理论是极其重要的。心理资本被认为是除物质、人力、社会资本以外的第四大资本，逐渐引起了学者的关注与研究。

一 心理资本理论的起源与发展

20 世纪 90 年代，Martin Seligman 在 *Authentic Happiness* 一书中首次提出了这样一个问题："个体是否具有心理资本？若是有，那它具体是什么？我们如何才能获得它？"这一系列问题成了心理资本理论发展与完善的提示音，督促学术界展开持续的、开拓性的研究。

"心理资本"这一概念是于 1997 年由美国学者、经济学家 Goldsmith 等正式提出。他们认为，心理资本是指能够影响个体生产效率的心理特征的集合，包括个体的工作态度、对生活的看法、自我知觉和伦理取向等。1998 年，他们对心理资本做了进一步的深入研究，并把心理资本视为在过往生活中形成的一种相对固定不变的心理。2000 年，美国积极心理学之父 Seligman 先生从一个全新的角度提出了对"心理资本"的理解，他认为能够导致个体积极行为的积极心理状态也应纳入资本的范畴。① Seligman 的观点得到了 Luthans 的支持。Luthans 认为，心理资本与人力资本和社会资本的不同之处在于心理资本关注的是"你是什么样的人"或者"你在成为什么样的人"，所关注的重点更多地在于个体的心理状态。②

Luthans 等的观点极大地拓展了人们的视野和指明了心理资本的研究方向，从而更广泛地引起了各界展开对心理资本理论的探讨。2003 年，Hosen 等进一步研究发展扩展了心理资本的含义，他们认为心理资本指的是个体通过学习等方式获得的能稳固提升个体的内在心理建设，并具有持久性和稳定性的内在心理基础设施。因此，Hosen 等定义心理资本主要分为四个方面：人格素质与倾向、认知能力、自我监控、有效情感沟通质量。2004 年，Luthans 等在积极心理学的框架下提出了"积极心理资本"，强调人的积极心理力量。他们认为，心理资本是人的积极心理状态，主要包括自信（或自我效能）、乐观、希望和弹性四个维度。③ 2005 年，Luthans 等再次结合积极组织行为学理论，首次系统阐述积极组织行为学框架下心理资本的筛选的四个标准：积极性、以理论和研究为基础、可有效的测量、是状态类的个体特征。在此基础上 Luthans 等开发了《心理资本问卷》（*Psychological Capital Questionare*，PCQ），使测量心理资本更具有现实可操作性。随后几年，卢瑟斯、优瑟福和阿沃里奥共同对心理资本的定义进行了扩展和修订，强调了心理资本的可测量性、无限性以及可管理性，提出并设计了心理资本投资、开发和管理的具体方法，对心理资本的应用领域和未来的研究走向进行了预测和规划。至此，国外主流的心理资本理论体系初步形成。

从心理资本理论的发展过程可以看出，心理资本是在已有人力资本和社会资本的研究基础上，产生于积极心理学和积极组织行为学的一个

---

① Seligman, Csikszentmihalyi, M., "Positive Psychology", *American Psychologist*, Vol. 55, 2000, pp. 5 – 14.

② Luthans, F., "Positive Organizational Behavior: Developing and Managing Psychological Strengths", *Academy of Management Executive*, Vol. 16, No. 1, 2002, pp. 57 – 72.

③ Luthans, F. and Youssef, "Human, Social, and Now Posititive Psychological Management: Investing in People for Competitive Advantage", *Organizational Dynamics*, Vol. 33, No. 2, 2004, pp. 143 – 160.

新概念。最初，学者对于心理资本的认知是模糊的和不确定的，关于心理资本的研究往往集中在心理资本内涵、概念的阐释与解析，相近而相异。随着理论研究的进一步深入，学者不断深化自己的认识并修正自己的观点；另外，更广泛的学术合作在学术界展开，相异的观点逐步融合统一，心理资本的理论体系渐渐浮出水面。最终，Luthans 成为心理资本理论研究的集大成者。

二 Luthans 和心理资本理论

（一）心理资本理论诞生之前

Fred Luthans，美国尼勃拉斯加大学教授，曾担任美国管理学会主席，在美国管理学会核心期刊上发表的学术论文数量排名前 5 位。Luthans 不仅是心理资本理论体系研究的大师，也是美国经济管理体系中权变学派的主要代表。权变学派的主要特点是强调个体的随机应变，主张个体要主动适应环境（社会大系统），这在某种程度上影响着 Luthans 对心理资本的认知并成为其展开心理资本相关研究的内生动力。

Luthans 关于心理资本理论的研究起源于他对"人才战"的观察。当今，"抢人大战"在世界范围内展开，打赢"人才战"是今天各界组织所面临的突出挑战。对于组织来说，这一挑战不仅意味着创造性地发现所需的人才，而且意味着要找到创新的方法来利用和开发现有的人力资源，以获取和保持竞争优势。后者更重要，但往往被忽视。为了有效地吸引和管理人才，组织必须在工作设计、薪酬福利、成长机会和工作生活平衡等方面付出成本。即便如此，在如今竞争激烈环境下，组织想要寻找契合的人才往往十分困难。与此同时，经济全球化以及由此带来的政治、经济、技术、社会、伦理等方面的不断变化也给世界带来了巨大的挑战，进一步加剧了人才与市场份额争夺的复杂程度。多变的外在环境为组织及个人的生存带来巨大的压力，在一定程度上对已有人力资源的心理状态产生负面影响，导致个体体力、健康、幸福感与组织绩效的下降。

如何应对"人才战"对个体与组织的负面影响引起了 Luthans 的思考。Luthans 认为，在鼓励人们"关注一些更积极、传统的组织行为学构念，如自尊、强化、目标设置、积极情感、亲近社会与公民行为、授权、投入和参与等", 但依靠这些传统途径"并不足以管理好今天的人才", 在"开发与管理人力资源以获得长久竞争优势方面并不足以创造一种独特的、新颖的思维范式"。举例来说, 组织通过课程培训提高员工的技术水平, 但这一举措容易被竞争对手模仿, 且培训容易过时。在这样的情况下, Luthans 发现组织不仅急需更加一致和更加一体化的人才资源管理实践, 同时也对拓展性的框架有着强烈的需求。换句话说, 基于拓展性的框架, 组织可以有更多选择、更加灵活地运用不同的实践方式, 投资开发特殊的方法和途径, 比如心理资本。随着对"人才战"的思考, Luthans 展开并初步完成了心理资本理论体系的架构。

（二）Luthans 心理资本理论内涵

Luthans 心理资本理论是基于积极组织行为学（Positive Organizational Behavior）的基础和标准所发展而来的。同时, 还加入了积极心理学（Positive Psychology）和积极组织学（Positive Histology）的观点。Luthans 认为, 心理资本是微观的、状态类的个体特征, 因此"它们也是可以开发, 并对绩效结果是有影响的"。在积极组织行为学的理论框架下, 个体的心理优势或者心理能力必须符合以下标准: 基于研究的基础、可以测量、可以开发或者是状态类的个体特征, 同时还要与工作绩效结果有联系。基于这一标准, Luthans 等在工作场所中对心理能力进行了研究与实证检验, 最终筛选出衡量心理资本的维度。

结合心理资本的维度, Luthans 等对心理资本做出了较为详细的定义, 心理资本是个体成长发展过程中的一种积极的心理状态, 具体表现为: 面对有挑战性的工作, 有自信（自我效能）, 能够做出必要的努力来获得成功; 对现在和未来成功的积极方面进行归因（乐观）; 坚持目标并能在必要时刻调整自身以达到目标获得成功（希望）; 在面对逆境和问题时, 他们能够坚持下去, 快速恢复, 超越（韧性）获得成功。

Luthans 认为, 心理资本是属于更高层次的一个核心概念, 满足了积极组织行为学标准下的多种能力的集合, 并且这些能力以协作的方式共同工作。因此, 投资、开发、管理个体的整体心理资本都会对他们的工作绩效和态度结果产生极大影响, 这种影响远大于个体积极的心理能力的影响之和。为了证明心理资本的这一特性，Luthans 等从心理资源理论进行了阐释。广为认可的多元资源理论（Multiple-Component Reource Theories）认为，个人层面的资源是为了取得满意结果，而对其他资源进行管理和协调的关键基本资源，如自我效能、乐观、韧性和追求目标的程度。心理资源的关键资源与心理资本的四维能力有一定的相似性。实证研究结果表明，这些关键资源之间会以协作的方式产生相互作用，以此发挥自己的作用。换句话说，这四类心理资源可"一起旅行"，随时间和情景的变化而产生和实现协同交互效应。就其共性而言，这四类心理资源共享控制感、意向性和追求共同目标，使个体在自身努力的基础上，在面对困境能够坚持下去的同时，乐观评价周围环境以及合理预期成功的概率。

Luthans 认为，心理资本是基于人力资本理论和社会资本理论建立的，关注的问题是"你是什么样的人？""你在成为什么样的人？"但同时又超越了人力资本和社会资本的范畴。心理资本可以包括知识、技能、专长、经验，这些不只属于人力资本的范围，同时也属于"你是什么样的人？"这一方面。对比社会资本同样如此。心理资本可以包括群体层面的构念，如社会支持和关系网络，因为这些也是"你是什么样的人"的一部分。心理资本的全面性还在于考虑了人的发展特性。人具有向可能的自我转变的倾向，即"你在成为什么样的人"，而人力资本和社会资本仅仅展示了现实的自我。因此，心理资本也是一种动态资源，会随着时间的推移而增长并得到维持。[①]

现如今，心理资本提供了一个全新的、更加高级的决策参考，可以帮助企业、社团、单位等组织投资人力资源提供科学参考。在众多的工作场合里，心理资本、人力资本和社会资本的协同发展也成为实现人的潜能的关键所在。例如，在困难面前形成和保持韧性所需的许多资源也是人力资本不可或缺的组成部分，如知识、技能、能力和经验。此外，韧性的形成和保持还包括了社会资本中的一些必不可少的组成部分，如社会网络。同样，心理资本、人力资本和社会资本的协同作用也会对韧

---

① Luthans, F. et al., "Positive Psychological Capital: Going Beyond Human and Social Capital", *Business Horizons*, Vol. 47, No. 1, 2004, pp. 45 – 50.

性的形成与保持产生较大的影响。

（三）心理资本的干预与开发

心理资本可以通过一些短期的集中干预措施进行开发，增加、改善个体的心理资本将会使个体所在的组织从中获得利益。心理资本的干预主要指的是通过不同措施对个人和组织的心理资本存量和质量进行干预，从而达到管理者预期的目标。同时，管理者可以根据自身的发展需求，制定不同心理资本的结构和内容，有针对性地设计采取干预措施，帮助个体或者组织获得更高质量的心理资本。

2005 年，Luthans 提出了著名的心理资本微干预模型，即 PCI 模型（Psychological Capital Micro-inter-vention）[1]，通过前测和后测控制组实验设计验证了微干预后心理资本的显著增加。PCI 模型整体有针对性地对每一项心理资本提供了若干种开发路径。Luthans 针对希望、乐观、自我效能和韧性四个维度，提出了一套完整的、具有可操作性的微干预措施，也就是树立希望、培养乐观、提升自我效能、增强自我恢复力，并通过实证检验论证了该模型应用的效果。其中，开发希望指的是参与者在设定工作目标方面的实践，当然，目标要有明确的个人含义、合理的挑战、明确的时间起点和终点；开发乐观指的是在克服障碍和制订路径的过程中慢慢培养出的自我效能感，为积极预期奠定坚实基础；自我效能感的开发意味着参与者通过级进式方法设定目标。通过掌握/成功经验、替代学习和模仿、社会说服、生理和心理觉醒等途径发展自我效能感；开发韧性是充分意识到你拥有的个人资产，如天赋、技能和社交网络可以增强个体韧性。

目前，关于 Luthans 的研究，有部分学者也提出了一些关于心理资本的干预方法。2008 年，郑国娟认为可以采取规范管理，注重心理所有权；分享成功，培养自我效能；挑战目标，培育希望；寻找机会，促进乐观；心理援助，增强韧性；管理培训，提高情商；心理培训，完善心理契约等具体措施增强员工的心理资本。2009 年，徐莹提出通过实施战略人力资源管理实践，培养员工的自我效能感和自信心，激发身心机能，提高员工的希望特质，培养员工的乐观特质。还可以通过开发员

---

[1] Luthans, F., et al., *Organzational Behavior*, New York: McGraw-Hill/Irwin, 2005.

工的坚韧性特质等方法，有效开发企业员工的心理资本。

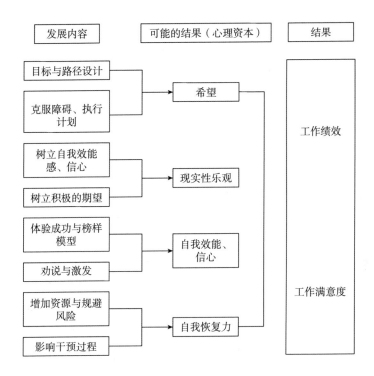

图 8－1 心理资本微干预模型

三 心理资本理论的多元发展

（一）心理资本的内涵

心理资本提出后经历了一段时期的探索与拓展，关于心理资本的内涵也从片面、单一走向丰富、多元。当前，学术界对于心理资本内涵的认知主要包括以下三种：

1. 特质论

心理资本特质论认为心理资本是人性格的一种特质，这种特质类似于个体的性格，是个体在成长过程中形成的，并具有长期稳定性，是先天作用的结果。如智力、天赋和可遗传的积极性格特征，这些特征是非常稳定且难以改变的。

2004 年，Letcher 将心理资本与积极人格特质等同，认为心理资本与大五人格相似，属于人口统计学变量。[①] 同年，Hosen 认为，心理资本指的是具有持久性和相对稳定性的一种心理内在的基础架构，主要包括个体品质和倾向、认知能力、自我监控、有效的情绪交流质量等方面。由此可以看出，特质论学者认为，心理资本等同于人格、性格力量和美德等，具有先天遗传、相对不变的特质。[②] 2006 年，Cole 认为，心理资本是一种影响个体行为的人格特征。[③]

2. 状态论

状态论者认为，心理资本是个体在某一段时间的心理状态，这种状态不太稳定，但是会随着时间和环境的变化而改变。是一种特定的、比较容易改变和开发的积极心理状态。

2002 年，Goldsmith 和 Tettegah 认为，心理资本是个体对自我、生活工作以及人生信仰、态度和认知的综合。[④] 2004 年，Avolio 等认为，心理资本指的是一种可以帮助个体取得高绩效工作和快乐工作指数的积极心理状态，这种状态有利于个体产生积极的组织行为。因此，管理者可以通过投资和开发之后使个体获得更高的工作绩效和工作满意度。[⑤] 同年，Luthans 提出，心理资本是由多种因素构成的综合体，是一种重要的个人积极心理状态和心理能力，也是个体在特定情景下面对任务、绩效等采取的一种积极状态心理资本，将对个体的认知和工作过程、工作满意度和绩效都产生显著的影响。2005 年，Luthans 在研究中国工人的心理资本与工作绩效的关系时，再次强调心理资本是个体在特定的情境下对待任务、绩效

[①] Etcher, L. and Niehoof, B. , "Psychological Capital and Wages: A Behavioral Economic Approach", *The Midwest Academy of Management*, Minneapolis, MN, 2004.

[②] Hosen, R. , et al. , "Education and Capital Development: Capital as Durable Personal, Social, Economic and Political Influences on the Happiness of Individuals", *Education*, Vol. 123, No. 3, 2003, pp. 496 – 513.

[③] Cole, K. , "Well – being, Psychological Capital, and Unemployment: An Integrated Theory", The Joint Annual Conference, Paris, France, 2006.

[④] Tettegah, et al. , "Psychological Captical and Electronically Mediated Representations of Cultural Consciousness", *World Educational Media and Technology*, 2002, pp. 1946 – 1947.

[⑤] Avolio, et al. , "Unlocking the Mask: A Look at the Process by Which Authentic Leaders Impact Follower Attitudes and Behaviors", *Lesdership Quarterly*, No. 15, 2004, pp. 801 – 823.

和成功的一种积极心理状态。[①]

3. 综合论

综合论又称"类状态论",综合论者认为心理资本是个体在成长过程中形成的心理素质,既是个体的一种特质,具有相对稳定性与状态性,短期内容易被其他因素影响。

2006 年,Avolio 等首次在探讨心理资本含义时,提出了"类状态"的概念。他们认为,心理资本首先具有状态性,可以通过不同的干预措施来开发;其次具有特质性,相对比较稳定,而且状态和特质实际上是同一维度上的两个极端。2007 年,Luthans 等修正了心理资本方面早期提出的状态论,他们认为心理资本指的是个体在早期成长和当前发展的过程中所表现出来的类状态的积极心理力量。同时,他们还指出,个体心理资本的必要组成要素必须包括四个方面的基本条件:积极性、能够被有效测量、类状态性、对个体的行为绩效有积极的促进作用。Bandura、Snyder 对希望的研究,Carver 对现实性乐观的研究和 Masten 对坚韧性的研究都对心理资本类状态变量的特点提供了佐证。

(二) 心理资本的结构

目前,不同学者对于心理资本的要素选择标准方面存在很大分歧,导致他们在心理资本的维度结构方面的研究产生了不同论述。当前,学术界对于心理资本的组成要素和维度结构的选取主要有以下几种观点:

1. 二维度说

二维度说认为,心理资本主要是由两个要素构成。Goldsmith 等提出,心理资本是由两个因素构成:自尊和控制点。自尊包括健康、价值观、善良、外貌和社会能力。控制点是指个体对生活的一般看法,包括内控和外控。2008 年,魏荣和黄志斌在对企业科技创新团队的研究中提出了企业科技创新团队心理资本框架模型,他们认为心理资本的构成要素包括显性心理资本和潜在心理资本。其中显性心理资本表现为一系列积极的团体心理状态,具有灵活性和发展性特征,包括团队效能、工

① Luthans, et al., "The Psychological Captical of Chinese Workers: Exploring the Relationship with Performance", *Management and Organization Review*, No. 1, 2005, pp. 247 – 269.

作韧性、乐观归因、共同远景①；潜在心理资本表现为一系列积极的心理特质，具有相对稳定性和发展性特征，包括认知优势、情绪智力、特质型动机、价值观念。2009 年，柯江林将心理资本划分为事务型心理资本和人际型心理资本两个维度。乐观希望、自信勇气、锐意进取、坚韧不拔被归类为事务型心理资本；宽容与宽恕、谦虚与稳定、尊重与礼让、感恩与奉献被归类为人际心理资本。②

2. 三维度说

三维度说认为心理资本主要由三个因素构成。2002 年，Luthans 基于积极组织行为理论提出了三个标准结构：信心、希望和弹性。2005 年，Luthans 通过研究验证了中国工人的心理资本主要由三个方面组成：希望、韧性和乐观，并强调心理资本可以让中国工人更具核心竞争优势。其中，希望是指个体对道路的感知力和实现特定目标的方法，并利用这些方法来推动自己的努力；复原力是指个体从逆境、不确定性、冲突、失败甚至积极变化中恢复，并在恢复过程中取得进步、增强责任感的心理能力。乐观主义是一种基于目标的建构，即期望产生有价值的结果，是个体对结果的积极归因，即人们把好事归因于内在的、持久的、普遍深刻的原因，把坏事归因于外在的原因，积极解释风格的暂时性和特殊性。Larson 等在 2004 年的研究中指出，心理资本应该由自我效能感、乐观主义和韧性组成。但 Jensen 等在 2006 年的研究验证了 Luthans 等关于心理资本由希望、乐观和韧性三个维度组成的观点。

3. 四维度说

四维度说认为心理资本主要由四个因素构成。Judge 等在 2001 年的一项研究中指出，心理资本的四个因素是自尊、心理控制源、情绪稳定性和自我效能感。蒋建武、赵署明在 2007 年也提出相似观点。③ 2003 年，Jensen 提出心理资本主要由四个因素组成：希望、乐观、自我效能、弹性。2004 年，Luthans 和 Youssef 基于人力资本、社会资本和积极心理资本管理等方面的比较研究，提出了心理资本四维度的理论模

---

① 魏荣、黄志斌：《企业科技创新团队心理资本结构及开发路径》，《中国科技论坛》2008 年第 11 期。

② 柯江林等：《心理资本：本土量表的开发及中西比较》，《心理学报》2009 年第 9 期。

③ 蒋建武、赵曙明：《心理资本与战略人力资源管理》，《经济管理》2007 年第 9 期。

型，包括自信、希望、乐观和坚韧性，这一观点得到了许多研究者的研究论证，Avey 和 Larson 等在 2006 年根据实证研究的结果也提出了同样的观点。其中，自信是指个体对自己有能力使用各种认知资源获得特定结果产出的信念；希望是指个体具有驱动力和方法以获得目标，个体可以通过目标设定、逐步改进、参与实施、表现自信、充足的准备、权变的计划、在脑中预演和重新设定目标来提升自己的希望水平；乐观主义是一种解释风格，这意味着个人可以把积极事件的内在、永久和普遍的归因；坚韧性指个体能够从逆境、失败或无法抵抗的积极变革中恢复的能力。同时，Luthans 指出，心理资本绝不仅是这个结构的简单集合，而是比这四个结构更高层次的核心概念。此外，2009 年，惠青山通过研究证明了中国员工的心理资本主要包括四个维度：冷静、希望、乐观、自信。冷静是指一个人在工作中即使遇到来自外界的不利刺激，也能保持冷静的情绪。[1]

4. 多维度说

多维度说认为心理资本是由五个或五个以上的维度构成的。心理资本的概念源于积极心理学和积极组织行为学。因此有学者认为，凡是符合积极组织行为标准的心理状态和心理要素就属于心理资本的维度，由此形成了心理资本的多维度理论。例如，Letcher 在 2004 年提出心理资本实际上是一个人的人格特征。因此，他将心理资本等同于大五人格，认为心理资本包括五个维度：情绪稳定性、外向性、开放性、亲和性和责任感；同年，Page 提出心理资本的五个维度不是大五人格因素，而是乐观、希望、弹性、自我效能和诚信。2006 年，曹明奇提出心理资本应该包括希望、乐观、主观幸福感、情绪智力、弹性和公民组织行为六个维度。2008 年，田希洲通过理论分析，提出旅游企业员工心理资本包括自信、希望、乐观、坚韧、快乐和情商等六个维度。幸福是指一种让人感到舒适的主观体验，而情商是指感知自己和他人的感受和对自我的激励。

（三）心理资本的测量

1. Goldsmith 等开发的《心理资本量表》

Goldsmith 等开发的《心理资本量表》是基于已有心理问卷，并根据理论分析进行简单的拆解和组合而得，而不是经过严格的程序自己开发的。他们认为个体的心理资本是自尊（Self-esteem）和控制点（Locus of Control）两个维度构成，因此在测量个体心理资本时，他们将 Rosenberg 的自尊量表（The Self-esteem Scale，SES）和 Rotter 的内在外在心理控制源量表（Internal External Locus of Control Scale，I-E）进行拆解和组合，形成了《心理资本量表》。Goldsmith 等的《心理资本量表》虽然没有得到学者的接受和认可，但是这种组合已有问卷对心理资本进行测量的思想却对后来的心理资本测量带来深远的影响。

2. Luthans 等开发的《心理资本问卷》

这是目前公认的比较成熟的心理资本量表。2007 年，Luthans 等基于心理资本的类状态性，同时考虑心理资本结构要素的入选标准，认为心理资本由自我效能、希望、乐观和韧性构成，在项目组合上依旧采取从已有的成熟问卷中进行挑选的方法。其中，自我效能感的项目选自 1998 年 Parker 开发的效能感量表，希望的项目选自 Snyder 等开发的希望状态量表，乐观的项目选自 1985 年 Scheier 等开发的生活取向测验，韧性的项目选自 1993 年 Wagnild 等开发的韧性量表，笔者从每个量表中各自选取了 6 个较高的表面效度和内容效度的项目组成了包含 24 个项目的《心理资本问卷》（PCQ-24）。依据心理测量学的研究结果表明，《心理资本问卷》（PCQ-24）具有良好的信、效度，可以作为专业测量工具使用。

3. 柯江林等的本土《心理资本量表》

柯江林等以积极组织行为学标准为基准，通过深度访谈、文献研究、专家访谈和开放式问卷调查以及预测试的方式，编制形成了包含 63 个项目的二阶双因素结构的本土《心理资本量表》。二阶双因素是交易心理资本和人际心理资本。其中，交易心理资本包括乐观希望、信心、勇气、毅力、进取五个维度。人际心理资本包括尊重、礼貌、谦虚、诚实稳定、感恩、奉献和宽容。信度分析结果表明，交易型心理资本的 Cronbach α 系数为 0.81，各维度的 Cronbach α 系数在 0.70—0.84；

人际型心理资本的 Cronbach α 系数为 0.84，各维度的 Cronbach α 系数在 0.71—0.83，《心理资本量表》的总体 Cronbach α 系数为 0.86。探索性因素分析结果表明问卷也具有良好的构想效度。为了降低被试者的疲劳及填答抗拒心理，研究者按因素负荷值从高到低，从每个因素中各选出 5 个项目，形成了由 40 道题组成的短版量表。对短版量表的信、效度分析结果表明，短版量表同样具有良好的信度、效度。

4. 张阔等的《大学生心理资本问卷》

张阔等基于文献分析、国内外相关测量工具，同时通过基础测试，对 181 名在校大学生的测试结果进行分析，结果得到了包括自我效能、韧性、乐观和希望的《大学生心理资本问卷》（PPQ），共计 4 个因子，26 个题目。信度分析结果表明《大学生心理资本问卷》的 Cronbach α 系数为 0.90，各分量表的 Cronbach α 系数在 0.760—0.860，说明该问卷信度良好。经过探索性因子分析，结果显示此份问卷具有良好的结构效度；经过验证性因子分析，结果表明此份问卷支持大学生心理资本的四因素结构，同时，研究发现该问卷具有合理的鉴别效度和良好的实证效度。[①]

5. 叶一舵和方必基的《青少年学生心理资本问卷》

叶一舵和方必基通过对国内外文献的充分研读与分析，同时考虑开放式问卷和专家的分析结果，开发了《青少年学生心理资本问卷》。他们利用问卷对 456 名青少年学生（初中、高中、高校）进行初测，确定四个维度：希望、乐观、自信和韧性，共计 22 个条目。之后利用正式问卷大规模测量 2266 名青少年学生，结果显示总量表的内部一致性系数为 0.9058，希望、乐观、自信和韧性四个因子的内部一致性系数分别为 0.9048、0.8139、0.7201 和 0.7408。总量表的分半系数为 0.8825，四个因子的分半系数分别为 0.8810、0.7978、0.7131 和 0.7314。在重测信度方面，总量表的重测信度为 0.878，四个因子的重测信度分别为 0.855、0.806、0.837 和 0.726。结果表明，《青少年学生心理资本问卷》的各项指标均达到心理测量学的要求，可以作为测

---

① 张阔等：《心理资本、学习策略与大学生学业成绩的关系》，《心理学探新》2011 年第 1 期。

量和评估青少年学生心理资本积累水平的工具。[1]

（四）心理资本理论的本土研究

心理资本概念诞生不久，国内学者便开始展开研究，对其理论作了重要的介绍、检验和扩展。然而，人文社科理论不像自然科学法则放之四海而皆准，不同文化背景下诞生的人文社科理论面临着显著的适应性问题。Luthans 本人也意识到了这个问题，他认为，文化区别性会影响人一生中能够获得的资源集，不同心理能力在个人主义和集体主义的文化中受到鼓励的程度将会不同。因此，在跨文化背景下去探索新的心理资本要素并跨文化运用将是未来的一个研究方向。在中国人际关系处于一个极其重要的地位，如果在工作中与他人发生人际关系冲突，将会不利于个体获取职业成功。由于人际关系的建立有赖于他人对个体态度与行为的认同，因此个体在有效处理人际关系时所需的积极心态必然与社会能够普遍接受的规范或文化紧密相关。这也表示与西方世界"个人独立"的行为模式相比，中国人在精神上的"个体依附"将更可能使他们在人际关系交往上所需要的积极心态产生系统性的偏差。此外，由于心理资本理论诞生的时间较短，学界内关于其构成维度的说法莫衷一是，还有许多未定的构成要素等待开发与检验。学者根据自己对心理资本内涵的理解以及对国内外文献的分析，对心理资本的不同维度进行划分，由此开发出了多种版本的测量量表。因此，对于心理资本的结构研究进行综合研讨很有必要。

1. 事务型的心理资本和人际型的心理资本

我国学者柯江林率先开始了心理资本理论本土化的研究。柯江林的研究以 POB 标准为基准，根据扎根理论和归纳法进行研究。首先，通过深入访谈、文献阅读、开放式问卷调查、专家访谈等方式，对心理资本行为事件的陈述进行收集和分类，进而形成心理资本的初始量表。其次，利用调查数据进行项目分析、信度效度分析和验证性因子分析，进一步细化项目和量表的信度效度。最后，通过比较中西方量表在信度、效度影响和工作绩效分析上的差异。

---

① 叶一舵、方必基：《青少年学生心理资本问卷编制》，《福建师范大学学报》2015 年第 2 期。

柯林江从六个角度展开了探讨分析：本土心理资本的维度、事务型与人际型心理资本的关系、本土心理资本维度与西方的区别和联系、本土心理资本量表的效标关联效度、本土心理资本量表与西方量表的信效度比较、本土心理资本与西方心理资本对工作绩效的解释力比较。他认为中国组织语境下的心理资本是个体在工作和与他人交流中所处的积极心理状态，可以测量和发展，包括交易心理资本和人际心理资本。具体而言，地方心理资本建设具有两阶段双因素结构：交易性心理资本（自信勇敢、乐观、进取坚韧）和人际性心理资本（谦虚诚实、宽容、谦恭有礼、感恩）。交易性心理资本与西方心理资本相似，而人际型心理资本具有本土文化魅力。中西方心理资本的差异在于在心理资本中增添了人际因素。之后，他将心理资本理论本土化的研究结果在现实场景中应用，研究了心理资本对工作投入、主观幸福感和沉默行为的影响，以及心理资本对工作满意度、组织承诺和离职倾向的影响，得到了正向的反馈。

2. 个体心理资本和群体心理资本

有学者将心理资本划分为个体心理资本和群体心理资本两个维度。个体心理资本等同于外来心理资本。群体心理资本是指在群体层面表现出来的促进群体成长和发展的核心心理要素，主要包括三种积极的群体心理能力：群体效能、信任和合作。

群体效能指的是团队成员对团队成功完成特定任务或达到特定成就水平的整体能力的共同信念。群体效能来自于自我效能感，群体效能感是自我效能感在群体层面的拓展和延伸。它是通过群体之间的互动以及群体认知过程建立起来的。团队效能感对团队成员的目标设定、计划制订、资源处理、对团队任务的承诺以及遇到挫折时的态度会产生影响作用。团队效能感能够促进团队协作和团队学习行为、提高员工满意度、降低工作倦怠和离职率、增强团队效能，从而提高团队绩效。

信任是相信一个事件或行动会发生或不会发生。信任源于群体的社会性，表现为群体关系中个体间的依赖和寄托情绪。信任是一种重要的精神资源，是现代人构建主观幸福感的道德基因，对个体社会活动具有重要意义。信任维护社会秩序，用共同的目标和价值观团结人们。信任可以帮助维护群体之间的关系、调动个体的积极性和主动性、促进个体之间的对话与交流、拓展人际网络和增加合作机会。所有社会或群体都有一定程度的基本信任，这种信任能够促进团队或群体之间的有效合作，为组织绩效的提高提供基础和根本保障。

合作是指个人或群体为了共同的目标或利益而团结起来的倾向或信念。合作信念决定了个体对合作行为的态度，决定了个体在工作中能否与群体协调，从而影响群体工作的效果和质量。合作可以增强团队中个体成员的归属感、成就感和满意度，拓展团队之间的关系网络，有效地进行情感沟通和信息交流，为组织绩效的提高提供更多的资源和社会支持，把个人的机会主义行为减少到最低限度。在信任、友谊、互利的基础上，集团具有强大的凝聚力和向心力，从而开展充分有效的合作，进一步提高组织绩效。合作能促进企业的发展，是企业成功的关键。

第二节　农业转移人口市民化心理资本形成条件和作用机制

一　心理资本的形成：前因变量

（一）个体因素与心理资本

个体心理资本会由于性别、年龄、教育背景、工作年限、职位、企业性质等因素的影响而存在一定差异。在心理资本的整体水平上，男性高于女性，50岁以上的员工高于其他年龄组。外资和合资企业员工的心理资本水平高于民营和国有企业员工，丁成莉的研究也证实了这一点。①

个体心理特征主要包括身心健康和控制点。良好的健康和稳定的心态有助于培养自信，使个人以希望和乐观的态度面对未来，即健康水平可以影响心理资本水平。同时，控制点也对心理资本水平具有显著影响，内控型人格的员工其心理资本水平往往要高于外控型人格的员工，

---

① 丁成莉：《企业员工的心理资本对其工作绩效和工作卷入的影响》，硕士学位论文，河南大学，2009年。

惠青山（2009）的实证研究同样证实了这一点。生活经历是指企业创立者教育和家庭背景、过去的创业和管理经验以及可以利用的环境背景和支持网络。虽然研究者认为，创业者生活经历会对其创业过程中的心理资本产生影响，但是其影响力大小还没有得到实证研究的证实。

（二）社会经济文化环境因素与心理资本

心理资本属于个人的心里潜能，不一定会受到经济因素带来的影响。Myers 在分析人均收入与快乐幸福的关系时发现，收入对个人的幸福感有一定的影响，但是当人均收入超过 8000 美元时，它们之间的关系就消失了。因此金钱与心理资本之间存在一个影响的阈值，在这个阈值之内影响较大，超过这个阈值，经济因素的影响力就会降低甚至消失。良好的人际交往及和睦的家庭关系也会对心理资本产生正向作用。和谐的人际关系可以使人变得积极、乐观，从而增强心理资本。亲情和友情往往是个人的强力后盾，在个体需要帮助的时候给予必要的支持，从而加强了个体面临困难时的信心和解决困难的能力。家庭归属感也会使人萌生满足和幸福感，从而增强心理资本，对生活充满期盼与信心。

（三）组织因素与心理资本

组织支持对员工的心理资本存在正向影响。Luthans 等（2008）研究发现，组织支持气氛对员工的心理资本水平有影响。田喜洲和谢晋宇经研究证明了组织支持是通过心理资本来影响组织公民行为、员工角色内行为和缺勤行为。[1] 组织支持对员工的心理资本和工作绩效具有促进作用。组织文化氛围对心理资本也有一定的影响。通过对中国企业员工心理资本结构的维度和影响因素的研究，学者发现环境支持和工作挑战对员工心理资本结构有显著影响。在这里，环境支持是指员工对公司和同事评价他们的贡献并关心他们的幸福感形成的总体信念或看法。此外，领导行为对员工的心理资本也有影响。员工对真诚领导的感知与心理资本显著正相关。领导者的真挚行为对员工的心理资本具有促进作用。另外，虽然真诚领导对员工心理资本产生影响，但积极组织氛围在

---

① 田喜洲、谢晋宇：《组织支持感对员工工作行为的影响：心理资本中介作用的实证研究》，《南开管理评论》2010 年第 1 期。

其中起到部分中介作用，性别在其中起到调节作用。心理资本在员工感知的变革性领导与员工角色行为、组织公民行为间起到中介作用，领导的变革性领导行为会对员工的心理资本产生积极影响，并通过心理资本进一步影响其行为表现。

二 心理资本的作用机制

（一）心理资本作用路径

在心理资本的作用机制研究方面最先得到应用的是主效应模型，大多数学者认为心理资本会对个体、群体或组织层面的相关结果变量产生直接影响，且该影响过程不受其他变量的影响。随着历史进程的推进，学者对心理资本理论及其作用机制的研究不断加深，心理资本理论的构建越来越多元化，心理资本的作用机理也逐渐扩展出其他一些模型，包括缓冲效应模型、调节效应模型和动态效应模型。

1. 主效应模型

目前，学术界较为认可的是主效应模型，该模型指出心理资本对个体情绪和举动的影响具有直接性，即心理资本会直接作用于个体的情绪，并对个体的行为产生影响。从个人方面来看，许多研究结果得出，个体的工作绩效与心理资本之间存在显著的正相关关系。例如，Maddi通过研究发现，弹性较强的员工相比于弹性较弱的员工更容易保持一个健康的身体，同时获得较大的满足感和较高的工作绩效。Luthans的研究也证实了员工的工作绩效与其心理资本之间存在显著的正相关关系。Luthans等调查研究了美国某高校商学院学生心理资本与其学业成绩之间的关系［年级平均成绩（GPA）］。该研究不仅证实了心理资本与学生年级平均成绩（GPA）之间的关系，还对培养商学院学生心理资本，促进学生发展和成功具有的重要意义。另外，心理资本能够对员工的工作倦怠感产生抑制作用，心理资本水平较高的员工，其产生的工作倦怠感往往较小，从而提高工作效率和成果。Avey等通过研究得出，员工的心理健康会受其心理资本的影响，且随着时间的延长，心理资本对心理健康的影响也会逐渐增大（Avey, et al., 2010）。从组织层面来看，医院护士的心理资本与领导对他们的综合评价具有较大的促进作用（Luthans, Jensen, 2005）。Avey等研究得出，心理资本会促使组织公民行为朝着受社会认可的方向发展。

2. 缓冲效应研究模型

缓冲效应模型的支持者认为心理资本对中间变量产生的影响具有间接性，即心理资本对个体的影响是通过中间变量来实现的。其中，中间变量又分为两类，分别为中介变量与调节变量。中介变量与调节变量的区别为中介变量具有不可或缺性，而调节变量不具有不可或缺性。对于中介变量，心理资本对员工职业的影响可以通过员工的压力来实现（Avey，Luthans Jensen，2009）。Cole 等通过研究得出，心理资本对个体职业的影响可以通过幸福感来实现。Chapp 等研究得出，心理资本对员工工作绩效的影响可以通过员工对管理的信任来间接实现。对于调节变量，有研究表示组织氛围可以增强心理资本对员工工作绩效的调节作用，较好的组织氛围会提高员工的热情和积极性，同时提高员工对未来的希望。另外，组织认同水平可以提高心理资本对组织承诺及员工偏差行为的调节作用。

3. 调节效应研究模型

支持调节效应模型的学者认为，心理资本对个体的影响可能存在直接和间接两种影响作用。如 Walumbwa 等经研究发现，领导者的心理资本对员工的工作绩效具有直接影响，而员工的心理资本则在其中起到调节作用。在失业人员主观满意度对其再就业行为的影响关系中，心理资本起着协调作用。心理资本水平较高的个体往往对生活充满热情，对找到合适的工作抱有较大的希望和信心，会更加积极主动地寻找合适的工作，其寻找到合适工作的可能性也越高（Cole，2006）。在支持性组织氛围对员工工作绩效的影响关系中，心理资本起着协调作用，心理资本水平较高的员工更容易感受到组织支持，并接受组织支持。为了回报组织支持，最简单有效的方法就是提高工作绩效（Luthans，Noman，Awdio，Avey，2008）。Caza 等研究发现，演员的心理资本水平对演员与观众之间的互动交流具有直接影响，心理资本水平较高的演员往往更加乐观并富有激情，希望通过增加与观众间的互动使表演更加生动和多样化，将欢乐传递给更多人；另外，在演员心理资本与观众互动交流影响关系中，观众的心理资本对其具有调节作用（Caza et al.，2009）。Toor 等经研究发现，心理资本对诚信领导和变革型领导具有显著影响。而变革型领导的心理资本对领导绩效的预测具有调节作用（Too and Ofori，2010）。

4. 动态效应研究模型

持动态效应观点的学者认为,心理资本与结果变量之间是作用与反作用、循环往复的动态发展过程。即心理资本会对结果变量产生正向的作用,而由于优化后的结果变量使原来的心理资本也得到进一步提高,如此往复。如 Cole、Daly 和 Mak 通过研究得到,心理资本对失业人群是否选择工作的影响,是以幸福感为中介来影响失业人员选择工作的动机,进而影响失业人员是否选择工作;而在此过程中,外在的和潜在的利益,如资产状况、社会地位、社会契约、时间压力等又反过来影响失业人员的心理资本水平,从而形成一个动态循环模式。

综合以上的观点可得,心理资本的作用机制是非常复杂的,需要更深层次的研究。同时我们也看到,心理资本无论是对个体的工作绩效、学业成绩、主观幸福感、择业还是对组织的发展都具有积极作用,这也为提升农业转移人口市民化意愿、促进农业转移人口城市融入提供了新的思路。

(二) 心理资本的应用与研究

1. 心理资本对工作绩效的影响

管理领域的许多研究表明,心理资本会伴随企业员工的整个工作过程中,并对其工作情绪和成果起到促进作用。Peterson 和 Luthans (2002) 的一个实证研究结果证明,希望水平较高的管理人员,其管理的工作部门绩效较高,下属的留职率和满意度也较高。Luthans 和 Jensen (2002) 通过研究发现,企业高层对企业所有权的满意度随着他们的希望水平提高而提高,高层对企业的期望值越高,则其对自身所持有的企业所有权的满意度越高。Combs 等 (2009) 认为,心理资本对促进员工的学习动力和参加培训意愿具有正向作用,同时有利于员工将学到的东西与实践相结合。Patera 等 (2006) 研究发现,心理资本能够显著减少员工的缺勤行为。

仲理峰经过探究得到,心理资本整体对员工绩效影响的显著性及作用方向与心理资本中的各个维度对员工绩效影响显著性及作用方向是一致的。[①] 黄竞 (2012) 经研究得到,心理资本水平对智力型员工的工作

---

① 仲理峰:《心理资本对员工的工作绩效、组织承诺及组织公民行为的影响》,《心理学报》2007 年第 2 期。

压力具有抑制作用。王萍和李丹晨通过研究发现，智力型员工的工作效率和成果随着其心理资本水平的提高而提高。[①] Luthans 等（2005）发现，企业员工的希望水平、乐观程度以及复原力水平对工作绩效均存在显著影响。此外，心理资本总体水平对员工的工作绩效及工资均具有促进作用。

2. 心理资本对薪酬水平的影响

Goldsmith 等（2002）通过研究得出，员工生产力及其薪酬与员工自尊心之间存在正相关关系，且心理资本对实际工资的促进作用要大于其对人力资本的促进作用。与教育程度、工作年限或基本技能等人力资本相比，心理资本对个人实际工资的影响更大。例如，被试者的自尊水平每增加10%，其实际工资就会增加24.8%或13.3%。

3. 心理资本对工作满意度的影响

中国学者仲理峰（2007）对198名中国企业员工的心理资本和希望、乐观、坚韧三种积极心理状态及其与工作满意度的关系进行了实证研究。结果表明，在控制了性别和年龄对因变量的影响后，员工的希望、乐观和坚韧对工作满意度有正向影响；同时，希望、乐观、坚韧三者结合形成的心理资本总量对工作满意度的正向影响大于希望、乐观、坚韧三者单独作用的总和。Larson 和 Luthans（2006）以74名员工为样本，研究了心理资本对员工工作态度的预测效应。结果表明，员工心理资本与工作满意度、组织承诺呈正相关；与人力资本和社会资本相比，员工心理资本对其工作态度的影响更大。

4. 心理资本对工作倦怠的影响

1974年，美国心理学家 Freudenberger 首次将职业倦怠描述为"由于工作时间长、工作量大、工作强度高而导致的一种筋疲力尽的状态"。工作倦怠是长期情绪和人际关系紧张的反应。1981年，Maslach 等进一步确定了工作倦怠的三个核心部分，即情绪耗竭、人格解体和个人成就感低下。鲁虹、葛玉辉从四个方面分析了员工工作倦怠的成因，

---

① 王萍、李丹晨：《知识型员工心理资本与工作绩效的关系研究》，工程和商业管理国际学术会议论文，上海，2012年。

包括职业兴趣、胜任力、个性、组织结构等方面，提出体验经济时代如何从个人层面和组织管理层面开展心理资本管理实践，从而有效预防和减少工作倦怠。①

5. 心理资本对员工组织行为的影响

Wagnild 等（2000）通过研究发现，员工绩效和离职率与乐观水平之间存在相关关系。Avey 等（2006）探究了心理资本对组织行为的影响机制，发现希望和乐观水平对员工的旷工行为具有抑制作用；然而，员工的乐观水平、韧性和自我效能分别对员工主动旷工进行预测，其效应要低于心理资本整体水平所做的预测效应。仲理峰（2007）通过研究得到，心理资本及其三个维度对组织公民行为和组织承诺能够产生积极影响。

6. 心理资本对职业幸福感的影响

职业幸福感是行为管理学的重要研究问题之一。心理资本对职业幸福感有重要的影响作用。吴伟炯、刘毅从雇员的心理资本及其内部结构出发，把工作倦怠、投入、工作满意度以及离职意愿作为职业幸福感的评估指标，发现心理资本通过能量补充和动机激发过程影响职业幸福感。② 心理资本对职业幸福感两个积极指标，即工作投入和工作满意度有正向影响作用；对职业幸福感两个消极指标，即工作倦怠和离职意愿却具有负向的影响效应。同时，该研究结果还显示了心理资本影响职业幸福感的两个同时进行的潜在过程：第一个过程称为"能量补充过程"，表现为心理资本通过减缓工作要求产生的工作倦怠而降低了离职意愿，反过来说即提高了员工的职业承诺；第二个过程称为"动机激发过程"，心理资本一方面通过激发工作投入间接提高工作满意度，另一方面由于自身的心理资本水平直接提高了工作满意度，两方面最终都能起到降低离职意愿的效果。这与国外一些学者如 Hakanen 等（2006）的研究结果类似。

三 心理资本与农业转移人口市民化

（一）心理资本与农业转移人口创业行为

心理资本对农业转移人口创业行为产生影响，包括创业意愿与创业

---

① 鲁虹、葛玉辉：《加强心理资本管理，减少员工工作倦怠》，《江苏商论》2008 年第 3 期。
② 吴伟炯、刘毅：《本土心理资本与职业幸福感的关系》，《心理学报》2012 年第 10 期。

绩效等方面。

心理资本影响农业转移人口的创业意愿。马红梅、罗春尧对贵州省农业转移人口创业意愿展开调查与分析，研究发现，创业意愿与心理资本之间存在显著正相关关系。[①] 其中，乐观、弹性、主观幸福感、自我效能感、谦虚、稳定性、希望等因素对农业转移人口创业意愿均有显著影响。乐观的创业态度、面对失败的韧性、创业过程中的幸福感、良好的自我效能感和创业过程中的希望、谦虚谨慎的创业态度比一般农业转移人口创业感更强。

心理资本影响农业转移人口创业绩效。陈东勤、王碗分析发现，目前返乡创业的农业转移人口的心理资本水平普遍较低，他们往往难以准确预估创业过程的艰难，缺乏克服创业困难的意志力，加上返乡创业的情感认同度低，从而影响了其创业的决心和进程。[②] 马红玉、王转弟将心理资本划分为自我效能感、冒险与创新精神、创业幸福感。通过对数据的研究分析得出，心理资本的三个维度均对创业绩效具有显著影响。[③] 由此可知，从事农业的人口在转移创业过程中，如果其对创业未来充满希望或者他对所从事的创业活动心里感到充实满足，那么这些人就会拥有更高的创业绩效。

（二）心理资本与农业转移人口的就业行为

心理资本对农业转移人口工资收入、工作意愿产生影响，从而影响其就业质量。

心理资本是影响农业转移人口工资差异的重要因素之一。姜励卿通过分析调查数据，先是掌握分位数分解法，从而利用这种方法对相关数据进行分解，数据包括农业转移人口的数量和城镇职工的工资收入。研究结果表明，随着分位数的增大，农业转移人口和城镇职工工资差异受到心理资本的影响也逐渐提高，且在各个分位点上，心理资本对特征差

---

① 马红梅、罗春尧：《人力资本、社会资本及心理资本对农民工创业意愿影响研究——基于贵州省953个农民工创业样本》，《吉林工商学院学报》2016年第4期。

② 陈东勤、王碗：《返乡创业农民工与三维资本理论关系研究》，《中国成人教育》2018年第14期。

③ 马红玉、王转弟：《社会资本、心理资本对农民工创业绩效影响研究——基于陕西省889份农户调研数据》，《农林经济管理学报》2018年第6期。

异的影响要小于其对系数差异的影响。① 徐建役等通过数据分析和调查得出结果，农业转移人口的工资水平与心理资本之间存在显著的正相关关系。②

心理资本是影响农业转移人口工作意愿的重要因素之一。张维娜（2018）通过运用 Luthans 心理资本衡量维度，对相关数据展开分析，结果显示：心理资本对工作投入具有显著的促进作用，新生代农业转移人口心理资本水平的变动方向与工作投入高低程度变动方向一致。许卉芯借鉴柯江林对心理资本的定义，从本土心理资本的角度进行分析，结果表明事务型心理资本和人际型心理资本与工作投入显著正相关。③ 同样的，孙梦哲（2012）通过调查分析表明，心理资本对员工的工作投入具有显著的促进作用，心理资本水平较高的员工，其在工作中往往也更投入。具有积极心理状态的新生代农业转移人口，更能够积极工作，用更加良好的心态去面对困难，迎接挑战。在工作过程中，能够真正享受工作带来的价值感和幸福感，能在工作过程中更好地融入集体。鲁银梭等通过对制造业农业转移人口的研究，认为企业的良性制度与管理者的支持、承诺等会增加员工心理资本，同时提高员工对企业的归属感、降低工作疏离感。④

心理资本对新生代农业转移人口的就业质量具有显著的促进作用。沈诗杰研究表明，随着心理资本的提高，新生代农业转移人口的就业质量也在不断提高；心理资本在新生代农业转移人口的人力资本和社会资本对其就业质量产生的影响中具有调节作用，这种调节作用为正向的调节作用。而在社会资本对就业质量的影响关系中，心理资本所产生的促进作用要大于心理资本在人力资本与就业质量关系中所产生的作用。⑤

① 姜励卿：《心理资本对农民工与城镇职工工资差异的影响——来自浙江省的调查数据》，《特区经济》2014 年第 11 期。

② 徐建役等：《心理资本与农民工工资收入的相互影响——以浙江省为例》，《浙江社会科学》2012 年第 9 期。

③ 许卉芯：《工作—家庭支持对工作投入的影响——心理资本的中介作用》，硕士学位论文，湖南师范大学，2015 年。

④ 鲁银梭：《基于 PCI 模型的员工心理资本结构及开发路径探讨——以制造业农民工为例》，《农业经济问题》2011 年第 9 期。

⑤ 沈诗杰：《心理资本调节下新生代农民工就业质量影响因素研究——基于吉林省调查数据的分析》，《学习与探索》2018 年第 6 期。

说明当新生代农业转移人口具有坚韧的性格、较高的自信和积极乐观的心态时，他们所能感知到的社会资本对其就业质量的影响作用更为强烈。

（三）心理资本与农业转移人口市民化意愿

心理资本对农业转移人口市民化意愿具有显著的正向影响。陈典、马红梅通过分析云南、贵州、广西的农业转移人口实地调研数据，建立农业转移人口市民化的结构方程模型，证明农业转移人口心理资本水平正向促进农业转移人口市民化意愿。[1] 吴轩利用 Luthans 的心理资本概念，通过对广西南宁的农业转移人口调查分析发现，心理资本对新一代农业转移人口市民化有显著促进作用，而乐观、自我效能、希望和坚韧对新一代农业转移人口市民化有显著促进作用，其中乐观对市民化的影响最大。[2] 心理资本水平较高的新一代农业转移人口向往着美好的未来，在面对困难时往往更加从容不迫。而这种积极向上的心理则对新一代农业转移人口市民化具有深远影响。陈延秋、金晓彤基于全国 198 个城市的样本数据，运用二元 Logistic 回归模型分析同样证实，心理资本显著提升农业转移人口城市融入意愿。[3]

（四）心理资本与农业转移人口城市融入

心理资本对农业转移人口城市融入具有正向推动作用，众多学者已对该观点进行研究证实。刘雅婷、黄健利用 Luthans 心理资本量表对三省农业转移人口调查发现，心理资本对农业转移人口的城市融入水平起到直接性影响，其分别体现在乐观水平与坚韧程度对转移人口受挫弹性的直接影响，以及希望水平和自我效能对转移人口城市感受的直接影响。[4] 曾维希等将心理资本划分为神经质、宿命感、进取性、人际主动性四个维度，以城市新移民为研究对象，

① 陈典、马红梅：《人力资本、社会资本、心理资本与农民工市民化意愿——基于结构方程模型的实证分析》，《农业经济》2019 年第 8 期。

② 吴轩：《新生代农民工市民化影响因素的实证研究》，硕士学位论文，广西大学，2017 年。

③ 陈延秋、金晓彤：《新生代农民工市民化意愿影响因素的实证研究——基于人力资本、社会资本和心理资本的考察》，《西北人口》2014 年第 4 期。

④ 刘雅婷、黄健：《心理资本对农民工城市融入的作用机制及教育规导路径》，《现代远程教育研究》2018 年第 3 期。

以城市获得感和城市剥夺感衡量城市融入。研究发现，转移人口的城市融入度越高，其城市获得感越强，即其进取性和人际主动性更强；而其城市剥夺感则越弱，即其神经质、宿命感越弱。[①] 陈延秋（2014）等研究发现，新生代农业转移人口的社会融入与心理资本水平之间存在正相关关系，而他们所感知到的社会距离则对这种关系具有调节作用。张宏如等以问卷调查的方式对新生代农业转移人口进行研究，结果表明心理资本对新一代农业转移人口的城市一体化具有直接和间接的影响，其间接影响则是借助人力资本和社会资本来实现的。[②] 刘莹研究发现，较高的心理资本水平对农业转移人口与城市文化的契合具有促进作用，帮助其更快速地融入城市。[③] 农业转移人口对自我身份的认同，以及他们对待城市的态度和对社会态度的感知等一些心理感知因素都是影响其社会融入的重要方面（任远，2010）。一些消极的心理如自卑、焦虑等对农业转移人口的城市融入具有抑制作用。[④] 而积极的心理资本如乐观、自信等则可以增强农业转移人口的城市融入。[⑤]

第三节　心理资本对西南民族地区农业转移人口市民化影响实证研究

一　西南地区农业转移人口城市融入水平测量及特征分析

（一）西部地区农业转移人口总体特征

伴随着经济发展和城镇化的推进，农村闲置劳动力的大范围流动形成了农业转移人口的主体，并成为我国经济社会建设不可或缺的一分

①　曾维希等：《城市新移民的心理资本对城市融入的影响研究》，《西南大学学报》2018 年第 4 期。

②　张宏如等：《心理资本影响新生代农民工城市融入研究》，《江西社会科学》2015 年第 9 期。

③　刘莹：《城市文化与农民工心理资本契合过程分析》，《农业经济》2010 年第 4 期。

④　廖全明：《发展困惑、文化认同与心理重构——论农民工的城市融入问题》，《重庆大学学报》2014 年第 1 期。

⑤　张洪霞：《新生代农民工社会融合的内生机制创新研究——人力资本、社会资本、心理资本的协同作用》，《农业现代化研究》2013 年第 4 期。

子。从数量上看，农业转移人口数量庞大，全年外出就业的农业转移人口数量呈现逐年递增的趋势，农业转移人口输出地和输入地数量特征维持东部＞中部＞西部＞东北的关系。2018 年农业转移人口监测调查报告显示，东部地区人口转出为 10410 万人，高于中部地区的 9538 万人和西部地区的 7918 万人。从就业特点看，农业转移人口就业流动性强，且相当一部分集中在非正规就业部门，工作类别以制造业、建筑业和服务业为主，并且第三产业就业比重呈现增高趋势。2018 年，从事第三产业、第二产业的农业转移人口比重分别为 50.5%、49.1%，前者提高 2.5%，后者下降 2.4%。从务工地来看，农业转移人口多为省内流动为主，经济发展活跃、大中型城市较多的东部地区成为主要的流入地。

西部地区农业转移人口符合整体特征，同时也呈现出特异性。西部地区农业转移人口输出人数增加最多、增速最快，省外、省内流动数量基本持平，2018 年，东部、中部、西部、东北地区输出增速分别为 -0.2%、0.9%、1.3%、1.3%，新增输出人口数量分别为 -20 万人、88 万人、104 万人、12 万人。此外，西部地区作为人口输入地的工资水平、工资增速均显著地低于中东部，东、中、西部农业转移人口平均工资分别为 3955 元、3568 元、3522 元，增加幅度分别为 7.6%、7.1%、5.1%，增加速度分别为 1.2%、0.7%、-2.4%。在西部大开发的政策背景下，这一现象反映出西部地区吸引力不足，经济结构有待调整，经济体量有待进一步提升。

西南地区为我国多民族杂居、少数民族聚居的典型区域，受到历史传统及多文化交融发展的影响，西南地区文化习俗、群体性格与中东部地区差异较大，这一差异也在农业转移人口心理资本积累状况及城市融入意愿上体现出来。

（二）数据来源

为了更好地了解西南地区农业转移人口的基本状况、心理资本存量及城市融入现状，课题组先后在云南、贵州、广西三省份展开调研，调研采用抽样问卷调查法，时间集中在 2017、2018 年 7 月、8 月间，调研对象为在城务工的农民群体。2017 年，课题调研在贵州省内展开，调研地点包括贵阳、遵义、铜仁、毕节、都匀等；2018 年，调研集中在广西南宁和云南昆明展开，调研方式包括线下实地调研和线上问卷调研。结合本书研究主体，对收回问卷做了大量剔除，剔除条件包括临时务工人员、务工时间小于半年及残缺值过多等。课题组发放问卷 700份，获得有效问卷 639 份，其中符合本书方向的 628 份，有效率 89.7%。

（三）调查样本总体描述

本节将从调查对象的年龄构成、性别构成、婚姻状况、学历构成、职业构成、迁移方式等方面对调查样本做出总体说明，如表 8-1 所示。

调研所获有效问卷显示，调研涉及男性 387 人，占样本总量的61.60%；涉及女性 241 人，占样本总量的 38.40%。其中，已婚人口比例为 45.27%，未婚人口比例为 54.73%。

以此为年龄构成划分依据，可以看出：调研样本年龄分布较广且基本符合正态分布，最小值为 17 岁，最大值为 68 岁，平均年龄 31.4 岁，其中 20 岁以下频数为 23 人，占样本总数的 6.59%；21—40 岁频数为266 人，占样本总量的 76.22%；40 岁以上的频数为 60 人，占样本总量的 17.19%。

从迁移方式来看，个人迁移频数为 245 人，占样本总量的 70.20%，家庭式迁移频数 187 人，占样本总量的 29.80%。由此可看出，个人迁移远多于家庭式迁移，这可能与迁移成本有关，势必会对样本的城市融入水平造成影响。

从学历构成看，调研样本中初中学历最多，占比 34.96%，高中（中专）学历次之，占比 31.23%，本科（大专）学历再次，占比22.92%，小学及本科以上学历占比均较低，分别为 8.88% 和 2.01%。假设调查样本均完成相应教育阶段的学习，以此估算，样本平均受教育年限约为 11.5 年，受教育水平较低。

从职业构成来看，农业转移人口就业单位类型中，外资或合资企业占比最大，达到 55.01%，民营企业和国有企业占比分别为 11.75% 和5.16%，其他项中包含个体户、零工等项，占比 28.08%。职业构成显示出与受教育水平较高的一致性。

表 8 – 1 调查样本总体描述

因素	特征	频数	频率（%）	因素	特征	频数	频率（%）
年龄	<20 岁	41	6.59	学历	小学	343	8.88
	21—40 岁	479	76.22		初中	220	34.96
	>40 岁	108	17.19		高中（中专）	196	31.23
性别	男	387	61.60		本科（大专）	144	22.92
	女	241	38.40		本科以上	13	2.01
婚姻状况	已婚	284	45.27	职业	民营企业	74	11.75
	未婚	344	54.73		国有企业	32	5.16
迁移方式	个人迁移	441	70.20		外资或合资企业	346	55.01
	家庭式迁移	187	29.80		其他	176	28.08

资料来源：课题组调研所得。

二 农业转移人口城市融入水平测量及结构分析

识别城市融入影响因素、衡量农业转移人口的城市融入水平是本书研究的基础。关于城市融入的维度，国内研究存在分歧：张文宏等（2008）从心理、文化、身份和经济四维度对城市新移民的社会融合进行判断，李培林等（2012）从经济、社会、心理、身份四个方面对农业转移人口社会融入进行了代际比较。分歧固然存在，统一已然达成，总结现有研究不难发现：经济、社会、心理在城市融入维度中已基本达成共识。本书认为，城市融入具有系统性，农业专业转移人口是融入主体，城市是接收客体，融入程度是主体意愿与客体斥力共同作用的结果。因此，本书结合国内城市融入水平测量的研究成果，加入融入主体的主观感知，从经济、社会、心理、融入倾向及歧视感知五个维度构建农业转移人口的城市融入水平测量一级指标体系。

（一）城市融入测量指标构建

1. 经济融入

经济融入是农业转移人口融入城市的基础，侧重体现农业转移人口实现城市融入的经济实力与保障能力，为其在城市就业与生活提供物质基础。谋求更高的收入是农业转移人口向城市迁移的原生动力，与当地人均收入的差距是衡量经济融入水平的重要指标，与收入高度相关的是职业选择。另外，高收入是稳定农业转移人口迁移意愿的重要前提，以转户意愿侧面反映农业转移人口收入水平具有一定合理性。综上所述，选择收入、职业、转户意愿作为农业转移人口经济融入的测量指标。

表 8 - 2　　　　　　　　　　　经济融入指标

项目	问题	选项	赋值方式	频数	频率（%）
收入	您在外务工月收入或者年收入有多少	≤20000 元	1—5	25	4.01
		20001—40000 元		355	56.45
		40001—60000 元		169	26.93
		60001—80000 元		52	8.31
		≥80001 元		27	4.30
职业	您目前所从事的职业是	制造业	1—5	392	62.46
		住宿餐饮服务业		72	11.46
		建筑业		97	15.47
		交通运输、仓储邮政业		9	1.43
		个体户		58	9.17
转户意愿	您愿意将户口转至工作地吗	不愿意	0	479	76.22
		愿意	1	149	23.78

资料来源：课题组调研所得。

参照国家统计局对收入群体的划分方法及西南地区实际收入水平，对调查样本年收入进行层级划分并赋值：年收入20000元及以下赋值为1，20001—40000元赋值为2，40001—60000元赋值为3，60001—80000元赋值为4，80001元及以上赋值为5。参照行业收入水平及农业转移人口在城务工实际情况对职业选择进行赋值：建筑业赋值为1，制造业赋值为2，个体户赋值为3，交通运输、仓储邮政业赋值为4，住宿餐饮服务业赋值为5。

2. 社会融入

社会融入强调农业转移人口在社会关系和社会互动方面的融入，强调的是农业转移人口作为"社会人"，存在并嵌入于一定的社会场域，农业转移人口进入城市生活与谁交往、交往层级、社会距离、空间距离。住所反映农业转移人口的日常交往群体，代表其社会融入层级；良好的社会保障拉高了农业转移人口城市生存的底线，代表社会参与、社会距离的更深层次的融入。综上所述，选择住所、社会参与、社会保障作为农业转移人口社会融入的测量指标。

表 8 – 3　　　　　　　　　社会融入指标

项目	问题	选项	赋值方式	频数	频率（%）
住所	您在务工地的住所是	工棚活动房	0—1	27	4.30
		单位或企业提供的宿舍		162	25.79
		租赁房		342	54.44
		借宿亲戚朋友家		22	3.44
		自己买房		76	12.03
社会参与	是否加入了代表自身利益的工会或组织	否	0	421	67.05
		是	1	207	32.95
社会保障	是否参加工伤、失业、生育等保险	未参保	0	313	49.86
		至少参保一项	1	315	50.14

资料来源：课题组调研所得。

3. 心理融入

农业转移人口在发生地理位置迁移的过程中，面临语言文化、经济社会资源、制度博弈三重博弈关系，三重博弈共同作用于城市留居决策，同时冲击着其心理认同。因此，在城市融入进程中，农业转移人口不仅仅需要经济支撑、社会支持与制度保障，更需要重视融入者个体的心理状态。农业转移人口对城市生活的满意度直接影响其融入城市的倾向、长期发展乃至定居的意愿，是心理融入基本面。马斯洛认为，归属感是人的第三层次需要。其体现在流动农业人口的城市融合上。它是一种更高层次且相对稳定的心理特征。文化认同与归属感相伴相生。综上，心理融入维度测量指标选择文化认同、生活满意度、归属感。

表 8 – 4　　　　　　　　　心理融入指标

项目	问题	选项	赋值方式	频数	频率（%）
文化认同	是否认同当地风俗文化、思想价值观念	不认同	0	169	26.93
		认同	1	459	73.07

项目	问题	选项	赋值方式	频数	频率（%）
生活满意度	对当前的生活满意吗	不满意	0	202	32.09
		满意	1	427	67.91
归属感	对务工所在的城市有归属感吗	无归属感	0	239	38.11
		有归属感	1	389	61.89

资料来源：课题组调研所得。

4. 歧视感知

歧视感知是城市斥力的集中体现，反映农业转移人口在务工地是否遭遇过排挤、被边缘化的状况。歧视感知包含两个测量指标，反映农业转移人口参与城市生活的两个方面，分别为生活歧视和工作歧视。歧视感知为反向指标，测算时反向处理出，数值越高，反映感受歧视的水平越低。

表 8 - 5   歧视感知指标

项目	问题	选项	赋值方式	频数	频率（%）
生活歧视	生活中遇到过被当地人歧视的经历吗	无	0	58	9.17
		有	1	571	90.83
工作歧视	找工作受到过歧视吗	无	0	85	13.47
		有	1	544	86.53

资料来源：课题组调研所得。

5. 融入倾向

人类是群居动物，对群体的要求甚于对居住地的要求，融入难题的根源之一来自城市文化与原生地生活习惯、文化习俗的冲突。信任程度、交往意愿、相处状况反映农业转移人口个体对城市群体的认知态度，是农业转移人口融入倾向的集中体现。

表8-6   融入倾向指标

项目	问题	选项	赋值方式	频数	频率（%）
信任程度	你觉得当地人值得信任吗	不值得	0	94	14.90
		值得	1	535	85.10
交往意愿	愿意和当地人交往吗	不愿意	0	50	8.02
		愿意	1	578	91.98
相处状况	和当地人相处是否融洽	经常有摩擦	0	86	13.75
		融洽	1	542	86.25

资料来源：课题组调研所得。

（二）西南地区农业转移人口城市融入结构特征

1. 城市融入度的测量

为了综合考察农业转移人口的城市融入程度，将5个维度共计11个二级指标准化后进行探索性因子分析，用方差极大化方法对因子载荷进行正交旋转，共提取出5个特征值大于1的公因子。以公共因子的方差贡献率为权重，将五个公共因子相加，作为城市一体化水平的测度指标。为了更直观地分析城市融入水平，将加总后的城市融入测量指标转换为分布在0—1的数值，并命名为城市融入度，得分越接近1，城市融入程度越高；反之越低。使用SPSS20.0做探索性因子分析，结果显示：问卷KMO值为0.664，Bartlett 球形检验的卡方826.256，P = 0.000，量表的Cronbach's Alpha 信度系数为0.592，模型中相关系数矩阵中的系数值均大于0.4，说明模型的变量间存在着比较高的相关性，适合做因子分析。

表8-7   城市融入指标体系

一级指标	二级指标	MEAN	公因子方差	因子载荷
经济融入	收入	0.505	0.662	0.731
	职业	0.367	0.575	0.703
	转户意愿	0.238	0.401	0.490
社会融入	住所	0.586	0.399	0.501
	社会参与	0.312	0.695	0.769
	社会保障	0.501	0.658	0.794

一级指标	二级指标	MEAN	公因子方差	因子载荷
心理融入	文化认同	0.731	0.636	0.778
	生活满意度	0.679	0.500	0.639
	归属感	0.619	0.536	0.542
歧视感知	生活歧视	0.908	0.792	0.869
	工作歧视	0.865	0.772	0.848
融入倾向	信任程度	0.851	0.679	0.790
	交往意愿	0.920	0.668	0.811
	相处状况	0.863	0.525	0.674

资料来源：课题组调研所得。

2. 城市融入度结构分析

根据上文城市融入度测量指标体系，测算得出西南地区城市融入度，如表8－8所示，城市融入度及各个维度的得分反映出农业转移人口融入城市时面临的结构性问题。

表8－8 西南地区农业转移人口城市融入度

	经济融入	社会融入	心理融入	歧视感知	融入倾向	城市融入度
权重	0.165	0.236	0.187	0.185	0.226	1.000
MEAN	0.045	0.101	0.127	0.021	0.199	0.492
MEAN/权重	0.273	0.428	0.679	0.114	0.881	0.492

一是农业转移人口城市融入水平较低。结果显示，西南地区农业转移人口城市融入度的平均值为0.492，若以0.6为城市融入度的及格线，城市融入总体水平不容乐观；二是农业转移人口城市融入面临着经济、社会支撑不足与较强的高融入意愿之间的矛盾。在本书的城市融入指标体系中，经济、社会融入维度占据较大的权重，但是该维度城市融入得分却仅为0.045和0.101，得分权重比仅为0.273和0.428，而心理融入维度得分权重比达到0.679，说明西南地区农业转移人口在城市融入过程中，面临着经济、社会支撑不足与较强的融入意愿之间的矛盾；三是高融入倾向与高歧视感知之间的矛盾。歧视感知得分仅为

0.021，得分权重比为0.114，说明西南地区农业转移人口在工作生活中面临较多的歧视现象；与此同时，融入倾向得分为0.199，得分权重高达0.881。农业转移人口表现出更高的信任度，更强烈的交往、相处意愿，一方面说明城市化、市民化的历史必然性；另一方面说明城市经济、社会反映的滞后性和欠缺性，最终表现为高融入倾向与高歧视感之间矛盾。

三 心理资本对农业转移人口城市融入的影响路径分析

本章运用因子分析法、结构方程模型探究心理资本对农业转移人口城市融入的影响路径。此外，本书引入人力资本。人力资本是传统的可衡量的心理资本，通过对比分析人力资本与心理资本，探究其对城市融入的影响路径的同时，对心理资本的资本特性做出本书界定。

（一）研究方法：结构方程模型

结构方程模型（SEM）常用于分析变量之间的关系。结构方程模型因其可以同时处理和分析若干相关变量而在统计学中发挥重要作用，是分析和处理数据的一个非常重要的模型。在心理学和社会学研究中，有许多无法直接测量的变量，传统的分析和处理模型更难管理无法直接测量的这些变量，但SEM的特有模型结构可以处理这些变量，SEM也因此越来越受到研究人员的认同与使用。

结构方程模型主要分为两部分，分别为测量方程和结构方程。测量方程用于描述潜伏变量与测量指数之间的相互关系，结构方程用于描述潜在变量之间的相互关系。测量指标分为随机误差和系统误差。随机误差指测量不准确，系统误差反映该指标同时也测量潜变量以外的特性。

测量模型。测量模型指的是通过测量指标来反映潜在变量的模型。测量指标与潜在变量的关系，通常写成如下形式：

$$x = \Lambda_x \xi + \delta \qquad (8-1)$$
$$y = \Lambda_y \eta + \varepsilon \qquad (8-2)$$

测量指标分为两种：一种是外生指标（用x表示），用来测量外生潜变量（ξ），如外生潜变量心理资本的外生指标为自信、乐观、希望、韧性，外生潜变量人力资本的外生指标为学历、培训、健康、技能。另一种是内生指标（用y表示），用来测量内生潜变量（η），如内生潜变量城市融入的内生指标为转户意愿、文化认同、归属感，内生潜变量融入倾向的内生指标为信任状况、交往意愿、相处意愿，内生潜变量歧视感知的内生指标为生活歧视、工作歧视。δ 是外生指标 x 的测量误差、ε 是内生指标 x 的测量误差，这两种误差互不相关。外生指标与外生潜变量之间的关系就是外生指标在外生潜变量上的因子负荷矩阵（用 Λ_x 表示）。内生指标与内生潜变量之间的关系就是内生指标在内生潜变量上的因子负荷矩阵（用 Λ_y 表示）。

结构模型。结构模型指的是潜在变量模型，是建立潜在变量间相互关系的模型。对于潜变量间的关系，通常写成如式（8-3）所示：

$$\eta = B\eta + \Gamma\xi + \zeta \qquad\qquad (8-3)$$

式中，潜在变量分为两种：内生潜变量（η）和外生潜变量（ξ）。内生潜变量（城市融入、融入倾向、歧视感知）之间的关系用 B 矩阵表示，外生潜变量对内生潜变量的影响（心理资本、人力资本对农业转移人口城市融入的影响）用 Γ 矩阵表示。结构方程模型中的残差项（ζ）主要反映潜在变量在结构方程中没有被解释的那个部分。结构模型最重要的是潜变量之间的相互关系，通常是研究的重点。

（二）研究假设与指标体系构建

1. 心理资本对农业转移人口城市融入作用路径的研究假设

传统的人力资本强调个体知道什么，比如掌握什么技能、了解某类知识；社会资本侧重和哪些群体保持联系，这些群体的经济和社会地位如何，即常说的关系和人脉。心理资本则强调你是什么样的人，你想成为什么样的人，关注的重点是个体及个体的心理状态。与社会和经济层面的融入相比，心理融入对农业转移人口来说属于精神层面的更高级别的融入。相关研究显示，大量农业转移人口进城后出现负面的心理状态。城市身份构建的困难与对原生地生产生活的思念共同作用影响着农业转移人口的心态，长期的情感生活匮乏导致其留城意愿薄弱。同时，农业转移人口进程务工工种较为单一，普遍具有劳动强度大、技术含量低、工作环境差、福利待遇少的特点，再加上客观存在的身份歧视和隐形排斥，农业转移人口对所在城市及工作单位归属感薄弱，存在认同迷失、职业倦怠的情况。众多研究显示，心理资本可以改善农业转移人口心理状态，进而提升其留城意愿。由此提出如下研究假设：

H8-1：心理资本的提升对农业转移人口城市融入水平具有显著正

向影响。

农业转移人口进入城市务工的初始动机是改善经济状况。改善经济状况是个长期的过程，日积月累，居住在城市的迁入人口在主观上逐渐适应城市生活并逐渐产生正向的融入倾向。当留城动机不仅是经济问题而希望进行更高层次的融入时，农业转移人口对城市的观察更趋于细致，来自城市的户籍障碍、福利缺失，以及原住民的地域歧视、隐形排斥和失位认知逐渐成为进一步融入城市的障碍。相关研究显示，城市融入问题是多维度的，本书在传统的经济、社会、心理融入之外，加入了更为细致的融入倾向和歧视感知，并得出农业转移人口存在高融入倾向与高歧视感知之间的矛盾。前人研究显示，积极的心理资本可以改善个体的认知状况，基于此，提出如下假设：

H8-2：农业转移人口心理资本的提升对其融入倾向、歧视感知有显著正向影响。

从现实结果来看，农业转移人口在城市生产生活时存在自我边缘化现象，与城市生活存在割裂，城市融入程度低。造成这一现象的原因除了宏观的文化差异与制度障碍，还包括公平感。一系列博弈实验证明人类具有公平偏好，不仅表现为行为主体将公平感作为行为判断的伦理标准，还将其作为行为准则，指导个人行为选择。研究表明，新生代农业转移人口对公平感知更敏感、更强烈，公平感对其市民化意愿也有着强烈的影响，即公平感越强，市民化意愿越高。歧视是公平的对立面，对歧视现象的感知越强烈，则公平偏好的获得感越无法满足，进而影响其城市融入倾向和城市融入选择。为了更明了地概括本书指标特点，本书采用歧视感知这一概念代替公平感。与此同时，农业转移人口对城市的向往和美好生活的期待使其长期保有一定的融入倾向，渴望真正地成为城市的一分子。基于此，提出如下假设：

H8-3：农业转移人口融入倾向、歧视感知影响其城市融入水平，融入倾向越强、歧视感知越弱，融入水平越高。

人力资本是影响农业转移人口融入城市的重要因素。研究表明，新生代农业转移人口因为更高的受教育水平，往往可以在城市获得更好的工作机会和更高的收入，也更容易实现个人价值。他们往往有较高的城市满意度，也更愿意融入城市。同时，新生代农业转移人口融入城市的主观意愿更强，在生产和生存模式上更具有城市化的特征，其打工目的、工作期望、城市认同感、生活、文化程度更倾向于城镇居民，因而更容易与城市接轨，更乐于融入城市。基于此，提出如下假设：

H8 - 4：农业转移人口人力资本正向影响融入倾向、歧视感知，进而促进城市融入水平的提升。

2. 指标体系构建

就农业转移人口的城市融入而言，全面的融入测评体系往往会掩盖其主观融入水平。因此，本部分对其城市融入进行了解构，以农业转移人口主观感知为测评指标，重点是其心理层面的融入。以此为出发点，本书构建如下指标体系（见表8 - 9）。根据因子分析结果，对指标进行归类：以心理资本、人力资本为外生潜变量，融入倾向、歧视感知为中介变量，融入水平为内生潜变量。

以自信、乐观、希望、韧性为外生潜变量心理资本的观测变量。采用心理资本主流划分维度，确保对心理资本划分的准确度。

以学历、培训、健康、技能为外生潜变量人力资本的观测变量。研究采用学历、培训、健康、技能四个人力资本基本构成维度作为人力资本的测量指标。

以信任状况、交往意愿、相处状况为中介变量融入倾向的观测变量。信任状况、交往意愿、相处状况是农业转移人口对融入地群体生活的综合感知，是个体是否契合融入地群体文化的判断标准，综合反映农业转移人口城市融入倾向。

以生活歧视、工作歧视为中介变量歧视感知的观测变量。农业转移人口融入城市主要面临两方面的歧视：一是由于文化差异、风俗习惯不同而产生的生活歧视；二是人力资本水平较低、体力导向工作带来的工作歧视。

以转户意愿、归属感、文化认同为城市融入水平观测变量。城市融入包括物质融入和精神融入，本部分研究主要衡量农业转移人口精神层面的更高级别的融入，精神层面的融入表现为对融入地文化的认同以及留居意愿，以转户意愿、归属感、文化认同来衡量。

表8-9 心理资本、人力资本与农业转移人口城市融入关系的指标体系

自变量	维度	测量题项	
心理资本	自信	工作时，敢于挑战别人解决不了的问题 *有些听起来就挺难的事，我觉得我做不好	完全符合=5； 比较符合=4； 一般=3； 比较不符合=2； 完全不符合=1
	乐观	我总能发现工作中令人高兴的一面 *情况不确定时，我总是倾向于往坏的一面想	
	希望	哪怕工作再苦再累，我一定可以熬过去 *经常感到迷茫、感觉没意思	
	韧性	在城市务工时，当遇到不顺心的事情时， 我能很快恢复过来 *糟糕、失败的经历会使我沉闷很久	
人力资本	学历	您的学历是？［小学=1，初中=2，高中（中专）=3，本科（大专）=4，本科及以上=5］	
	培训	您是否参加过培训？（是=1，否=0）	
	健康	您的身体健康状况怎么样？（重大疾病困扰=1，疾病影响日常生活=2，有疾病不影响生活=3，感冒发烧=4，健康=5）	
	技能	您是否有工作相关技能证书或掌握一项技能（是=1，否=0）	
融入水平	转户意愿	是否愿意将户口由农村迁入工作地（是=1，否=0）	
	归属感	是否对工作所在地有归属感（是=1，否=0）	
	文化认同	是否认同当地生活方式、风俗习惯（是=1，否=0）	
融入倾向	信任状况	是否信任当地人（是=1，否=0）	
	交往意愿	是否愿意和当地人交往（是=1，否=0）	
	相处状况	是否和当地居民相处融洽（是=1，否=0）	
歧视感知	生活歧视	生活中是否有被当地人歧视的经历（是=1，否=0）	
	工作歧视	找工作是否受到过歧视（是=1，否=0）	

注：*号表示反向问题，数据做反向处理。

（三）变量说明

1. 潜变量信效度检验

运用的统计软件是SPSS20.0，通过对心理资本、人力资本、城市融入、融入倾向、歧视感知等潜变量下可观测变量进行信度分析，由表8-10可知，调查问卷的整体Cronbach's值为0.620，潜变量（心理资本、人力资本、城市融入、融入倾向、歧视感知）Cronbach's值则分别为0.585、0.680、0.424、0.685、0.722，说明各项测量指标之间存

在较强的一致性。

同时，运用主成分因子分析和方差最大正交旋转方法对潜变量的观测指标进行处理，提取出五个公因子，方差累计贡献率为57.044%。除心理资本维度的韧性指标因子载荷低于0.5外，其余指标均高于0.6，说明潜变量的结构效度比较良好。

2. 探索性因子分析

分别对心理资本、人力资本数据进行KMO样本测度和巴特立特球体检验（Bartlett's test），KMO的值为0.676，大于临界值0.7；同时Bartlett's test卡方值为1029.850且P=0.000，表明本书所选指标及数据适合做因子分析。

表8-10　　　　　　　样本信效度及探索性因子分析情况

潜变量	可观测变量	标准因子载荷	Cronbach's Alpha	方差贡献率（%）	累计方差贡献率（%）
人力资本	学历（HR1）	0.806	0.680	14.710	14.710
	培训（HR2）	0.738			
	健康（HR3）	0.703			
	技能（HR4）	0.677			
融入倾向	信任状况（BT1）	0.792	0.685	12.199	26.909
	交往意愿（BT2）	0.760			
	相处状况（BT3）	0.711			
心理资本	自信（PC1）	0.771	0.585	11.143	38.052
	希望（PC2）	0.708			
	乐观（PC3）	0.667			
	韧性（PC4）	0.468			
歧视感知	生活歧视（SD1）	0.821	0.722	10.182	48.234
	工作歧视（SD2）	0.855			
融入水平	归属感（MR1）	0.743	0.424	8.810	57.044
	转户意愿（MR2）	0.609			
	文化认同（MR3）	0.604			

（四）结构方程模型适配性检验及路径拟合

结构方程模型拟合度可以通过绝对指数、相对指数和简约指数来衡量。绝对指数通常选用拟合优度指标（GFI）、调整拟合优度指标（AG-FI）、卡方自由度比（CMIN/DF）以及残差均方和平方根（RMR）。相对指数主要包括相对拟合指数（RFI）、规范拟合指数（NFI）、比较拟合指数（CFI）和增值拟合指数（IFI）；简约指数一般包括简约比较拟合指标（PCFI）和简约规范拟合指标（PNFI）。本书结合结构方程的判断标准以及参照朱红根的研究成果，应用 LISREL8.7 软件对结构方程模型适配度进行评价，输出指数结果如表 8–11 所示。表中指数结果表明，本书达到构建结构方程模型的标准。

表 8–11 　　　　　　　　　结构方程模型评价标准及拟合结果

拟合度	拟合度指标	判断标准
绝对指数	CMIN/DF = 1.769	1—5 之间即可
	GFI = 0.94	0.5 < GFI < 1，越接近 1 越好
	RMR = 0.057	RMR < 0.05，越接近 0 越好
	AGFI = 0.92	0.5 < AGFI < 1，越接近 1 越好
相对指数	NFI = 0.83	0.5 < NFI < 1，越接近 1 越好
	RFI = 0.79	0.5 < RFI < 1，越接近 1 越好
	IFI = 0.92	0.5 < IFI < 1，越接近 1 越好
	CFI = 0.91	0.5 < CFI < 1，越接近 1 越好
简约指数	PNFI = 0.67	0.5 < PNFI < 1，越接近 1 越好
	PCFI = 0.67	0.5 < PCFI < 1，越接近 1 越好

本书引入城市融入和歧视感知为中介变量分析新生代农业转移人口心理资本、社会资本对农业转移人口城市融入的间接影响，利用 LIS-REL8.7 拟合得出其路径图，见图 8–2。

表 8–12 列示出农业转移人口心理资本、人力资本对城市融入水平的间接影响的标准路径系数参数结果。可以看出除"融入倾向→信任状况""融入水平→转户意愿""歧视感知→生活歧视""心理资本→自信""人力资本→学历"作为参照指标值不予估计外，其余潜变量对

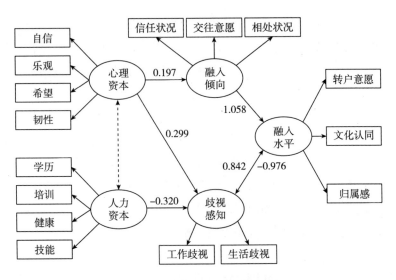

图 8 - 2　结构方程模型路径拟合

其可观测变量影响的路径系数均达显著。西南地区农业转移人口心理资本、人力资本、融入倾向、歧视感知和融入水平等潜变量与其对应的构成维度拟合效果较好。

表 8 - 12　　　　　　　　　标准化路径系数（因子载荷）结果

潜变量/可观测变量	路径	潜变量	标准化路径系数	C. R.	P
融入水平	←	融入倾向	1.058	3.241	**
融入水平	←	歧视感知	-0.795	-2.380	*
融入倾向	←	心理资本	0.197	2.375	*
歧视感知	←	心理资本	0.299	2.636	**
歧视感知	←	人力资本	-0.320	-2.786	**
歧视感知	←	融入水平	0.842	3.067	**
自信	←	心理资本	0.686	—	
乐观	←	心理资本	0.461	6.951	***
希望	←	心理资本	0.440	6.651	***
韧性	←	心理资本	0.467	7.172	***
学历	←	人力资本	0.694	—	—
培训	←	人力资本	0.466	7.285	***

续表

潜变量/可观测变量	路径	潜变量	标准化路径系数	C. R.	P
健康	←	人力资本	0.509	7.938	***
技能	←	人力资本	0.519	8.094	***
信任状况	←	融入倾向	0.636	—	—
交往意愿	←	融入倾向	0.591	7.182	***
相处状况	←	融入倾向	0.555	6.927	***
归属感	←	融入水平	0.649	3.345	***
转户意愿	←	融入水平	0.288	—	—
文化认同	←	融入水平	0.349	3.144	**
生活歧视	←	歧视感知	0.670	—	—
工作歧视	←	歧视感知	0.649	5.703	***

（五）结构方程模型路径分析

在符合检验标准的前提下，拟合得出结构方程模型路径图。由结构方程模型路径拟合图（见图 8 - 2）可知，"心理资本→融入水平"路径不显著，说明心理资本并不直接对农业转移人口的城市融入水平产生影响，存在中介变量，H8 - 1 不成立。"人力资本→融入水平""人力资本→融入倾向"两条路径不显著，"人力资本→歧视感知"的路径系数为负，说明人力资本通过作用于歧视感知这一中介变量发挥作用，拟合结果与 H8 - 4 部分假设相反，H8 - 4 不成立。其余路径均通过结构方程模型适配性检验及路径显著性检验，说明 H8 - 2、H8 - 3 均成立，即农业转移人口心理资本的提升对其融入倾向、歧视感知有显著正向影响，农业转移人口融入倾向、歧视感知影响其城市融入水平，融入倾向越强、歧视感知越弱，融入水平越高。另外，歧视感知与融入程度存在双向影响，反映了城市融入的过程性。

1. 农业转移人口融入倾向对其融入水平有显著正向影响

融入倾向对农业转移人口城市融入水平有显著正向影响。从本书的实证结果可知，融入倾向对城市融入水平的路径系数为 1.058，融入倾向越强，农业转移人口的城市融入水平就越高，H8 - 2 得到证实。在反映融入倾向的三个可观测指标中，农业转移人口的信任状况、交往意愿、相处状况均对融入倾向存在显著正向影响，标准化路径系数分别为

0.636、0.591、0.555。

融入倾向维度包含三个指标问题，分别为是否信任当地人、是否愿意交往、相处是否融洽。通过农业转移人口的主观感知反映其在城市融入过程中面临的客观环境，进而反映其在居住地的认同程度。实证结果表明，农业转移人口对当地人信任度越高、交往意愿越强、相处越融洽，其主动融入的动力越充足，进而促进其融入水平的提高。

2. 农业转移人口歧视感知对其融入水平存在双向影响

歧视感知对农业转移人口城市融入水平具有显著负向影响，融入水平对农业转移人口歧视感知存在正向影响。从本书的实证结果可知，歧视感知对城市融入的路径系数为 -0.795，歧视感知程度越强，农业转移人口的城市融入水平就越低，H8-3 得到证实。城市融入水平对歧视感知存在显著正向影响，路径系数为 0.842，城市融入水平越高，歧视感知程度越高。在反映歧视感知的两个可观测指标中，农业转移人口的生活歧视、工作歧视均对歧视感知存在显著正向影响，标准化路径系数分别为 0.670、0.649；在反映城市融入水平的三个可观测指标中，农业转移人口的归属感、转户意愿、文化认同均对融入水平存在显著正向影响，标准化路径系数分别为 0.649、0.288、0.349。

农业转移人口面临的主要歧视情况维度包含两个测量问题，分别是生活中是否受到歧视以及找工作是否受到歧视。实证结果表明，歧视感知并不会随着其融入水平的提高而逐渐减少，而是伴随其城市融入的过程一直存在。这一方面说明了城市融入的过程性，另一方面说明城市融入的复杂性。随着融入水平的提高，农业转移人口留居意愿更强、文化认同度更高，其在生活环境中感受到歧视水平也随之变化。

3. 农业转移人口心理资本对其融入倾向、歧视感知有显著正向影响

心理资本对农业转移人口融入倾向具有显著正向影响。从本书的实证结果可知，心理资本对融入倾向的路径系数为 0.197，心理资本越充足，农业转移人口的城市融入倾向就越强，H8-4 得到证实。在反映心理资本的四个可观测指标中，农业转移人口的自信、乐观、希望、韧性均对心理资本存在显著正向影响，标准化路径系数分别为 0.686、0.461、0.440、0.476。

心理资本对农业转移人口歧视感知具有显著正向影响。从本书的实

证结果可知，心理资本对歧视感知的路径系数为0.299，心理资本越充足，农业转移人口的城市歧视感知程度就越弱，H8-5得到证实。

心理资本是一种积极的心理状态，心理资本存量较高的个体在生活中表现出更强的经营意识，能更清楚地辨别自己前进的方向、更好地对待可能遇到的问题。在城镇化背景下，体现为发现留居城市的趋势性和对可能面临问题的良好预判以及准备充足的良好心态。具体到各个构成维度看，自信、希望带来对融入过程的更准确的认知和对未来更积极的期待，乐观、韧性增强对融入进程中歧视、压力抵抗力，四个维度构成合理推动农业转移人口的城市融入。

4. 农业转移人口人力资本对其歧视感知有显著负向影响

人力资本对农业转移人口歧视感知具有显著负向影响。从本书的实证结果可知，人力资本对歧视感知的路径系数为-0.320，人力资本越充足，农业转移人口对城市的歧视感知越弱，与H8-4相反。需要说明的是，本书对歧视感知指标做了反向处理。解读出来是：人力资本水平越高，感受到的歧视水平越高。在反映人力资本的四个可观测指标中，农业转移人口的学历、培训、健康、技能均对人力资本存在显著正向影响，标准化路径系数分别为0.694、0.466、0.519、0.509。

农业转移人口人力资本水平的提升，不仅意味着在城市更强的谋生能力，也意味着更多的可能性和更敏锐的嗅觉。考虑到具体的调查对象，其人力资本水平提升的幅度显然是有限的，在扭转外界看法上尚未达到质的改变。因此，随着其人力资本水平在一定程度内的提升，对歧视感知的能力变强；生活范围的扩大，导致其有更多的机会接触到歧视现象。

四 研究结论

（一）农业转移人口城市融入程度较低且存在结构性矛盾，心理资本发挥关键作用

西南地区农业转移人口城市融入水平较低，存在高融入意愿与低社会经济支撑、高融入倾向与高歧视感知的双重矛盾。在本书的研究中，五个维度权重接近，但心理融入维度对城市融入的贡献度远高于经济、社会融入维度，融入倾向维度贡献度远高于歧视感知维度。实证数据说明西南地区农业转移人口主动融入意愿较强，符合城市化、市民化的历史趋势，但经济收入水平低、社会保障不健全等客观因素阻碍了其融入进程，说明城市经济、社会建设的滞后性、欠缺性；同时文化差异带来生活方式的差异，进而引起生活歧视、工作歧视，形成融入倾向这一推力与歧视感知这一斥力在农业转移人口群体内部交织，共同影响其融入决策。

（二）心理资本通过影响融入倾向和歧视感知间接影响城市融入

心理资本通过影响农业转移人口融入倾向和歧视感知显著影响其城市融入。其影响路径具有三个特点：一是心理资本存量越高，融入倾向越高，农业转移人口城市融入程度越高；二是心理资本存量越高，对歧视的抵抗能力越强，而歧视感知程度越高，城市融入程度越低；三是城市融入程度正向影响歧视感知水平，即融入程度越高，歧视感知水平越高。

研究结果说明心理资本作用机制具有半开放性的特点，积极影响与消极影响兼具。心理资本投入后，在融入倾向、歧视感知和融入水平一侧形成半闭环，相互间均存在直接或间接影响，这揭示了心理资本影响下城市融入的复杂性，这一现象的出现可归因于农业转移人口的群体特质。通常，农业转移人口在务工城市都是集群而居，在务工地形成了一个微缩的"多元社区"——城中村，文化结构与生活方式更接近原生地，同时也更具有包容性，融入门槛较低，心理资本存量较高者更容易产生更高的融入倾向融入其中，形成"伪城市融入现象"。而随着城市融入的程度提升，农业转移人口走出城中村、真正与城市接轨的时候，"伪城市融入"受到冲击，对歧视的感知程度提升；反过来降低其城市融入水平。

（三）人力资本通过影响歧视感知影响农业转移人口城市融入

人力资本通过影响农业转移人口歧视感知进而影响其城市融入水平，人力资本存量越高，歧视感知程度越高，城市融入水平较低。人力资本维度由学历、培训、健康、技能四个观测指标构成，除健康外，其积累往往伴随着教育过程同步发生。伴随教育产生的更高水平的人力资本存量促使其更多元、更深入地参与到城市的方方面面，同时，教育可以破解认知障碍，赋予此类农业转移人口更强的感知力，使其更敏锐地感知到城市中存在的歧视现象，对歧视现象的感知对其进一步融入城市产生推离作用。进一步讲，农业转移人口城市融入是长期持续的过程，破解认知障碍—打破伪城市融入—深层次融入，是城市融入的必经之路，心理资本在这一过程中起到推动作用。

（四）降低农业转移人口歧视感知水平是推动城市融入的重要方向

研究结果显示，心理资本、人力资本均通过歧视感知间接影响城市融入。农业转移人口的城市融入不仅是经济收入、社会保障与原住民达到同一水平，更是其对异地文化产生认同感、生活的归属感。随着融入过程的逐步深入，农业转移人口占据额外的城市公共资源、享受城市生态带来的正外部性，对原住民的生活空间造成一定的挤压。此外，物质融入过程中伴随着的原生文化观念、生活方式与融入地产生的摩擦、冲突，在较长的磨合期内，农业转移人口对歧视的感知愈加明显，阻碍着其融入决策。从逐步融入到最终融入，农业转移人口与融入地原住民经历了磨合阵痛期后逐步产生理解与认同感，随着融入水平的逐步提高，对歧视的感知逐步下降，最终外来者歧视消失，农业转移人口在物质与精神层面正式融入城市。

（五）心理资本具有依附性，与人力资本共同发挥作用

心理资本、人力资本通过中介变量独立影响农业转移人口的融入水平，说明了心理资本的独立性；实证过程中，若将人力资本去除，路径系数变小的同时其显著性明显降低，说明心理资本具有依附性，依赖人力资本共同发挥作用。心理资本是人格特质的集合，依附于农业转移人口自信、乐观、希望、韧性特质一旦形成便难以短期改变，因此在研究节点上，表现出影响路径的独立性。将人力资本变量纳入模型，心理资本影响的路径系数明显提升，说明心理资本具有依附性，其提升方式也相应地依附于个体的其他可测量资本。

第九章

推进农业转移人口市民化的政策建议

提升个体的社会资本以及心理资本水平，对于实现个体人力资本价值具有重大意义。因此，在制定推进农业转移人口市民化相关政策时，需要注意不能只单一提升人力资本，还要注重社会资本的积累和心理关怀的加强。通过累积增强农业转移人口社会资本、注重关怀其心理资本，帮助农业转移人口城市融入，提高个体在城市生活的安全感、认同感、融入感，是和谐社会微观层面的起点。对农业转移人口社会资本和心理资本的研究更贴近具体的政策落实，更贴近微观的人民生活，更贴近深层的内心关注，是推进农业转移人口市民化的内在动力，对增进人民福祉和促进社会和谐意义重大。综上，本书从以下几个方面提出对策建议，具体如下：

第一节　深化户籍制度改革，消除城乡二元制度结构

推进农业转移人口市民化的先决条件首先是要深化户籍制度改革，消除城乡二元制度结构的壁垒。户籍制度的实施使我国在城市和农村之间存在极大的壁垒，不仅制约了农业转移人口的市民化以及新型城镇化的推进，也严重阻碍了整体经济社会的发展。仅仅改革户籍制度，或者户籍制度改革与社会福利保障制度改革不协调，户籍制度改革的步伐必然不快。户籍制度改革既不是为了消除户籍制度，也不是简单的户籍转

224

换，而是为了剥离户籍所含的各种权利和福利，要让农业转移人口也可以享有城市居民的经济和社会权利。户籍性质的转换只是"形"，获得城市居民所享受的公共服务和公共福利才是"实"。改革要通过逐渐消除户籍背后的制度福利差别，最终使户籍不再有"含金量"，还户籍制度人口登记管理的本来面目。

一 剥离与户籍制度挂钩的各种福利

在推进城镇化的过程中，应主动采取政策措施，推出接纳农业转移人口政策，使其加快融入城市生活的步伐，不能让农业转移人口在城市中长期处于边缘地位的局面进一步恶化。由此深化户籍制度改革迫在眉睫。首先，政府应当积极推动与户籍性质息息相关的行政手段以及社会服务管理配套制度在就业保障、教育公平、公共医疗服务、社会服务、社会保障等方面的改革，逐步削弱乃至剥离与户口相关各种隐形福利，逐步放开二、三线城市和城镇户籍限制。其次，相关部门应及时全面清理现有各类与户口性质挂钩的政策，消除按照户口性质设立的差别化标准，科学建立城乡统一的无差异化标准，使现存相关政策逐步与户口性质脱钩。不断增加政府对农业转移人口的公共服务，逐渐实现基本公共服务均等化，给予农民工城市居民的经济和社会权利，并不断扩大。

二 逐步放开落户限制，推进中小城镇落户

深化户籍制度改革，破除心理融入宏观障碍。在国务院户籍改革制度指导办法的基础上，各地各级城市应当因地制宜，逐步调整户籍制度，使其与本地实情相匹配，逐步实现移入人口的权利赋予，增强其权利获得感。各地政府需逐步放开落户限制并根据城市规模及其资源、人口承载力，制定合乎实际的落户门槛。特大和大型城市在人口、环境可控的基础上，适当降低落户门槛，提高农业转移人口落户希望，如降低积分落户要求。首先，可以将职业稳定性强、达到一定收入水平的农业转移人口及其家庭转化为城镇居民户口，增强其城市融入感；其次，中小城市适当放开落户限制，放松对租赁房居住年限、社保缴纳年限的要求，降低农业转移人口子女入学标准等，增加城市对不同层次人才的吸引力。

第二节　完善农业转移人口就业保障体系，促进劳动力要素流动

为了完善农业转移人口就业保障体系，必须建立起涵盖促进就业、就业权益保护、失业保障等完整的制度框架。一是政府应对当前制度框架进行查缺补漏，建立健全完整覆盖农业转移人口的就业保障制度；二是政府部门在政策要求的基础上做出具体规划，以文件形式科学具体规定保障体系责任主体、保障对象归类划分、保障的具体实施措施以及后续政策实施效果评估反馈等方面，以此确保农业转移人口真正可以享受到就业保障政策。

一　保障工资支付

一是健全完善我国的法律法规，《保障农民工工资支付条例》（以下简称《条例》）在 2019 年 12 月 30 日以国务院令第 724 号公布，于 2020 年 5 月 1 日起施行。《条例》是我国第一部保障农民工工资权益的专门性法规，彰显了党中央、国务院对保障农民工工资权益的高度重视，是坚持以人民为中心发展思想的具体实践，是根治欠薪问题、筑牢民生底线、促进社会和谐稳定的重大举措。《条例》的实施，不仅有效推动建立健全欠薪零容忍的制度体系、监管有效的工作格局、惩处有力的执法机制，还有效解决了农民工工资拖欠问题，切实维护农民工工资报酬权益。二是在《条例》的基础上，还应保障农业转移人口能够在城市生活中获得合法的工资收入，对企业和个人强调劳动合同的重要性。并大力宣传劳动合同法，以此加强对农业转移人口的劳动保护，消除各类拖欠工资或用工歧视的现象，保障农业转移人口能够顺利获得合法工资收入，维持在城市的生活。完善社保政策，使其享受同等的保障服务，增加农业转移人口的城市归属感，提高其城市融入度。

二　建立统一、开放、有序的劳动力市场

一是消除就业歧视。所有的劳动力市场对农业转移人口免费开放，农业转移人口不需要城镇户口就可以免费进入劳动力市场；二是建立平等的就业激励制度。大力鼓励企业雇用外来人口，对招用农业转移人口

达到一定数量的企业，政府应向其提供融资和税收减免；农业转移人口的社会保险费用应由政府和企业共同缴纳；对小企业给予政策补贴；鼓励对农业转移人口免费提供职业介绍服务的社会性质的职业介绍机构的发展，可以给予其小额贷款补贴。

三 拓宽就业渠道，完善就业信息公开制度

一是政府应该相应地搭建城乡平等就业平台，强化就业服务，加强就业信息的搜集和发布工作，搭建输入地—输出地农业转移人口就业平台，保障农业转移人口留城和返乡就业创业的多元出路；二是构建就业信息公共网络。整理和发布各人才市场就业信息，在网络、报纸上免费对农业转移人口提供，确保农业转移人口可以平等地获取劳动就业信息，从而增加他们的就业机会。

四 加强就业培训保障

要不断完善现存的农业转移人口市场机制，为农业转移人口提供更充分、更高质量的就业机会。一是将保障农业转移人口就业纳入公共财政，包括承担农业转移人口培训支出、补贴农业转移人口集中就业单位社保缴纳额度、适当的税收减免等，并加大农业转移人口培训力度。二是为满足不同农业转移人口的职业发展需求，应根据不同行业、岗位的技能要求安排培训内容，通过"点对点"培训，提高农业转移人口的社会适应能力和就业能力。

五 因地制宜发展特色产业，引导就业

对重点县域发展产业，引导就业。一方面，利用本地的特色资源、培育本地优势产业，提供多样化的就业机会和创业机会，增强重点县域对劳动力的吸纳能力。另一方面需要有选择性地承接东部地区的产业转移，让本地农业转移人口能够在离家乡城市或者不远的中心城市务工。同时，应拓宽民族地区进城务工者的就业渠道，根据其就业的根本需求，建立就业信息服务与指导平台，为其构建平等就业、创业的制度环境，保障农业转移人口能得到真实、有效的就业机会，促进其生计转型。

第三节　继续增加教育、培训投入，提升农业转移人口人力资本

农业转移人口的人力资本对其经济融入能力和未来发展能力具有显著正向影响。人力资本的提升可以有效提高其工作搜寻、工作保有和工作转换能力的提高，从而提升其市民化过程中经济融入能力，尤其是技能培训作用重大。

一　提升农村教育资源投入与质量

提升农村教育资源投入与质量是从根源上提升农业转移人口人力资本的重要措施之一，积极推进落实乡村振兴战略。一是加大对农村地区义务教育阶段的财政资金支持，增加对农村学校的资源的投入，政府分配教育资源适度进行倾斜，以此减小城乡之间义务教育阶段资源的差距。此外，应当因地制宜，结合地区特点采取适配的教育措施。比如西南地区少数民族众多，应加强通用语言的教育。二是建立成人教育报考帮扶机制。建立农业转移人口继续教育帮扶机制，辅助补足其学历门槛短板并提供有效可信的继续教育信息，拓宽实现农业转移人口教育及再教育的途径方式，完善为农业转移人口接收高等学历教育机会的经费投入机制。三是开展相关职业技能培训并鼓励参与。做好前期调研工作，深入了解新生代农业转移人口的工作需要，针对不同行业、不同文化水平的农业转移人口，组织开展多层次的技能导向培训。此外，可以拉拢高校及第三方培训机构，组织线上线下"课堂进工地"活动，共同开展公益培训、讲座，丰富农业转移人口培训方式。四是应增加对农业转移人口基本权益、法律知识等相关内容的教育或培训，以提高其法律意识和维权意识，从源头上提高其稳定就业能力和城市生存抗风险能力。

二　提高农业转移人口教育投资

提升农业转移人口人力资本的一个关键举措是提高农业转移人口的教育投资，促进农业转移人口的平均受教育水平。一是加强对农业转移人口的技能培训，大力补足其教育缺陷短板。城市化进程中农业转移人口大多已结束教育过程，知识技能水平已经固化。同时，农业转移人口

往往受到信息闭塞及学历水平的限制，即使有继续教育意愿，也往往因为继续教育的机会成本而踌躇不前。因此，应采取相应措施重点保障这一人群的后续教育机会，做到愿者如愿。二是建立和完善农业转移人口就业与教育分类指导，设置专门机构统一协调转移人口教育培训工作，以职业教育和继续教育为主要发展方向，有利于教育投资效率的提升。三是加强政企合作，政府部门应当鼓励企业增加对员工职业技能培训的资金投入。企业是农业转移人口重要的依附点，企业培训具有效率与精准的天然优势。以政府适当补贴、企业主导的形式展开培训，既能提高农业转移人口人力资本，又可间接提高企业绩效。

三 推进多方合作共同培训

相较于学历教育，培训学习对农业转移人口在城市就业与生活更具有针对性、学习周期更短、回报快且成本也较低。一是在培训方向选择上，可以充分利用当前大数据和人工智能等科技手段，为农业转移人口提供就业方向和技能培训方向上的指导，了解农业转移人口自身身体健康状况、家庭情况、迁移情况和已有知识体系与职业技能，针对其具体情况帮助转移人口选择适合自己的就业方向进行技能培训。二是在培训市场各主体责任划分上，由于农业转移人口受自我投资意识较为薄弱和收入水平较低的局限，不愿意花费金钱和时间在收益未知的培训上，因此需要整合政府、企业和培训机构资源，由政府建立专项资金进行投资和监管，加大公共服务购买力度，为农业转移人口提供有针对性的技能培训；企业是农业转移人口职业技能知识提升的主要责任主体，所以应当积极引导企业履行社会责任，发挥其特有的优势，采取既适合企业自身发展又有利于农业转移人口职业能力提升的方式来促进员工的职业水平。例如，有针对性地合理开展员工的岗前、技能、证书等专业培训；敦促企业与培训机构合作，充分发挥政府和职业院校不同特征的优势，最大化农业转移人口培训中的权益水平，使农业转移人口的高效职业技能培训得到保障。三是结合政府和市场两方力量，建立专业化、合理化、多元化职业技能培训体系，加大对农业转移人口的职业技能培训力度，稳步提升他们的职业技能水平，积极推进网络教育、线上培训，既有利于培训成本的降低，也有利于适应农业转移人口工作时间的不确定性，提高培训效率。在培训信息获取与方式选择上，积极建立培训信息分享平台，企业、社区设立宣传台，帮助转移人口有效获取培训信息，提高培训参与度。

四 加强农业转移人口的子女教育

农业转移人口子女教育的问题是实现农业转移人口市民化的一大障碍，而城乡"二元"户籍制度结构又是农业转移人口子女教育问题的阻碍。只有彻底破除了城乡"二元"户籍制度的限制，才能有效地解决农业转移人口子女教育的问题。教育制度是与户籍制度挂钩的，"分级办学，分级管理"方案的实施，为适龄儿童硬性选择离家最近的学校。但当前，农业转移人口流动量大，由于户籍制度的限制，他们的子女不能进入父母务工城市的公办学校接受教育，而私立学校学费昂贵，一般家庭负担不起，这一约束导致出现很多留守儿童，同时也使他们无法享受到与城市儿童相同的教育水平。因此，政府必须消除户籍制度存在于农业转移人口子女教育上的壁垒，将农业转移人口的子女教育纳入城市统一规划，建立健全相关农业转移人口子女教育制度，确保其能享受到与城市儿童相同的教育机会和教育资源。子女既是父母的希望，也是父母的寄托，只有增加农业转移人口子女的教育机会，提高其学习质量，实现他们平等地分享义务教育资源，才能改善农民世世代代留在欠发达地区的情况。政府在实现教育公平的基础上，应增加教育经费，切实解决留守儿童失学、辍学的现象。同时尽可能扩大融资范围，改善农业转移人口子女学校的教育环境。

一是公办学校应充分发挥其优势，如强大的教育能力，可接收更多的农业转移人口子女，让农业转移人口及其子女真正立足于城市，感受到社会及政府的真切关怀。此外，要加大政策层面的财政支持和资金投入，合理引导民间资本加入投资办学的队伍。在量的基础上，不能忽视对质的要求，应严格把控教学质量，加强管理，改善教育环境和教学条件；在增强农村地区师资力量方面，政府应制定相关的优惠政策和鼓励政策，积极推动年轻教师到农村执教，同时支持企业在城市创办基础教育机构，接纳更多农业转移人口子女进入城市接受教育。二是大力发展农业转移人口子弟学校。除公立学校之外，农业转移人口子弟学校在农业转移人口子女的教育中起重要作用，因此，要加大对子弟学校的财政支出和资金投入，制定多样化政策，鼓励社会资金投入教育行业。需要注意的是，高中教育和职业教育是农业转移人口市民化的关键一步，可以强有力地提高其就业水平，增加他们的市民化意愿和市民化能力。为此，可以减少农业转移人口子女在高中和职业教育阶段的学费，并为他们提供更多接受教育的机会。我国义务教育水平的城乡与区域差异显著，而农业转移人口子女教育是解决这一问题的有效途径，政府应该给予其法律地位和支持，同时加强指导和监督，改善教学条件，提高教学水平，让其健康、合理、规范地快速发展。全社会应营造出重视农业转移人口子女的社会氛围，让他们更充分、更快速地融入城市生活，在城市站稳脚跟。

第四节　完善医疗保障制度，提升农业转移人口健康水平

健康的身体是农业转移人口在城市里打拼的依仗，没有好的身体就无法适应城市里高强度的工作。但是，因为户籍制度的限制，农业转移人口无法像城镇职工一样拥有稳定的医疗保险制度，因此着力提升农业转移人口健康水平，需从医疗保险制度、覆盖率等方面入手，消除农业转移人口市民化制度障碍。

一　提高医疗保障水平

提高农村地区医疗保障水平，增强农业转移人口身体素质是促进农村劳动力转移的重要措施之一。一是以居住地为基础，做好农业转移人口疾病预防控制、学龄儿童免疫接种、计划生育等卫生服务工作，确保农业转移人口依法享受与当地群众同等的公共卫生服务。政府应该关注农业转移人口的身心健康，将农业转移人口及其子女的健康放在首位，为其提供相应的健康免疫计划，并采取有力举措，提高该部分群体的免疫接种覆盖率。依托社区服务机构，加强农业转移人口的健康教育知识和疾病预防意识，提高其自我保健意识。二是建立健全责任体制机制，加强管理和监督，建立农业转移人口高危职业健康检查政策和职业病追踪调查规范，将农业转移人口中从事高危职业人员的体检纳入公共卫生体系，保障其生命安全。

二　提升农业转移人口健康水平

提高农业转移人口城市生活适应性、稳定性最基本的一步是提高其

健康水平。着力提升农业转移人口的健康水平，一是需进一步完善医疗保障制度，消除农业转移人口在城市看病难、就医难的制度障碍。农业转移人口具有强流动性，无法建立像城镇职工那样的稳定医疗保险制度，社会保险有很强的地域性，在务工城市生病后不能方便快捷地享受到新型农村合作医疗政策，限制了其医疗保障权益的获得，应积极推进医疗保障"转接"系统，完善工伤认定办法，剔除工伤申请、受理、鉴定、赔偿流程中的冗余事项，强化农业转移人口市民化的政策支持。二是完善农村转移人口服务绿色通道服务，推进完善社区卫生服务中心精细化服务，并注重对农业转移人口健康知识的普及与教育，提升其健康意识和疾病预防知识。三是改善农业转移人口的城市居住条件，给予农业转移人口一定的医疗补贴、住房补贴，尽可能让他们拥有稳定、干净的居住环境，并督促企业承担社会责任，如定期组织体检、建设职工宿舍等，提高转移人口健康水平对提高其城市生活适应性、稳定性有很大帮助。

三 完善农村医疗保险制度

对于农业转移人口的健康问题。除了保证九年义务教育制度下民族地区中小学对学生的营养供应，还要完善民族地区农村合作社医疗保险制度，建立城乡对接的农村合作社医疗保险制度，让农业转移人口在务工地能够看得起病、治得好病。进一步完善医疗保障制度，着力提升农业转移人口的健康水平，农业转移人口自身特点限制了其医疗方面的权益的贯彻，农业转移人口在城乡间、在不同的城市间往返流动，所以很难享受到很多医疗的保障制度，致使其无法实现在健康状况上的稳定提升，医疗保险是保障健康水平的重要方式，农业转移人口的医疗保险的覆盖率不断攀升，但是农业转移人口很难真正享受医疗保险的权益。因此，针对农业转移人口健康水平的保障，医疗保险的制度设计应更加明确，设计更加符合农业转移人口生活方式的医疗服务体系，使农业转移人口能够更加便捷地接受到符合自身特点的医疗保险方式和医疗保障制度。

四 提高医疗、养老保障覆盖率

扩大医疗、养老保障范围，缩小农业转移人口与原住民的权益差距，逐步实现公共服务均等化。降低城镇医疗参保门槛，加强医疗补贴力度与宽度，通过宣传加强农业转移人口对医疗政策的认知。设立针对农业转移人口的养老账户，重点关注养老账户的灵活性，增强其留城意愿与能力的同时，为返乡创业就业留出空间。

第五节　改革城镇住房保障制度，解决农业转移人口居住问题

居住权是实现人口迁移过程的重要基础和前提，稳定的居所是吸引农业转移人口市民化的重要因素。住所可以满足人追求安全感的需求，居住条件不佳是农业转移人口低融入程度的直接原因之一。但现在却因为户籍制度等多方面原因，导致农业转移人口在城市居住受到限制。所以移入城市应当加强对农业转移人口的低息住房贷款的政策宣传，扩大廉租房、保障房的保障规模和保障力度，采取实物配租和租赁补贴等多种补贴形式，同时采取举措加强相应房源的下沉力度，保证落到实处。

一　改革城镇住房保障制度

建立健全城市经济适用房、廉租房等相应制度，重建农业转移人口申领保障性住房的资格，并延长他们的使用年限。一方面能够使农业转移人口分享经济发展成果、促进社会公平正义；另一方面城镇化的居住环境有利于引导农业人口的思想观念和行为方式转变，为城市融入和市民化水平降低融入难度。保障性住房提供方面，需要地方政府从当地经济社会发展和农业转移人口流入规模出发，合理制定住房建设规划，建立和完善保障性住房供应监测机制，中央政府以专项财政资金配合农业转移人口集中地政府的保障性住房建设。为提高农业转移人口的城市融入意愿，首先就要提高他们购置城镇住房的购买能力。例如，可通过制定针对农业转移人口群体的住房公积金缴纳办法，由其所在单位和个人共同承担住房公积金，减轻农业转移人口的购房压力。

二　提供低租金住房

政府应针对农业转移人口的实际情况，提供低租金住房或商品住房。在条件允许的城市，政府应制定相应规划，基于合理规划，引导房地产开发企业面向农业转移人口或者用人单位提供低租金住房。地方政府参照城镇经济适用房的有关政策，对于房地产企业的土地用地以及税

收提供优惠政策，鼓励其建造低成本住房。同时还可改造闲置厂房等建筑，将其作为低租金住房提供给农业转移人口，为他们解决居住问题。随着经济的发展，定居城市成为越来越多农业转移人口的选择，对于这部分在城市长期生活、具有稳定工作的农业转移人口群体，政府应扩大城市经济适用房政策范围以覆盖到农业转移人口。

三　实施差异性住房保障，引导农业转移人口向三四线城市转移

住房政策的引导可以使农业转移人口在城市之间合理地流动，加强对农业转移人口的住房保障能让城镇化均衡发展。2015年中央经济工作会议已将鼓励农民工购买商品房、"去库存"作为经济发展的五大任务之一，通过农业转移人口消除主要集中在三、四线城市的房地产库存，对国家经济发展大局的稳定作用也不言而喻。因此，为保证人口合理流动，实现城镇化的均衡稳定发展，应针对不同结构和不同规模的城镇采取不同措施，建立实施保障农业转移人口的政策。中小城市规模较小，发展的潜力较大，对农业转移人口的吸纳能力也较大，可采取开放性的住房保障政策，具体到执行层面如可在户籍、居住年限、缴纳社会保险等方面降低准入门槛；大城市、特大城市、超大城市基本上已达到资源容纳的最大限度，可容纳农业转移人口的能力有限，主要采取谨慎性甚至限制的住房保障政策，可提高准入门槛等。

第六节　加强社会资本培育，提高个体社会资本获取能力

社会资本和个人特质对农业转移人口心理融入能力和未来发展能力具有显著正向影响。因此，关键一步就是提升农业转移人口的社会资本深度和质量。社会资本越强，农业转移人口的市民化意愿就越强，在城市务工遇到困难时，能够求助居住在城市的亲朋好友数量越多，与城市居民的生活方式、消费方式、思维方式越像，其市民化意愿就越强。可见，只有通过大幅度提高农业转移人口的社会资本，才能使其在城市真正地落地生根，推进市民化进程。因此，要持续增强农业转移人口的社会资本。但是，社会资本的增强不仅是农业转移人口自身的提升，更是要集聚各方面的努力。

一 培育农业转移人口社会资本

积极推动企业、社区中心和社会组织等多元主体帮助农业转移人口培育社会资本。一是政府应发挥自身主体地位，积极向城镇居民进行宣传，引导他们正确认识到农业转移人口在城镇建设和社会进步过程中的重大贡献，以及农业转移人口在经济社会发展进程中的重要地位，消除城乡歧视，鼓励城乡双向沟通，在全社会营造出平等、友爱的氛围和观念。有利于改善农业转移人口社会资本的内卷化问题，促进转移人口与市民和谐相处、提升转移人口社会资本。二是积极推进企业、社区中心和社会组织等多元主体帮助农业转移人口提升社会资本。开发建立农业转移人口信息交流平台，对其社交网络的扩大有很大帮助；发展和健全工会组织，提高组织化程度，切实维护农业转移人口合法权益，为农业转移人口提供制度化的表达渠道；社区中心、社会组织等应积极开展社会文化活动，增强农业转移人口与城市市民的互动交往，帮助他们建立其信任、互惠和合作关系，构建公共社会关系网络，以提升转移人口社会资本的广度、深度和质量。应充分依托社会组织的协同作用，以此提升农业转移人口的新生社会资本量。因此，在保证社会组织基础设施完备的基础上，应大力加强丰富社区的文化建设，由此来调动整个社区成员参与的积极性，同时应提供心理咨询或心理援助以提升城市认同感，提升对所在城市的满意度，使中低阶段融入个体更快地从身份认同上真正融入城市。

二 改善农业转移人口市场制度

当前农业转移人口市场还不够完善，主要表现在农业转移人口获得职场信息的不对称性。不对称性将会导致农业转移人口受到严重不利影响，不仅限制了他们的信息收集渠道，而且无法保证所获取信息的真实性。同时，由于对职场信息的缺失还会导致农业转移人口接触到的工作具有较低的社会保障，从而加剧其社会资本存量较少的状况。另外，农业转移人口的基本素质不够高，无法接触到更多的网络就业平台，也会影响其社会资本的累积。因此，要不断地改善农业转移人口现有的市场机制，为农业转移人口提供更多的、更好的就业机会。同时通过组织集体活动，帮助农业转移人口建立更加稳定、范围更大的社会网络。

三 建立积极的心理状态，扩大社会资本

帮助农业转移人口建立积极人格特质与心理状态，扩大、深化其社会资本。农业转移人口存在社会资本匮乏、社会网络结构单一和内卷化问题。累积、增强其社会资本，仍需从个体、群体两层面入手。在个体层面，农业转移人口不但要巩固原始的亲缘型、地缘型的社会资本，还需要增加业缘型、衍生型的社会资本。推进用工单位、社区、社会组织为农业转移人口提供心理咨询、治疗等帮助。并帮助其建立乐观外倾、稳定宜人的人格特质与积极进取的心理状态，这有助于个体扩大社交范围、深化社会交往程度、促进转移人口城市社会资本重构，进而获得社会资本的提升。农业转移人口群体要结合自身的优势特长，不断提高自己的再教育水平和职业能力，进而获取更多更好的信息资源。只要先从社会资源不够丰富的环境中走出来，并加强与人交际的能力，才能不断提升社会资本。

第七节　针对性开发心理资本，提升农业转移人口心理资本

城镇化的核心是以人为本，推动"人的城镇化"，保障农业转移人口融入城市，尤其是精神层面的融入，成了我国城镇化的重点。从现实情况来看，农业转移人口的城市融入进程依然艰难曲折。农业转移人口进入城市后，从事的工作性质导致其经济社会地位低，二元户籍制度的客观障碍导致其福利保障水平低，加上地域认知偏差等带来先入为主的"污名化"刻板意识的影响，社会排斥感骤增。与此同时，长期的城市生活干扰其对移出地生活方式的认知。大量的农业转移人口构成了一个特殊的边缘化群体：他们对土地缺乏感情、对农村生活缺乏归属感，同时，又难以得到城市的身份认同与福利保障。长此以往，农业转移人口认知产生偏差，心理问题日益凸显。在新型城镇化背景下，稳定提升农业转移人口的深层次融入、推动市民化进程的重中之重就是大力提高农业转移人口心理资本水平。心理资本的开发与积累具有持续性，在营造持续性的教育环境和包容性的社会环境之外，应采取针对性引导措施，提升其自信、乐观、希望、韧性等各个维度的心理资本储量，针对性开

发心理资本。

一 推动文化认同，培育生活自信

组织开展地区特色文化、民风民俗宣传活动，倡导文化关怀。加快农业转移人口对流入地的了解，培育其生活自信，引导农业转移人口逐步接受融入地生活准则，更好地融入当地。倡导积极心理学取向，引导当事人提升对消极心理品质的觉察力，开发当事人身上的积极心理资源，并通过文化关怀使其壮大。

二 指导生涯规划，塑造未来希望

农业转移人口群体的职业类型较为庞杂，政府、企业应采取不同类型的引导政策，为处在不同职业发展阶段的农业转移人口提供规划和指导。职业发展初期指导其根据自身职业兴趣与人格特质选择合适的就业岗位，确定自身的职业锚；职业生涯成长期助其挖掘自身工作特质与技能优势，开展技能与学历培训，不断提升职业竞争力；职业生涯迷茫期引导其明确自身发展需求，确定生涯发展重点，并最终确定稳定的职业发展路径。

三 加强心理疏导，培育乐观心态

政府层面可充分调动社会社区资源推行农业转移人口心理疏导教育，企业层面应建立相应职能部门加强员工关怀。比如定期开展心理健康状况调查，建立心理预警机制。通过心理健康评级及时了解农业转移人口的心理健康状况，并针对性地开设心理调适课程，帮助农业转移人口正确地进行自我剖析与自我定位，促进个体自我价值的创生。

四 实施挫折教育，拓展心理韧性

挫折通常是指个体在从事有目的的活动时所遇到的难以克服的困难和阻碍。个体在遭受挫折时内心会产生一定的挫折感，使个人产生消极和悲观的情绪以及心理状态，这对于个体的积极健康发展是非常不利的。因此，对农业转移人口进行抗挫折教育，提高他们的心理承受水平，对于农业转移人口市民化和新型城镇化发展是必要的。有针对地根据农业转移人口就业岗位发展需要，科学设置和利用挫折情景，通过知识和技能的训练，使他们可以正确认识挫折、预防挫折、正视挫折、克服挫折，增强自身抗挫能力。如鼓励企业员工积极开展竞技类活动

（体育竞赛、工作技能竞赛），营造积极竞争的氛围，通过竞争磨炼员工的韧性。

第八节 创新城乡发展理念，逐步消除城乡发展樊篱

推进农业转移人口市民化进程需要社会各界团体和政府的共同努力，创造良好的转化环境，消除转化中的障碍，积极改革创新。首先，需要不断创新城乡发展理念，逐步消除城乡间樊篱。2018 年政府工作报告提出乡村振兴战略，指明新型城乡关系发展方向。自上而下与自下而上双向结合，城乡融合与差异发展两面开花，完善教育、医疗、养老、住房保障体系齐头并进，继续通过深化体制改革和政策，努力破除制度性障碍。"以人为本、公平共享"对推进以人为核心的新型城镇化具有重大意义。政府、企业应努力消除农业转移人口在就业、医疗、消费、子女教育等方面可能存在的各类显性、隐性的偏见和歧视，做到公正平等，提升农业转移人口公平感知度，并努力满足其维权和公共参与诉求。

一 正面引导对农业转移人口的观念

农业转移人口的观念更新应通过形式多样的新市民宣传活动和地区组织的舆论正面引导来转变。社会舆论环境的导向上，要形成良好的舆论环境，重视对农业转移人口的宣传工作，减少城市居民对其的偏见，创造关心、尊重农业转移人口的社会氛围。同时，城市文化与社会发展的强大吸引力也促使农业转移人口逐渐转变自身观念，抛弃曾经起源于农村社会的保守落后、家族型、封建迷信的思想观念，形成了基于开放多元的城市社会环境下所产生的新市民观，推动农业转移人口从思想上融入城市的进程。

二 消除性别上的歧视与偏见

对整体农业转移人口而言，男女差异下带来的城市融入影响因素存在差异。首先对于经济与心理压力相对较大的男性农业转移人口，应通过社会或各类社区组织加大其心理方面的建设与服务，缓解其心理压力，加大社区文娱活动建设，使其在缓解心理压力的同时能够收获新的

社会资源，增加其社会网络建设。其次对于受生理特征所限的女性农业转移人口，应更加注重其后期人力资本的投入，大力开展社区企业培训课程，建立能力培养机制和在职技能培训机制，使其拥有一技之长能够更加融入城市生活。政府也应建立自我与群体上的农业转移人口认同机制，加强政策的引导与宣传，努力消除对于农业转移人口特别是女性的偏见与歧视。要以更加宽容与开放的态度来帮扶农业转移人口，营造和谐的劳动力市场，整体提升对女性农业转移人口乃至全部农业转移人口的自身素质、文化修养和行为方式，真正实现身份心理上的转化，融入所在劳动城市。

第九节　持续推进公共服务均等化

心理融入能力的提高反映农业转移人口深层次的城市融入，研究结论表明，农业转移人口人力资本对心理融入能力的影响不显著，一定程度上是因为人力资本较高的转移人口对歧视与不公平现象的认知能力更强。因此，心理融入能力提升的关键在于降低并消除农业转移人口在城市受到的歧视和不平等待遇，提高其信任感、公平感、融入感和城市适应力。

一　创新支持性社会治理机制

政府应该创新农业转移人口市民化的支持性社会治理机制，帮助农业转移人口提高城市适应力。一是不断创新城乡发展理念和支持性社会治理机制，逐步消除城乡间樊篱；二是转变农业转移人口传统思想观念和生活方式，帮助他们形成新市民观，成为城市的新主人；推进多元主体参与社区治理，促进农业转移人口社区融入和城市融入，提高农业转移人口市民化过程中的公平感、信任感和融入感。

二　强化支持性人力资源系统

用人单位应强化农业转移人口的支持性人力资源系统。一是注重员工帮助计划，增加对农业转移人口工作、生活中的心理关怀，特别是要关注弱势群体需求。根据对转移人口市民化能力测度结果可见，少数民族转移人口、女性转移人口、老龄转移人口都是市民化能力较差的群体，应特别给予关心和帮助。二是企业应设立相关部门和专业人员对农业转移人口进行人文关怀和心理疏导，善于倾听员工心声，提高沟通能力，尊重、关心并理解农业转移人口在城市工作、生活中存在的诸如个体能力不足、身体健康、心理状况欠佳等问题，帮助其解决困难、改正不足、提高能力。三是建立包容、友善、和谐的企业文化，提升农业转移人口公平感、认同感、融入感，帮助其获取安全需求、社交需求和尊重需求，实现自我价值与社会价值，提升转移人口市民化能力。

三 推动社会公共服务均等化

进一步推进社会公共服务均等化，增加西部地区公共财政支出。一是调整公共财政支出结构，尤其增加对西部地区农业转移人口城乡一体的就业服务、职业技能培训、子女就学、劳动保障等公共服务支出，加快推进城乡制度整合和待遇衔接，不断完善农业转移人口就业、医疗、住房、养老等社会保障体系，适当提高其参保比例和保障水平，尤其是对于老龄转移人口，降低其因病致贫、因病返贫的风险。二是努力消除农业转移人口就业、医疗、子女教育中存在的不平等与隐形歧视，尤其是作为具有竞争性和排他性的准公共物品，如教育和医疗，由于受到户口性质和经济社会地位的约束，农业转移人口不能拥有与城市居民一样平等的机会享受这类资源。应充分发挥政府主导作用，明确放宽公立学校对于农业转移人口子女入学的限制，设立转移人口子弟学校，并切实保证这些学校的教育质量和公平地位。尽量减少农业转移人口在就业、消费、生活、医疗和子女教育等方面可能存在的隐性的偏见和歧视，做到公正平等，提升农业转移人口公平感知度，努力满足其维权和公共参与诉求，提升其城市生活心理上的公平感、信任感和融入感，以推进农业转移人口市民化。

附　录

A　贵州省市民化问卷

表 A - 1　　　　　　　　　　基本情况

编号		出生年份		性别	
家庭人口数（长期居住在一起的家人）		实际在家人口数		婚姻状况	A. 已婚 B. 未婚
民族	贵州省：A. 苗族　B. 布依族　C. 侗族　D. 土家族　E. 其他＿＿＿＿＿＿ 云南省：A. 彝族　B. 哈尼族　C. 白族　D. 傣族　E. 其他＿＿＿＿＿＿ 四川省：A. 彝族　B. 藏族　C. 羌族　D. 回族　E. 其他＿＿＿＿＿＿ 广西壮族自治区：A. 壮族　B. 瑶族　C. 苗族　D. 侗族　E. 其他＿＿＿＿＿＿				
学历	A. 小学　B. 初中　C. 高中（中专）　D. 本科（大专）　E. 本科以上				
职业	1. 建筑业：A. 建筑工人　B. 建筑技术人员　C. 建筑设计人员　D. 工头 2. 制造业：A. 流水线工人　B. 流水线管理人员　C. 产品设计人员 　　　　　 D. 仓储管理人员　F. 制造业厂内运输人员 3. 个体户：自己做生意（请注明从事行业）＿＿＿＿＿＿ 4. 交通运输、仓储和邮政业：A. 司机　B. 快递人员 5. 住宿餐饮服务业：A. 厨师　B. 服务员　C. 家政人员　D. 保安　E. 保洁 6. 其他＿＿＿＿＿＿				
月工资	A. 1500—2500 元　B. 2501—4000 元　C. 4001—5500 元　D. 5501—7000 元 E. 7001—8500 元　F. 8501—10000 元　G. 10001 元及以上				
每年回家乡的频率为： A. 每年 1 次　B. 每年 2—3 次 C. 每年 4—6 次　D. 每年 6 次以上			打工形式是： A. 全职打工 B. 农闲时打工，农忙时种地		

续表

认为技能培训对你找工作的帮助大吗？ A. 非常大 B. 很大 C. 一般 D. 不大 E. 完全没用	你就业以来参加过几次工作学习培训？ A. 从来没有 B. 1 次 C. 2 次 D. 3 次 E. 3 次以上
今年一共去了多少次医院？ A. 1—3 次 B. 4—7 次 C. 8—12 次 D. 12 次以上	每年都定期体检吗？ A. 体检 B. 未体检
家庭务农人均年收入？ A. 0—4000 元 B. 4001—8000 元 C. 8001—11000 元 D. 11001—15000 元 E. 15001 元及以上	主要务农收入来自 A. 种植业 B. 林业 C. 养殖业 D. 其他＿＿
如果你和家人必须离开村子一阵子，你会把自己正种植的农作物和养殖的牲畜留给谁看管？ A. 直系亲属 B. 普通亲属 C. 朋友 D. 村里有空的其他人	如果去城市里打工，家里的耕种土地如何处置？ A. 缩小种植面积，由家里的老人种植 B. 租给他人耕种 C. 弃置

表 A-2　　　　　　　　市民化的度量

来城市务工时间为 A. 6 个月以内 B. 6 个月—1 年 C. 1—5 年 D. 6—10 年 E. 10 年以上	在城市里的住所为 A. 租赁房 B. 单位或企业提供的宿舍 C. 工棚（活动房） D. 自己购房
养老会选择回农村老家 A. 是 B. 否	未来打算如何处理农村老家的宅基地住房？ A. 卖掉 B. 保留
您的户口类型是 A. 城市户口 B. 农村户口	
愿意由农村户口转变为城市户口吗？ A. 愿意 B. 不愿意	
如果愿意，你是否已经获得城市户籍了？A. 已获得 B. 未获得	
您想定居城市或者取得城市户籍的原因是什么？ A. 子女能够享受更好的教育 B. 城市收入较高 C. 主要家庭成员均在外工作 D. 农民工外出就业政策 E. 城市福利政策优于农村（养老政策、最低生活保障、社会保险等） F. 城市医疗卫生条件较好，医疗保障较完善 G. 城市生活更为有趣，丰富多彩 H. 其他	您不想定居城市或者取得城市户籍的原因＿＿＿＿＿（可多选） A. 进城务工农民工的社会保障制度不完善 B. 小孩上学难 C. 就业问题难以解决，找不到合适的工作 D. 在社会生活领域不能享受到和当地居民同等的待遇 E. 在城市没有稳定住房 F. 不舍得放弃老家的耕地和宅基地 G. 其他

认为影响求职的主要障碍是（可多选） A. 缺乏劳动技能　B. 文化程度低 C. 年龄偏大　D. 家庭因素 E. 缺乏就业信息　F. 其他	您的储蓄主要用于 A. 回老家盖房　B. 投资子女 C. 购买城市房产　D. 提高消费水平 E. 防病养老　F. 积累财富
社会保障参与情况 A. 城镇职工医疗保险或城镇居民医疗保险 B. 新型农村合作社医疗保险 C. 城镇职工养老保险或居民养老保险 D. 新型农村养老保险 E. 工伤保险 F. 失业保险 G. 生育保险	您认为怎样才算成为真正的城市市民 A. 自己孩子和本地城镇居民孩子享受同等的入学待遇 B. 和城镇居民享受同样的入职待遇 C. 和城镇居民一样能够参加当地城镇居民医疗保险 D. 和城镇居民一样能够参与当地的居民养老保险 E. 和城镇居民一样能够申请城镇居民最低保障金 F. 和城镇居民一样能够享受社会救助

表 A - 3　　　　　　　　　　社会资本

进入城市之后，新认识的朋友有多少个？ A.1—3 个　B.4—7 个　C.8—10 个	在城市务工中，遇到困难时能够求助的城市居民数量有多少？ A.1—2 个　B.3—5 个　C.6—10 个 D.11 个及以上　E. 一个也没有
平时经常与下列哪些人员来往 A. 本地亲戚　B. 城里亲戚 C. 一起出来务工的村民　D. 工友	外出务工的介绍人为 A. 自己　B. 亲戚　C. 朋友、同学或老乡 D. 城里认识的朋友　E. 政府帮助
您家每年春节要给多少人家拜年？_____ 主要拜年对象是　A. 亲戚　B. 朋友 他们主要居住在　A. 农村　B. 城市	
1. 办理红白喜事有多少人参加？ A.0—50 人　B.51—100 人　C.101—200 人　D.201 人及以上 2. 他们主要是： A. 亲戚　B. 朋友、同学或老乡　C. 城里认识的朋友	1. 家里有重大事件（如重大疾病、子女上学）发生，急需借钱时有_____个人会帮助你 2. 他们主要是： A. 亲戚　B. 朋友、同学或老乡　C. 城里认识的朋友　D 通过政府渠道 3. 是否容易在银行、信用社得到贷款 A. 是　B. 否
1. 闲暇时间，主要干什么？ A. 上网　B. 打游戏　C. 打牌、打麻将　D. 用手机看电视　E. 其他 2. 常用的社会交往方式为： A. 微信、QQ 等社交软件聊天　B. 打电话　C. 送东西　D. 宴请聚会	

续表

3. 微信和 QQ 里经常联系的人有多少？	
A. 5 个及以内　　B. 6—10 个　　C. 11—15 个　　D. 16 个及以上	
4. 这些人跟您的关系是什么？	
A. 亲人　　B. 朋友　　C. 工友　　D. 合作关系　　E. 其他	
5. 朋友圈里主要发了哪些相关内容？	
A. 生活感悟　　B. 搞笑段子　　C. 时事政治　　D. 娱乐八卦	

　　仔细阅读下面每一个句子，然后根据你的实际情况，选择符合你自己情况的回答打钩，注意：只能填写一个答案。选项中的每个数字的意义如下：1. 完全符合　2. 比较符合　3. 一般　4. 比较不符合　5. 完全不符合

表 A－4　　　　　　　　　　　　心理资本

序号	项目	完全符合	比较符合	一般	比较不符合	完全不符合
1	我有信心完成我目前的工作	1	2	3	4	5
2	在遇到困难或者挫折的时候我能以积极的心态去面对	1	2	3	4	5
3	遇到难以解决的事情我会百折不挠	1	2	3	4	5
4	我对自己目前的状况很满意，感觉生活很幸福	1	2	3	4	5
5	遇到不懂的问题我会积极主动向别人请教	1	2	3	4	5
6	我能够宽以待人，包容别人的过失	1	2	3	4	5
7	我已具备良好的社会公德（例如：不乱扔垃圾、不随地吐痰、遵守交通规则）	1	2	3	4	5
8	在社会需要我的时候，我会挺身而出	1	2	3	4	5
9	城市人接纳外来务工人员，外来务工人员能够和城市人融洽相处	1	2	3	4	5
10	在城市工作生活感到很满意，对所在城市有归属感	1	2	3	4	5
11	认同城市的风俗文化、城市居民的思想价值理念和消费方式（超前消费）	1	2	3	4	5

续表

序号	项目	完全符合	比较符合	一般	比较不符合	完全不符合
12	适应城市居民的生活方式（衣食住行）	1	2	3	4	5
13	进入城市生活后，休闲娱乐生活更加丰富多彩，闲暇时间里有积极健康的娱乐方式	1	2	3	4	5
14	在城市中社交网络成熟，城市熟人朋友多	1	2	3	4	5
15	我相信通过自身的努力能够融入城市	1	2	3	4	5

1. 当你的权益受到侵害时，你通常会_____

A. 忍气吞声

B. 聚众讨公道

C. 通过工会等维权部门解决

D. 求助于当地的朋友以寻求更恰当的建议

2. 对未来的打算是_____

A. 再打一段时间工，就回家做点小生意或开一个小厂

B. 再打一段时间工，就回家种地

C. 继续打工

D. 没想过，过一天算一天

E. 争取在打工的城镇安个家，把家里人都接过来

3. 您对自己在城市中的定位是_____

A. 只是为了赚钱来到城市，对所在城市没有归属感

B. 喜欢所在的城市，正在积极融入其中

C. 认为自己是城市建设的一份子，已经融入所在城市

B 广西南宁调研问卷

表 B-1　　　　　　　　　　基本（人力资本）情况

编号		出生年份		性别	
户籍所在地	①省市　②县乡　③镇		迁移状况	①家庭式迁移　②个人迁移	
户口类型	①城市户口　②农村户口		是否党员	①是　②否	
婚姻状况	①已婚　②未婚　③离异　④丧偶				
民族	①汉族　②壮族　③布依族　④侗族　⑤土家族　⑥苗族　⑦白族 ⑧彝族　⑨____				
打工的形式	①全职打工　②农闲时打工，农忙时种地				
学历	①小学　②初中　③高中（中专）　④本科（大专）　⑤本科以上				
目前职业 （用√表示） 曾经职业 （用○表示）	①建筑业：A. 建筑工人　B. 建筑技术人员　C. 建筑设计人员　D. 工头 ②制造业：A. 流水线工人　B. 流水线管理人员　C. 产品设计人员 D. 仓储管理人员　E. 制造业厂内运输人员 ③个体户：自己做生意（请注明从事行业）____ ④交通运输、仓储和邮政业：A. 司机　B. 快递人员 ⑤住宿餐饮服务业：A. 厨师　B. 服务员　C. 家政人员　D. 保安　E. 保洁				
月工资			资格证书	①有　②没有	
技能等级	①没有等级　②初级技工　③中级技工　④高级技工　⑤技师　⑥高级技师				
参加职业 培训次数	①没有　②1 次　③2 次　④3 次　⑤4 次　⑥5 次及以上 总共培训时间为____个月 培训的帮助：①没帮助　②有一点帮助　③有很大的帮助　④不知道				
您是如何获得这份工作的？ ①朋友或老乡介绍　②亲戚介绍　③自己寻找 ④政府安排　⑤就业部门介绍　⑥公开考试 ⑦报纸招聘　⑧顶替		您本人初次外出就业的年龄是____岁； 到目前为止，在城市累计生活了____年； 您在城镇参加工作或打工累计____年； 在目前的企业就业____年			
在城市里的住所为： ①租赁房　②单位或企业提供的宿舍 ③工棚（活动房）　④自己购房　⑤廉租房 ⑥借宿城里亲戚朋友家		从工作单位或就业岗位得到的各种（净） 收入的月平均额____元。从其他各种途径 获得的其他（净）收入（月平均额）____ 元。您配偶的月平均收入为____元（无配偶 填0）。您自己在外打工的年工资总计____元			
未来打算如何处理农村老家的宅基地住房？　①卖掉　②保留					
愿意由农村户口转变为城市户口吗？　①愿意　②不愿意					

续表

您认为在本市工作生活中存在的困难来源于（多选） ①户口　②学历　③技术　④缺乏招工信息 ⑤住房　⑥子女教育　⑦政府帮扶　⑧其他	不想定居城市的原因（多选） ①不能享受同等待遇　②不舍得放弃老家耕地和宅基地　③就业难　④城市没有稳定住房　⑤小孩上学难　⑥社会保障制度不健全
您在务工城市就医方便吗？ ①非常麻烦　②一般　③较方便 ④很方便　⑤非常方便	您的身体状况 ①正在遭受重大疾病困扰　②病痛影响生活　③有些病痛，不是大问题，不影响正常生活　④偶尔感冒发烧　⑤几乎不生病

一年大概去看____次病

就医一般选择 ①社区诊所　②大医院　③自己买药吃 ④私人诊所	不去看病的原因 ①耗时长　②距离远　③费用高

社会保障参与情况（多选）

A. 城镇职工医疗保险或城镇居民医疗保险　　B. 新型农村合作社医疗保险

C. 城镇职工养老保险或居民养老保险　　D. 新型农村养老保险

E. 工伤保险　　　　F. 失业保险　　　　G. 生育保险

表 B-2　　　　　　　　　市民化的度量

		是	否
1	觉得当地人值得信任		
2	愿意与本地市民交往		
3	与城里人接触存在困难		
4	生活中受到歧视		
5	找工作受到过歧视		
6	子女就学存在不平等现象		
7	对目前的生活满意		
8	熟练使用当地方言		
9	赞同发展前途比暂时收入更重要		
10	赞成学习一项新的技术		
11	是否经常参加社会活动		
12	和本地人关系是否融洽		
13	是否经常去城里人家做客		
14	是否对目前工作满意		

续表

		是	否
15	对您与目前单位的人相处满意		
16	对目前工作条件满意		
17	对目前工资收入满意		
18	对所在城市有归属感		
19	认同风俗文化、思想价值理念和消费方式（超前消费）		
20	在城市中社交网络成熟，城市熟人朋友多		
21	单位是否提供住房补贴或福利		
22	养老会选择回农村老家		
23	会保留农村老家的宅基地住房		
24	如果有多余的资金，会选择继续教育		
25	是否因为孤独感、思念对现在的工作形成干扰		
26	是否遭受权益侵害		
27	参加了工会		

表 B－3　　　　　　　　　　　**社会资本**

1. 遇到困难向哪些人求助？
①亲戚（跳到第2题）　②朋友（跳到第3题）　③同事（工友）（跳到第3题）
④老乡（跳到第3题）

2. 这些亲戚是当地人还是外地人？ ①当地人　②外地人	3. 这些朋友、同事（工友）是您务工前认识的，还是务工后认识的？ ①务工前　②务工后 认识了____个朋友？ ____个同事（工友）？ ____个老乡？ 是通过什么途径认识的？ ①工作关系　②同学关系　③朋友聚会、朋友介绍　④社交软件

4. 家庭中有村干部吗？　　①有　②没有

5. 您目前工作单位的性质是：
①国有企业　②民营企业　③外资或合资企业　④其他

6. 现在的工作是通过什么途径找到的？
①亲戚朋友介绍　②政府部门介绍　③通过劳动力市场寻找

7. 平时经常与下列哪些人员来往
①本地亲戚　②城里亲戚　③老乡　④同学　⑤朋友　⑥同事（工友）　⑦当地居民

8. 与亲戚、老乡或者同学、朋友一起吃饭（或娱乐）的次数_____
　　与同事（工友）、当地居民、当地干部一起吃饭（或娱乐）的次数_____

9. 与企业内当地员工的关系　①友好　②一般　③相互不熟悉	

10. 选择现在工作城市的原因是？　①收入较高　②交通方便，离家近　③有亲朋一起
④招工平等　⑤子女能够享受更好的教育　⑥公共服务好　⑦医疗卫生条件好

10. 您的朋友中有从事如下职业的，请打√
律师□　警察□　军人□　政府工作人员□　企事业单位负责人□　社区工作人员□
教师□　医生□　护士□　药店工作人员□　新闻业人员□　宗教职业者□
会计□　司机□　工程师□　设计师□　保险人员□　科研工作者□　金融业务人员□

　　仔细阅读下面每一个句子，然后根据你的实际情况，选择符合你自己情况的回答打钩，注意：只能填写一个答案。

	很大	有一定帮助	一般	没太大帮助	完全没有
网络、媒体、通信对找工作的帮助					
亲戚、老乡或者同学、朋友对您的帮助					
同事（工友）、当地居民、当地干部对您的帮助程度					

　　仔细阅读下面每一个句子，然后根据你的实际情况，选择符合你自己情况的回答打钩，注意：只能填写一个答案。

表 B－4　　　　　　　　　　心理资本

项目	问题	完全符合	比较符合	有点符合	有点不符合	比较不符合	完全不符合
自信	工作时，敢于挑战别人解决不了的问题						
	我有信心完成我目前的工作						
	有些听起来就挺难的事，我觉得我做不好						
乐观	医疗、子女的教育等问题，总会有办法解决的						
	我总能发现工作中令人高兴的一面						
	情况不确定时，我总是倾向于往坏的一面想						

续表

项目	问题	完全符合	比较符合	有点符合	有点不符合	比较不符合	完全不符合
希望	哪怕工作再苦再累，我一定可以熬过去						
	我相信通过自身的努力能够融入城市						
	经常感到迷茫、感觉没意思						
韧性	在城市务工时，当遇到不顺心的事情时，我能很快恢复过来						
	遇到难以解决的事情我会不屈不挠						
	糟糕、失败的经历会使我沉闷很久						
情绪智力	感恩：有些城里人对我很友善，我会想着为他做点什么（如送土特产）						
	宽容：别人对我有些小冲撞，我不会放在心上						
	社会责任感：我会拾金不昧						
	适应力：我能很快地适应新工作						
	我觉得尝试新事物很难						
	乱扔垃圾很有罪恶感						

对未来的打算是：

A. 再打一段时间工，就回家乡

B. 留在城市继续打工

C. 争取在打工的城镇安个家，把家里人都接过来

参考文献

〔美〕埃莉诺·奥斯特罗姆：《社会资本：流行的狂热抑或基本概念》，载曹荣湘《走出囚徒困境：社会资本与制度分析》，上海三联书店 2003 年版。

〔英〕保罗·怀特利：《社会资本的起源》，载李惠斌、杨雪冬《社会资本与社会发展》，社会科学文献出版社 2000 年版。

边燕杰：《城市居民社会资本的来源及作用：网络观点与调查发现》，《中国社会科学》2004 年第 3 期。

蔡昉：《户籍制度改革与城乡社会福利制度统筹》，《经济学动态》2010 年第 12 期。

蔡海龙：《农民工市民化：意愿、诉求及建议——基于 11 省 2859 名农民工的调查分析》，《兰州学刊》2017 年第 2 期。

曾维希等：《城市新移民的心理资本对城市融入的影响研究》，《西南大学学报》2018 年第 4 期。

曾旭晖、秦伟：《在城农民工留城倾向影响因素分析》，《人口与经济》2003 年第 3 期。

陈典、马红梅：《人力资本、社会资本、心理资本与农民工市民化意愿——基于结构方程模型的实证分析》，《农业经济》2019 年第 8 期。

陈东勤、王碗：《返乡创业农民工与三维资本理论关系研究》，《中国成人教育》2018 年第 14 期。

陈蕾等：《农村居民城镇化意愿及影响因素的实证分析——基于皖南 X 区的调查》，《农村经济与科技》2015 年第 12 期。

陈琳：《不得拖欠农民工资，国家政策如何规定》，《四川劳动保障期刊》2017 年第 12 期。

陈延秋、金晓彤：《心理资本对新生代农民工社会融入的影响——基于社会距离的中介作用》，《青年研究》2016 年第 1 期。

陈延秋、金晓彤：《新生代农民工市民化意愿影响因素的实证研究——基于人力资本、社会资本和心理资本的考察》，《西北人口》2014 年第 4 期。

陈一敏：《新生代农民工心理资本的影响因素》，《城市问题》2013 年第 2 期。

陈昭玖、胡雯：《人力资本、地缘特征与农民工市民化意愿——基于结构方程模型的实证分析》，《农业技术经济》2016 年第 1 期。

程虹、李唐：《人格特征对于劳动力工资的影响效应——基于中国企业—员工匹配调查（CEES）的实证研究》，《经济研究》2017 年第 2 期。

程欣炜、林乐芬：《经济资本、社会资本和文化资本代际传承对农业转移人口金融市民化影响研究》，《农业经济问题》2017 年第 6 期。

邓曲恒：《城镇居民与流动人口的收入差异——基于 Oaxaca - Blinder 和 Quantile 方法的分解》，《中国人口科学》2007 年第 2 期。

邓睿、冉光和：《子女随迁与农民工父母的就业质量——来自流动人口动态监测的经验证据》，《浙江社会科学》2018 年第 1 期。

丁成莉：《企业员工的心理资本对其工作绩效和工作卷入的影响》，硕士学位论文，河南大学，2009 年。

段学芬：《农业转移人口的城市生活资本与农业转移人口的市民化》，《大连理工大学学报》2007 年第 3 期。

风笑天：《"落地生根"？——三峡农村移民的社会适应》，《社会学研究》2004 年第 5 期。

［美］弗朗西斯·福山：《社会资本、公民社会与发展》，载曹荣湘《走出囚徒困境：社会资本与制度分析》，上海三联书店 2003 年版。

辜胜阻等：《中国农民工市民化的二维路径选择——以户籍改革为视角》，《中国人口科学》2014 年第 5 期。

郭星华、李飞：《漂泊与寻根：农民工社会认同的二重性》，《人口研究》2009 年第 6 期。

侯风云：《中国人力资本投资与城乡就业相关性研究》，上海人民出版社 2007 年版。

黄匡时：《新中国 70 年人口变迁：回顾与展望》，《福建行政学院学报》2019 年第 4 期。

黄乾：《人力资本产权的概念、结构与特征》，《经济学家》2000 年第 5 期。

惠青山、凌文辁：《中国职工心理资本内容结构及其与态度行为变量关系实证研究》，第十二届全国心理学学术大会论文，中国山东济南，2009 年。

加里·S. 贝克尔：《人力资本理论：关于教育理论和实证分析》，陈虹译，中信出版社 2007 年版。

贾华强：《边际可持续劳动价值论》，人民出版社 2008 年版。

姜励卿：《心理资本对农民工与城镇职工工资差异的影响——来自浙江省的调查数据》，《特区经济》2014 年第 11 期。

蒋建武、赵曙明：《心理资本与战略人力资源管理》，《经济管理》2007 年第 9 期。

金崇芳：《农民工人力资本与城市融入的实证分析——以陕西籍农民工为例》，《资源科学》2011 年第 11 期。

柯江林等：《心理资本：本土量表的开发及中西比较》，《心理学报》2009 年第 9 期。

科尔曼：《社会理论的基础》，社会科学文献出版社 1999 年版。

孔陆泉：《经济学视角的人的全面自由发展——对马克思人的发展观的理解和思考》，《江苏行政学院学报》2007 年第 12 期。

郎贵飞：《社会资本与民族地区农村剩余劳动力转移》，《贵州民族研究》2007 年第 2 期。

乐君杰、胡博文：《非认知能力对劳动者工资收入的影响》，《中国人口科学》2017 年第 4 期。

李连波、谢福胜：《马克思有人力资本理论吗？——与顾婷婷、杨德才商榷》，《当代经济研究》2015 年第 2 期。

李练军：《新生代农民工融入中小城镇的市民化能力研究——基于人力资本、社会资本与制度因素的考察》，《农业经济问题》2015 年第

9 期。

李培林、田丰：《中国农民工社会融入的代际比较》，《社会》2012 年第 5 期。

李培林：《流动民工的社会网络和社会地位》，《社会学研究》1996 年第 4 期。

李晓曼等：《中低技能劳动者因何获得了更高收入？——基于新人力资本的视角》，《人口与经济》2019 年第 1 期。

李勋来、李国平：《我国农村人力资本形成机制的缺陷及其矫正》，《科技进步与对策》2005 年第 11 期。

李正彪：《一个综述：国外社会关系网络理论研究及其国内企业研究中的运用》，《经济问题研究》2004 年第 11 期。

廖全明：《发展困惑、文化认同与心理重构——论农民工的城市融入问题》，《重庆大学学报》2014 年第 1 期。

林南：《社会资本——关于社会结构与行动的理论》，上海人民出版社 2005 年版。

刘炳福：《论马克思按生产要素分配理论及其现实意义》，《唐山师范学院学报》2005 年第 3 期。

刘传江、周玲：《社会资本与农民工的城市融合》，《人口研究》2004 年第 5 期。

刘传江、程建林：《双重"户籍墙"对农民工市民化的影响》，《经济学家》2009 年第 10 期。

刘传江、程建林：《我国农民工的代际差异与市民化》，《经济纵横》2007 年第 7 期。

刘传江等：《非认知能力对农民工市民化能力的影响研究》，《西北人口》2020 年第 2 期。

刘达等：《人力资本异质性、代际差异与农民工市民化》，《西南大学学报》2018 年第 2 期。

刘国恩等：《中国的健康人力资本与收入增长》，《经济学》2004 年第 4 期。

刘红、石晶梅：《我国农村人力资本投资存在的问题及其原因分析》，《经济师》2010 年第 2 期。

刘庆唐：《多渠道扩大就业——关于发展劳务派遣企业的几个问题》，《北京市计划劳动管理干部学院学报》2002 年第 12 期。

刘小年：《农民工市民化与户籍改革：对广东积分入户政策的分析》，《农业经济问题》2011 年第 3 期。

刘雅婷、黄健：《心理资本对农民工城市融入的作用机制及教育规导路径》，《现代远程教育研究》2018 年第 3 期。

刘莹：《城市文化与农民工心理资本契合过程分析》，《农业经济》2010 年第 4 期。

卢海阳等：《农民工的城市融入：现状与政策启示》，《农业经济问题》2015 年第 7 期。

鲁虹、葛玉辉：《加强心理资本管理，减少员工工作倦怠》，《江苏商论》2008 年第 3 期。

鲁银梭等：《基于 PCI 模型的员工心理资本结构及开发路径探讨——以制造业农民工为例》，《农业经济问题》2011 年第 9 期。

陆铭等：《摆脱城市化的低水平均衡——制度推动、社会互动与劳动力流动》，《复旦学报》2013 年第 3 期。

［美］罗伯特·D. 普特南：《使民主运转起来——现代意大利的公民传统》，赖海榕译，江西人民出版社 2001 年版。

罗锋、黄丽：《人力资本因素对新生代农业转移人口非农收入水平的影响——来自珠江三角洲的经验证据》，《中国农村观察》2011 年第 1 期。

吕炜、杨沫：《迁移时间有助于农民工融入城市吗？——基于职业流动和工资同化的动态研究》，《财经问题研究》2016 年第 10 期。

马红梅、陈典：《农业转移人口城市融入的困境与出路：基于内生资本视角》，《改革》2018 年第 12 期。

马红梅、罗春尧：《人力资本、社会资本及心理资本对农民工创业意愿影响研究——基于贵州省 953 个农民工创业样本》，《吉林工商学院学报》2016 年第 4 期。

马红梅等：《社会资本对民族地区农村劳动力转移决策的实证研究——基于贵州省民族对比分析》，《经济与管理评论》2013 年第 2 期。

马红玉、王转弟：《社会资本、心理资本对农民工创业绩效影响研究——基于陕西省 889 份农户调研数据》，《农林经济管理学报》2018年第 6 期。

马克思：《资本论》，人民出版社 1975 年版。

梅建明、袁玉洁：《农民工市民化意愿及其影响因素的实证分析——基于全国 31 个省、直辖市和自治区的 3375 份农民工调研数据》，《江西财经大学学报》2016 年第 1 期。

孟欣、赵栖泽：《农民家庭城乡配置劳动力与举家迁移分析——基于新经济迁移理论的模型》，《商业时代》2014 年第 12 期。

庞圣民、吕青：《家庭流动与居留意愿：基于江苏省 2018 年流动人口动态监测调查》，《江苏社会科学》2019 年第 3 期。

申鹏、申有明：《新生代农民工人力资本投资研究——基于农民工代际差异视角》，《现代商贸工业》2012 年第 17 期。

沈诗杰：《心理资本调节下新生代农民工就业质量影响因素研究——基于吉林省调查数据的分析》，《学习与探索》2018 年第 6 期。

石智雷：《迁移劳动力的能力发展与融入城市的多维分析》，《中国人口·资源与环境》2013 年第 1 期。

史斌：《新生代农民工与城市居民的社会距离分析》，《南方人口》2010 年第 1 期。

史耀疆：《中国农村中学辍学调查》，《中国改革》2016 年第 2 期。

宋锦、李实：《农民工子女随迁决策的影响因素分析》，《中国农村经济》2014 年第 10 期。

宋淑丽、齐伟娜：《基于多元线性回归的农村剩余劳动力转移研究——以黑龙江省为例》，《农业技术经济》2014 年第 4 期。

宋帅、兰玉杰：《农民工人力资本生成研究综述》，《安徽工业大学学报》（社会科学版）2012 年第 11 期。

陶菁：《青年农民工城市适应问题研究——以社会关系网络构建为视角》，《江西社会科学》2009 年第 7 期。

陶斯文：《嵌入与融合：民族地区城市化进程中流动人口融入与文化适应》，《特区经济》2012 年第 5 期。

［美］乔纳森·H. 特纳：《社会资本的形成》，邱泽奇、张茂元等译，中国人民大学出版社 2005 年版。

田明：《中国东部地区流动人口城市间横向迁移规律》，《地理研究》2013 年第 8 期。

田喜洲、谢晋宇：《组织支持感对员工工作行为的影响：心理资本中介作用的实证研究》，《南开管理评论》2010 年第 1 期。

田艳平：《家庭化与非家庭化农民工的城市融入比较研究》，《农业经济问题》2014 年第 12 期。

童雪敏等：《农民工城市融入：人力资本和社会资本视角的实证研究》，《经济经纬》2012 年第 5 期。

王春超、张承莎：《非认知能力与工资性收入》，《世界经济》2019 年第 3 期。

王桂新：《城市化基本理论与中国城市化的问题及对策》，《人口研究》2013 年第 6 期。

王桂新等：《中国城市农民工市民化研究——以上海为例》，《人口与发展》2008 年第 1 期。

王萍、李丹晨：《知识型员工心理资本与工作绩效的关系研究》，工程和商业管理国际学术会议论文，上海，2012 年。

王小章、冯婷：《从身份壁垒到市场性门槛：农民工政策 40 年》，《浙江社会科学》2018 年第 1 期。

王迅：《从人力资本理论视角看我国农村人力资本投资》，《农业经济问题》2008 年第 4 期。

王洋：《中央城镇化会议在北京举行》，《人民日报》2013 年 12 月 15 日。

王竹林、范维：《人力资本视角下农民工市民化能力形成机理及提升路径》，《西北农林科技大学学报》2015 年第 2 期。

［英］威廉·配第：《赋税论》，陈冬野译，商务印书馆 1978 年版。

魏荣、黄志斌：《企业科技创新团队心理资本结构及开发路径》，《中国科技论坛》2008 年第 11 期。

文军：《农民市民化：从农民到市民的角色转型》，《华东师范大学学报》2004 年第 3 期。

吴伟炯、刘毅：《本土心理资本与职业幸福感的关系》，《心理学报》2012 年第 10 期。

吴轩：《新生代农民工市民化影响因素的实证研究》，硕士学位论文，广西大学，2017年。

［美］西奥多·W.舒尔茨：《改造传统农业》，梁小民译，商务印书馆2006年版。

［美］西奥多·W.舒尔茨：《人力资本投资》，吴珠华译，北京经济学院出版社1990年版。

肖勇：《知识经济的思想渊源及其理论形式》，《情报科学》2005年第8期。

谢桂华：《中国流动人口的人力资本回报与社会融合》，《中国社会科学》2012年第4期。

徐建役等：《心理资本与农民工工资收入的相互影响——以浙江省为例》，《浙江社会科学》2012年第9期。

徐丽敏：《"社会融入"概念辨析》，《学术界》2014年第7期。

许卉芯：《工作—家庭支持对工作投入的影响——心理资本的中介作用》，硕士学位论文，湖南师范大学，2015年。

［美］雅各布·明塞尔：《人力资本研究》，张凤林译，中国经济出版社2001年版。

［美］亚力山德罗·波茨：《社会资本：在现代社会学中的缘起和应用》，载李惠斌、杨雪冬《社会资本与社会发展》，社会科学文献出版社2000年版。

严浩坤、徐朝晖：《农村劳动力流动与地区经济差距》，《农业经济问题》2008年第6期。

燕继荣：《投资社会资本——政治发展的一种新维度》，北京大学出版社2006年版。

杨菊华：《流动人口在流入地社会融入的指标体系——基于社会融入理论的进一步研究》，《人口与经济》2010年第2期。

杨来科：《马克思的人力资本理论》，《商学论坛.广东商学院学报》1996年第2期。

杨雪东：《社会资本与社会发展》，社会科学文献出版社2000年版。

叶静怡、周晔馨：《社会资本转换与农民工收入——来自北京农民工调查的证据》，《管理世界》2010 年第 10 期。

叶一舵、方必基：《青少年学生心理资本问卷编制》，《福建师范大学学报》2015 年第 2 期。

悦中山等：《从"先赋"到"后致"：农民工的社会网络与社会融合》，《社会》2011 年第 6 期。

张广利、陈仕中：《社会资本理论发展的瓶颈：定义及测量问题探讨》，《社会科学研究》2006 年第 2 期。

张国胜：《基于社会成本考虑的农民工市民化：一个转轨中发展大国的视角与政策选择》，《中国软科学》2009 年第 4 期。

张宏如等：《心理资本影响新生代农民工城市融入研究》，《江西社会科学》2015 年第 9 期。

张洪霞：《新生代农民工社会融合的内生机制创新研究——人力资本、社会资本、心理资本的协同作用》，《农业现代化研究》2013 年第 4 期。

张洪霞：《新生代农民工市民化的影响因素研究——基于全国 797 位农民工的实证调查》，《调研世界》2014 年第 1 期。

张阔等：《心理资本、学习策略与大学生学业成绩的关系》，《心理学探新》2011 年第 1 期。

张银、李燕萍：《农民人力资本、农民学习及其绩效实证研究》，《管理世界》2010 年第 2 期。

张振宇等：《流动人口城市融入度及其影响因素的实证分析——基于济南市的调查》，《山东社会科学》2013 年第 1 期。

赵延东、罗家德：《如何测量社会资本：一个经验研究综述》，《国外社会科学》2005 年第 2 期。

赵延东：《再就业中的社会资本：效用与局限》，《社会学研究》2002 年第 4 期。

郑英隆：《中国农业转移人口弱信息能力初探》，《经济学家》2005 年第 5 期。

中央编译局：《马克思恩格斯全集》，人民出版社 2006 年版。

仲理峰：《心理资本对员工的工作绩效、组织承诺及组织公民行为的影响》，《心理学报》2007 年第 2 期。

周其仁：《机会与能力——中国农村劳动力的就业和流动》，《管理世界》1997 年第 5 期。

朱力：《农民工阶层的特征与社会地位》，《南京大学学报》2003 年第 6 期。

〔丹麦〕盖尔：《交往与空间》，何人可译，中国建筑工业出版社 1992 年版。

〔美〕弗朗西斯·福山：《信任：社会美德与创造经济繁荣》，彭志华译，海南出版社 2001 年版。

〔美〕弗朗西斯·福山：《信任——社会道德与繁荣的创造》，李婉容译，远方出版社 1998 年版。

〔美〕林南：《社会资本——关于社会结构与行动的理论》，张磊译，上海人民出版社 2005 年版。

〔美〕罗伯特·D. 普特南：《使民主转起来——现代意大利的公民传统》，王列、赖梅榕译，江西人民出版社 2001 年版。

〔美〕乔纳森·H. 特纳：《社会资本的形成》，张慧东等译，中国人民大学出版社 2005 年版。

〔美〕托克维尔：《论美国的民主》上卷，董果良译，商务印书馆 1988 年版，第 213 页。

〔美〕詹姆斯·S. 科尔曼：《社会理论的基础》（上），邓方译，社会科学文献出版社 1999 年版。

〔美〕詹姆斯·S. 科尔曼：《社会理论的基础》（下），邓方译，社会科学文献出版社 1999 年版。

A. H. Goldsmith et al. , "The Impact of Psycholigical and Human Capitalon Wages", *Economic Inquiry*, Vol. 35, No. 4, 1997.

A. Portes, "Social Capital: Its Origins and Perspectives in Modern Sociology", *Annual Review of Sociology*, Vol. 24, No. 1, 1998.

Arrow and Kennth, J. , "Gifts and Exchanges", *Philosophy and Public Affairs*, Vol. 1, 1972, p. 357.

Avolio, et al. , "Unlocking the Mask: A Look at the Process by Which Authentic Leaders Impact Follower Attitudes and Behaviors", *Leadership Quarterly*, No. 15, 2004, pp. 801 – 823.

Barrett, "Immigrants and Welfare Programmes: Exploring the Interactions between Immigrant Characteristics, Immigrant Welfare Dependence and Welfare Policy", *Oxford Review of Economic Policy*, Vol. 24, No. 3, 2008.

Bian, Yanjie, "Bringing Strong Ties Back in: Indirect Ties, Network Bridges, and Job Search", *American Sociological Review*, Vol. 62, No. 3, 1997, pp. 366 – 385.

C. H. Fei, Ranis, "Theory of Economic Development", *American Economic Review*, Vol. 9, 1961.

Clazer, *We are all Multiculturalists Now*, MA Cambridge: Harvard University Press, 1997.

Cole, K., *Well – being, Psychological Capital, and Unemployment: An Integrated Theory*, The Joint Annual Conference, Paris, France, 2006.

D. W. Jorgenson, "Surplus Agricultural Labour and the Development of a Dual Economy", *Oxford Economic Papers*, Vol. 19, No. 3, 1967.

David L. Sam and John W. Berry, "Acculturation: When Individuals and Groups of Different Cultural Backgrounds Meet", *Perspectives on Psychological Science*, Vol. 5, No. 4, 2010.

Drinkwater, "EU Enlargement and the Labour Market Outcomes of Immigrants in the United Kingdom", *International Migration*, Vol. 1, 2009.

Easterlin, "Migration Incentives, Migration Types: The Role of Relative Deprivation", *The Economic Journal*, Vol. 101, 1991.

Emest W. R. Park and Burgess, *Introduction to the Science of Sociology*, University of Chicago Press, 1924.

Ernst G. Ravenstein, "The Laws of Migration", *Journal of the Statistic Society*, Vol. 48, No. 2, 1884.

Etcher, L. and Niehoof, B., *Psychological Capital and Wages: A Behavioral Economic Approach*, The Midwest Academy of Management, Minneapolis, MN, 2004.

Everett S. Lee, "A Theory of Migration", *Demography*, Vol. 3, 1966.

Francis Fukuyama, "Social Capital, Civil Society and Development", *Third World Quarterly*, Vol. 1, 2001.

G. M. Hodgson, "What are Institutions?", *Journal of Economic Issues*, Vol. 40, No. 6, 2006.

Goldscheider, C., "Political Demography: How Population Changes are Shaping International Security and National Politics", *Population Studies—A Journal of Demography*, Vol. 67, No. 3, 2013.

Granovetter and Mark, S., "The Strength of Weak Ties", *The American Journal of Sociology*, Vol. 78, No. 6, 1973, pp. 1360 – 1380.

H. Gans, "Ethnic Invention and Acculturation: A Bumpy – Line Approach", *Journal of American Ethnic History*, Vol. 1, 1992.

Hosen, R. et al., "Education and Capital Development: Capital as Durable Personal, Social, Economic and Political Influences on the Happiness of Individuals", *Education*, Vol. 123, No. 3, 2003, pp. 496 – 513.

J. E. Taylor, "Undocumented Mexico – U. S. Migration and the Returns to Households in Rural Mexico", *American Journal of Agricultural Economics*, Vol. 69, No. 3, 1987.

Jacob Mincer, "Human Capital and the Labor Market", *Educational Researcher*, Vol. 18, No. 4, 1989.

Lin Nan, et al., "Social Resources and Strength of Ties: Structural Factors in Occupational Status Attainment", *American Sociological Review*, Vol. 46, No. 4, 1981, pp. 393 – 405.

Lofstrom, M., "Low – skilled Immigrant Entrepreneurship", *Review of Economics of the Household*, Vol. 9, No. 1, 2011.

Luthans, et al., "The Psychological Captical of Chinese Workers: Exploring the Relationship with Performance", *Management and Organization Review*, No. 1, 2005, pp. 247 – 269.

Luthans, F., et al., "Positive Psychological Capital: Going beyond Human and Social Capital", *Business Horizons*, Vol. 47, No. 1, 2004, pp. 45 – 50.

Luthans, F. and Youssef, "Human, Social, and Now Positive Psychological Management: Investing in People for Competitive Advantage", *Organizational Dynamics*, Vol. 33, No. 2, 2004, pp. 143 – 160.

Luthans, F. , "Positive Organizational Behavior: Developing and Managing Psychological Strengths", *Academy of Management Executive*, Vol. 16, No. 1, 2002, pp. 57 – 72.

Mark S. Granovetter, "The Strength of Weak Ties", *Granovetter*, Vol. 78, No. 6, 1973.

Mercedes Arbaiza Vilallonga, "Labor Migration during the First Phase of Basque Industrialization: The Labor Market and Family Motivations", *The History of the Family*, Vol. 3, No. 2, 1998.

Michael C. Seeborg, et al. , "The New Rural – Urban Labor Mobility in China: Causes and Implications", *Journal of Socio – Economics*, Vol. 29, No. 1, 2000.

Michael P. Todaro, "Labor Migration and Urban Unemployment: Reply", *The American Economic Review*, Vol. 60, No. 1, 1970.

Pierre Bourdieu, "The Social Space and the Genesis of Groups", *Social Science Information*, Vol. 24, No. 2, 1985.

R. Martin, *Institutional Approaches in Economic Geography*, Blackwell Publishers: Oxford, 2000.

R. Hosen, et al. , "Education and Capital Development: Capital as Durable Personal, Social, Economic and Political Influences on the Happiness of Individuals", *Education*, Vol. 3, 2004.

Robert D. Putnam, *Bowling Alone: The Collapse and Revival of American Community*, Simon & Shuster, 2000.

Robert D. Putnam, "Tuning in, Tuning out: The Strange Disappearance of Social Capital in America", *Political Science & Politics*, Vol. 28, No. 4, 1995.

Ronald S. Burt, "Le Capital Social, Les Trous Structuraux et L'entrepreneur", *Revue francaise de sociologie*, Vol. 36, No. 4, 1995.

Seligman, Csikszentmihalyi, M. , "Positive Psychology", *American Psychologist*, Vol. 55, 2000.

Stark, "Rural-to-Urban Migration in Less Development Countries: A Relative Deprivation Approach", *Economic Development and Cultural*

Change, Vol. 32, No. 3, 1984.

T. W. Schultz, *The Economic Value of Education*, New York: Columbia University Press, 1963.

Tettegah, et al., "Psychological Captical and Electronically Mediated Representations of Cultural Consciousness", *World Conference on Educational Media and Technology*, 2002, pp. 1946 – 1947.

Thomas Osang, Shlomo Weber, "Immigration Policies, Labor Complementarities, Population Size and Cultural Frictions: Theory and Evidence", *International Journal of Economic Theory*, Vol. 13, No. 1, 2017.

W. Arthur Lewis, "Economic Development with Unlimited Supplied of Labor", *The Manchester School*, Vol. 22, 1954.

Youssef, C. M. and Luthans, F., "Human, Social, and Now Positive Psychological Capital Management: Investing in People for Competitive Advantage", *Organizational Dynamics*, Vol. 33, No. 2, 2004.